Ein Handbuch der Kunst der Belletristik

Clayton Meeker Hamilton

Writat

Diese Ausgabe erschien im Jahr 2023

ISBN: 9789359254104

Herausgegeben von
Writat
E-Mail: info@writat.com

Inhalt

VORWORT

Dieses HANDBUCH DER KUNST DER FICTION ist eine überarbeitete und erweiterte Ausgabe von „Materials and Methods of Fiction" von Clayton Hamilton, das erstmals 1908 veröffentlicht wurde. Das frühere Werk wurde sofort als wichtiges Stück konstruktiver Kritik anerkannt und hat sich bewährt Seitdem gilt es als eines der führenden Bücher auf seinem Gebiet. Zum zehnten Jahrestag seines Erscheinens hat der Verlag den Autor gebeten, diese kommentierte und erweiterte Ausgabe insbesondere für den Gebrauch durch Schüler und Lehrer in Schulen und Hochschulen vorzubereiten.

DOPPELTAG, SEITE & UNTERNEHMEN.
Garden City, New York, 1918.

EINFÜHRUNG

In unserer Zeit, in diesen frühen Jahren des 20. Jahrhunderts, ist der Roman das blühende Emporkömmling der Literatur, und nur wenige von denen, die seine Mode anerkennen und seinen Erfolg loben, nehmen sich die Mühe, sich an seine bescheidenen Anfänge und das Elend seiner Zeit zu erinnern Jugend. Aber wie andere Emporkömmlinge ist er sich seiner Stellung in der Gesellschaft, in der er sich bewegt, immer noch ein wenig unsicher. Es ist ein Neuling in der Literaturwelt; und es hat die Selbstbehauptung und die Empfindlichkeit, die der Situation eigen sind. Es prahlt mit seiner Abstammung, obwohl seine Herkunft im Dunkeln liegt. Sie hat sich den Weg an die Front erkämpft und den Zugang zu Kreisen erzwungen, zu denen ihr zuvor der Zugang verwehrt war. Es vergisst gerne, dass es einst kaum besser war als ein Ausgestoßener, der der Anerkennung seitens der Autoritäten nicht würdig war. Vielleicht ist man sich immer noch unwohl darüber im Klaren, dass nicht wenige von denen, die in die gute Gesellschaft hineingeboren wurden, sie mit kaltem Misstrauen betrachten, als ob sie noch geduldet wäre.

Geschichtenerzählen war natürlich schon immer beliebt; und der Wunsch ist in uns allen tief verwurzelt, etwas Neues zu hören und zu erzählen und noch einmal etwas zu erzählen, das Erinnerung verdient. Aber der Roman selbst und auch die Kurzgeschichte müssen gestehen, dass sie erst in letzter Zeit eine Gleichstellung mit dem Epos und der Lyrik sowie mit der Komödie und der Tragödie, den von der Antike geweihten literarischen Formen, für sich beanspruchen können. Früher gab es in Griechenland neun Musen, und von keiner dieser Töchter Apollos wurde erwartet, dass sie den Autor von Prosaromanen inspirieren würde. Wer damals eine Geschichte zu erzählen hatte, die er künstlerisch bearbeiten wollte, der träumte nie davon, sie anders auszudrücken als im edleren Medium der Verse, im Epos, in der Idylle, im Drama. Prosa schien den Griechen und sogar den Lateinern, die in ihre Fußstapfen traten, nur für Fußgängerzwecke geeignet zu sein. Sogar Reden und Geschichte waren fast rhythmisch; und bloße Prosa war ein zu bescheidenes Instrument für diejenigen, die die Musen schätzten. Die alexandrinischen Vignetten des sanften Theokrit können als Vorwegnahme der modernen Kurzgeschichte des urbanen Lokalkolorits angesehen werden; aber dieser zarte Idyllist benutzte Verse für die Darstellung seiner Tanagra-Figuren.

Selbst als die modernen Sprachen das Erbe von Latein und Griechisch antraten, behielt der Vers seine angestammten Privilegien bei, und die kurze Erzählung nahm die Form einer Ballade an, und die längere Erzählung nannte sich selbst ein *Chanson de geste* . Boccaccio, Rabelais und Cervantes könnten sofort an Popularität gewinnen und eine Schar von Nachahmern einladen; Aber es dauerte lange, bis eine Erzählung in Prosa, ob kurz oder lang, als einer ernsthaften kritischen Betrachtung würdig anerkannt wurde. In seiner Studie über Balzac stellte Brunetière die bedeutsame Tatsache fest, dass in den ersten zwei Jahrhunderten ihres Bestehens kein Schriftsteller, der reiner Romanautor war, in die Französische Akademie gewählt wurde. Und derselbe scharfsinnige Kritiker wies in seiner „Geschichte der klassischen französischen Literatur" darauf hin, dass französische Romane bereits in den Tagen von Erasmus im Jahr 1525 einer Wolke des Misstrauens ausgesetzt waren Ernannte Hüter der französischen Literatur schätzten den Roman so hoch, dass sie sich herabließen, ihn zu diskutieren.

Vielleicht war das nicht unbedingt ein Nachteil. Die französische Tragödie wurde nur zu ausführlich diskutiert; und die Theoretiker stellten dafür Regeln auf, die nicht gerade eng waren. Ein anderer französischer Kritiker, M. Le Breton, hat in seinem Bericht über das Wachstum der französischen Prosaliteratur in der ersten Hälfte des 19. Jahrhunderts behauptet, dass diese Befreiung von der Kritik tatsächlich dem Roman zugute kam, da die verachtete Form dies tat erlaubt, sich natürlich und spontan zu entwickeln, frei von all den vielen künstlichen Beschränkungen, die die Dogmatiker der Tragödie und der Komödie auferlegten und die schließlich gegen Ende des 18. und Anfang des 18. Jahrhunderts zur Sterilität des französischen Dramas führten neunzehnten. Obwohl dieser Vorteil nicht zu leugnen ist, kann man sich fragen, ob er nicht zu einem zu hohen Preis erkauft wurde und ob die Prosaliteratur nicht einen gewissen Gewinn gehabt hätte, wenn ihre Praktizierenden durch eine Kritik, die die Öffentlichkeit aufklärte, auf dem Laufenden gehalten worden wären größere Sorgfalt bei der Strukturierung, mehr Logik bei der Durchführung der Ereignisse und strengere Wahrhaftigkeit bei der Behandlung der Charaktere zu fordern.

So sehr er damals auch als einer ernsthaften Betrachtung unwürdig erachtet werden mochte, begann der Roman im 18. Jahrhundert immer mehr Autoren mit einer reichen natürlichen Begabung anzuziehen. Insbesondere in der englischen Literatur lockten Prosaliteratur so unterschiedliche Männer wie Defoe und Swift, Richardson und Fielding, Smollett und Sterne, Goldsmith und Johnson. Und etwas früher hatten die Essayisten des 18. Jahrhunderts , allen voran Steele und Addison, die Kunst der Charakterbeschreibung entwickelt, eine Entwicklung, aus der die Romanautoren ihren Nutzen ziehen sollten. Der Einfluss des englischen Essays des 18. Jahrhunderts auf die Entwicklung der Prosaliteratur, nicht nur auf den britischen Inseln, sondern auch auf dem europäischen Kontinent, ist größer als allgemein angenommen. In gewisser Weise können die aufeinanderfolgenden Arbeiten, die den Charakter und die Taten von Sir Roger de Coverley schildern, tatsächlich als die frühesten Seriengeschichten angesehen werden.

Aber erst im 19. Jahrhundert erreichte der Roman seine volle Entfaltung und erlangte Anerkennung als Erbe des Epos und Rivale des Dramas. Dieser Sieg war das direkte Ergebnis des überwältigenden Erfolgs der Waverley-Romane und der unzähligen Geschichten, die mehr oder weniger nach Scotts Formel geschrieben wurden, von Cooper, von Victor Hugo und Dumas, von Manzoni und von allen anderen, die ihnen folgten Spuren in jeder modernen Sprache. Nicht nur geborene Geschichtenerzähler, sondern auch Schriftsteller, die von Natur aus Dichter oder Dramatiker waren, nutzten den Roman als eine Form, in der sie sich frei ausdrücken konnten und durch die sie auf eine angemessene Belohnung in Form von Geld und Ruhm hoffen konnten. Die ökonomische Interpretation der Literaturgeschichte hat nicht die Aufmerksamkeit erhalten, die ihr gebührt; und der künftige Forscher wird in seinen Forschungen nach den Ursachen der Ausbreitung des Romans im 19. Jahrhundert, gleichzeitig mit dem Niedergang des Dramas in der Literatur fast aller modernen Sprachen außer Französisch, ein reichhaltiges Feld finden.

Als sich das 19. Jahrhundert seiner Reife näherte, verstärkte der Einfluss von Balzac den Einfluss von Scott; und der Realismus begann sein Recht geltend zu machen, die Romantik durch sich selbst zu ersetzen. Die Anpassung des Charakters an seinen entsprechenden Hintergrund, die engere Verbindung der Fiktion mit den tatsächlichen Tatsachen des Lebens, die Konzentration der Aufmerksamkeit auf das Normale und Übliche statt auf das Anormale und Außergewöhnliche – all diese Schritte im Vorfeld fielen leichter in der freieren Form des Romans, als sie es in der eingeschränkteren Formel des Dramas sein könnten; und zum ersten Mal in ihrer Geschichte erwies sich die Prosa als Pionierin und erreichte eine Strukturfestigkeit, die das Theater noch nicht erreichen konnte.

Der Roman erwies sich schließlich als geeignetes Instrument für die angewandte Psychologie, für den Gebrauch jener feinsinnigen Künstler, die mehr daran interessiert sind, was ein Charakter ist, als daran, was er zufällig bewirken könnte. In den frühesten Fiktionen, sei es in Prosa oder in Versen, war der Held lediglich ein Typus, kaum mehr als eine Laienfigur, die zu gewalttätigen Haltungen fähig war, ein Tater, der, wie Professor Gummere erklärt hat, „den Wunsch nach poetischem Ausdruck beantwortete". zu einem Zeitpunkt, an dem ein Individuum im Clan aufgeht." Und als die realistischen Schriftsteller ihre Kunst perfektionierten, begannen die aufmerksameren Leser zu begreifen, dass der Held, der Taten vollbringt, nur die früheren Stufen der Kultur repräsentieren kann, über die wir längst hinausgewachsen sind. Dieser Held wurde als Anachronismus erkannt, der in einer moderneren sozialen Organisation, die auf einer vollständigen Wertschätzung der Individualität basiert, fehl am Platz war. Er war zu sehr ein Typ und zu wenig ein Individuum, um den Ansprüchen derjenigen gerecht zu werden, die in der Literatur den Spiegel des Lebens selbst sahen und die sich selbst beigebracht hatten, das zu genießen, was Lowell die „pünktliche Wahrhaftigkeit, die einem Porträt seinen ganzen Wert verleiht" nennt. "

So fand der Roman erst in der Mitte des 19. Jahrhunderts, nach Stendhal, Balzac und Flaubert, nach Thackeray und George Eliot und Hawthorne, sein wahres Feld. Und doch war es in der Mitte des 17. Jahrhunderts, als das angestrebte Ideal von dem vergessenen Furetière im Vorwort zu seinem „Roman Bourgeois" offen verkündet wurde. Furetière fehlten die Fähigkeiten und die Einsicht, die nötig waren, um den von ihm aufgestellten Standard zufriedenstellend zu erreichen – tatsächlich liegt die Erreichung dieses Standards selbst heute noch außerhalb der Möglichkeiten der meisten Romanautoren. Aber Furetières Erklärung der Grundsätze, denen er zu folgen vorschlug, ist heute genauso bedeutsam wie im Jahr 1666, als weder der Schriftsteller selbst noch der Leser, an den er sich wenden musste, für den Fortschritt, auf den er bestand, reif war. „Ich werde es dir sagen ", sagte er Furetière , „aufrichtig und getreulich, mehrere Geschichten oder Abenteuer, die Personen widerfahren sind, die weder Helden noch Heldinnen sind, die keine Armeen aufstellen und keine Königreiche stürzen werden, sondern die ehrliche Leute von mittelmäßigem Zustand sein werden und die ruhig ihren Weg gehen werden." Einige von ihnen werden gut aussehen, andere hässlich. Einige von ihnen werden weise und andere töricht sein; und diese letzteren scheinen tatsächlich die größere Zahl zu beweisen."

II

Furetière proklamierten Ideal anzunähern, und bevor sie die nötige Fähigkeit erlangten, ihre Leser dazu zu bringen, es zu akzeptieren. Und es musste auch eine langsame Entwicklung unserer eigenen Vorstellungen über das Verhältnis von Kunst und Leben stattfinden. Einerseits wurde von der Kunst erwartet, dass sie eine Moral hervorhebt; Es wurde sogar gefordert, dass das Drama offenkundig didaktisch sei. Weniger als zwanzig Jahre nach Furetières Vorwort wurde eine englische Übersetzung des „Pratique du Théâtre" des Abbé d'Aubignac veröffentlicht, die den Titel „Die ganze Kunst der Bühne" trug und in der die Theorie der „poetischen Gerechtigkeit" dargelegt wurde formal. „Eine der wichtigsten und in der Tat unverzichtbarsten Regel dramatischer Gedichte ist, dass in ihnen Tugenden trotz aller Schicksalsschäden immer belohnt oder zumindest gelobt werden sollten; und dass ebenso Laster immer mit Schrecken bestraft oder zumindest verabscheut werden , auch wenn sie für diese Zeit auf der Bühne triumphieren."

Doktor Johnson war so vollkommen ein Mann seines eigenen Jahrhunderts, dass er Shakespeare vorwarf, weil Shakespeare nicht predigte, weil in den großen Tragödien Tugend nicht immer belohnt und Laster nicht immer bestraft wird. Doktor Johnson und der Abbé d'Aubignac wollten, dass der Dramatiker das Leben, wie wir es alle kennen, falsch darstellt. Der Lohn der Sünde ist höchstwahrscheinlich der Tod; und doch haben wir alle gesehen, wie der Übeltäter inmitten seiner hingebungsvollen Familie und umgeben von allen äußeren Beweisen weltlichen Erfolgs starb. Zu beharren, dass die Tugend am Ende eines Theaterstücks oder eines Romans äußerlich triumphieren soll, bedeutet, dass der Dramatiker oder Romancier fälschen muss. Es geht darum, ein Element der Unwirklichkeit in die Fiktion einzuführen. Es geht darum, vom Geschichtenerzähler und Spielmacher eine These zu beweisen, die der gesunde Menschenverstand ablehnen muss.

Jeder Versuch, vom Künstler einen Beweis zu verlangen, ist zwangsläufig eng. Eine wahre Darstellung des Lebens beweist nicht nur eine Sache, sie beweist viele Dinge. Das Leben ist groß, unbegrenzt und unaufhörlich; und die Lehren der schönsten Kunst sind die des Lebens selbst; sie sind nicht einzeln, sondern mehrfach. Wer kann erklären, was die einzige Moral ist, die im „ Ödipus " des Sophokles, im „Hamlet" von Shakespeare, im „ Tartufe " von Molière enthalten ist? Keiner der beiden Zuschauer dieser Meisterwerke würde sich über die besondere Moral einigen, die es zu isolieren gilt; und doch würde keiner von ihnen leugnen, dass die Meisterwerke aufgrund ihrer wesentlichen Wahrheit zutiefst moralisch sind. Moral, eine spezifische Moral – das ist es, was der Künstler nicht bewusst in sein Werk einbauen kann, ohne dessen Wahrhaftigkeit zu zerstören. Aber auch die Moral darf er nicht außer Acht lassen, wenn er nur danach strebt, sein Thema aufrichtig zu behandeln. Hegel hat Recht, wenn er uns sagt, dass Kunst ihre Moral hat — aber die Moral hängt von dem ab, der sie zeichnet. Das Lehrdrama und der Zweckroman sind zwangsläufig unkünstlerisch und unvermeidlich unbefriedigend.

Das ist es, was die größeren Künstler immer empfunden haben; das haben sie oft ohne Zögern zum Ausdruck gebracht. Corneille zum Beispiel hatte, obwohl er ein Mann seiner Zeit, ein Geschöpf des 17. Jahrhunderts, den Mut zu behaupten, dass „der Nutzen eines Theaterstücks in der einfachen Darstellung von Lastern und Tugenden zu sehen ist, die ihre Wirkung nie verfehlt." wenn es gut gemacht ist und die Merkmale so erkennbar sind, dass sie nicht verwechselt oder verwechselt werden können; Tugend wird immer geliebt, wie unglücklich sie auch sein mag, und Laster wird gehasst, auch wenn sie triumphiert." Dryden wiederum, ein Zeitgenosse von d'Aubignac und ein Vorgänger von Johnson, hatte eine klarere Vision als jeder von ihnen; und seine Ansichten sind ihren weit voraus. „Freude", sagte er, „ist das wichtigste, wenn nicht das einzige Ziel der Poesie", und mit Poesie meinte er Fiktion in all ihren Formen; „Belehrung kann zugelassen werden, aber zweitens, denn die Poesie belehrt nur, was sie erfreut." Und noch einmal, wenn wir vom siebzehnten Jahrhundert von Corneille und Dryden zum neunzehnten Jahrhundert übergehen, in dem der Roman seine Rivalität mit dem Drama behauptet hat, finden wir den weisen Goethe, der Eckermann die Lehre verkündet, die jetzt überall Akzeptanz findet. „Wenn das Thema eine Moral enthält, wird sie zum Vorschein kommen, und der Dichter hat nichts weiter zu berücksichtigen als die wirksame und künstlerische Behandlung seines Themas; Wenn er eine so hohe Seele wie Sophokles hat, wird sein Einfluss immer moralischer Natur sein, er soll tun, was er will."

Nicht allen Romanautoren wird eine hohe Seele verliehen, und doch besteht für sie alle die Verpflichtung, das Lob anzustreben, das Sophokles als jemand zuteil wurde, der „das Leben fest und als Ganzes sah". Selbst der bescheidenste Geschichtenerzähler sollte sich dazu verpflichtet fühlen, nicht zu predigen, keine zur Schau gestellte Moral zu verkünden, den Gang der Ereignisse nicht um der sogenannten „poetischen Gerechtigkeit" willen zu verzerren, sondern das Leben so zu berichten, wie er es kennt es weder besser noch schlechter machen, es ehrlich darstellen, die Wahrheit darüber sagen und nichts als die Wahrheit, auch wenn er nicht die ganze Wahrheit sagt – die niemandem gegeben ist, sie zu erfahren. Dies ist eine Verpflichtung, der nicht wenige der führenden Romanautoren nicht nachgekommen sind. Dickens zum Beispiel freut sich darüber, eine Figur im Handumdrehen umzugestalten, indem er über Nacht einen bösen Mann in einen guten Mann verwandelt und damit alles widerspricht, was wir über die Beständigkeit von Charakteren wissen.

Andere Romanautoren haben uns aufgefordert, gewalttätige und unerwartete Taten verblüffender Selbstaufopferung zu bewundern, wenn eine Figur dazu gebracht wird, die Verantwortung für die Kriminalität einer anderen Figur auf sich zu nehmen. Sie haben unsere Zustimmung zu einem moralischen Selbstmord eingeholt, der genauso tadelnswert ist wie jeder physische Selbstmord. Mit seinem scharfen Einblick in die Ethik und mit seinem robusten gesunden Menschenverstand brachte Huxley das Prinzip zum Ausdruck, das diese Romanautoren nicht verstanden haben. Er sagt uns, dass ein Mann „ sich weigern kann, einen anderen zu begehen, aber er sollte nicht zulassen, dass man ihn für schlechter hält, als er tatsächlich ist", denn dies führe „zu einem Verlust an moralischer Kraft für die Welt, den man sich nicht leisten kann". Der letzte Test für die Feinheit einer Fiktion liegt in ihrer Wahrhaftigkeit. „Romantik ist die Poesie der Umstände", wie Stevenson uns sagt, und „Drama ist die Poesie des Verhaltens"; Wir mögen tolerant und locker sein, wenn es darum geht, die Umstände eines Romanautors zu akzeptieren, aber wir sollten streng sein, was unser Verhalten betrifft. Was die aufeinanderfolgenden Ereignisse seiner Geschichte angeht, die bloßen Vorkommnisse, mag der Autor uns gelegentlich um Nachsicht bitten und unsere Leichtgläubigkeit ein wenig auf die Probe stellen; aber er darf nicht erwarten, dass wir ihm jede Verletzung der Grundwahrheiten der menschlichen Natur verzeihen.

Es ist diese strenge Wahrhaftigkeit, unerschütterlich und unerbittlich, die „Anna Karénina " zu einem der edelsten Kunstwerke macht, die das 19. bis 20. Jahrhundert geschaffen hat, ebenso wie das Fehlen dieser Treue zu den Tatsachen des Lebens, der Verdrehung des Lebens Charakter, um eine These zu beweisen, die die „Kreutzer-Sonate" entkräftet und sie des großen Belletristikkünstlers, der das frühere Werk geschrieben hat, unwürdig macht. Es ist nicht übertrieben zu sagen, dass die Entwicklung Tolstois als militanter Moralist mit seinem Niedergang als Künstler einhergeht. Er gibt sich nicht mehr damit zufrieden, sich das Leben so vorzustellen, wie er es sieht; er besteht darauf, zu predigen. Und wenn er seine Kunst nicht als Selbstzweck, sondern als Instrument nutzt, um seine eigenen individuellen Theorien zu vertreten, obwohl ihm seine großen Begabungen nicht genommen werden, führt dies dazu, dass seinen späteren Romanen die breite und tiefe moralische Wirkung fehlt, die sie haben verlieh seinen früheren Studien über Leben und Charakter ihren bleibenden Wert.

Stevenson hatte „so etwas wie den kürzeren Katecheten" in sich; und der schottische Buchstabenkünstler, so verliebt in Worte wie er war, ergriff das unerlässliche Gesetz fest. „Die einflussreichsten Bücher und die wahrsten in ihrem Einfluss sind Romane", erklärte er. „Sie zwingen ihren Leser nicht zu einem Dogma, das er später als ungenau entdecken muss; Sie erteilen ihm keine Lektion, die er später wieder verlernen muss. Sie wiederholen, sie ordnen neu, sie verdeutlichen die Lektionen des Lebens; Sie lösen uns von uns selbst, sie beschränken uns auf die Bekanntschaften anderer, und sie zeigen uns das Netz der Erfahrung nicht so, wie wir es selbst sehen können, sondern mit einer einzigartigen Veränderung – unserem monströsen, verzehrenden Ego einmal, durchgestrichen. Dazu müssen sie der menschlichen Komödie einigermaßen treu sein; und jede Arbeit, die so ist, dient der Belehrung." Das ist gut durchdacht und gut formuliert, obwohl viele von uns vielleicht verlangen, dass Romane mehr als nur „einigermaßen wahr" sein sollten. Doch auch wenn Stevenson hier etwas nachlässig war, was die Anforderungen an andere anging, so war er doch strenger mit sich selbst, als er „Markheim" und „Der seltsame Fall von Dr. Jekyll und Mr. Hyde" schrieb.

Ein anderer Geschichtenerzähler, der ebenfalls abgeschnitten wurde, bevor er sein Bestes gezeigt hatte, stellte die gleichen Maßstäbe für seine Kollegen in der Belletristik auf. In seiner eindrucksvollen Diskussion über die Verantwortung des Romanautors behauptete Frank Norris, dass die Leser von Belletristik „ein Recht auf die Wahrheit haben, so wie sie ein Recht auf Leben, Freiheit und das Streben nach Glück haben." Es ist *nicht* richtig, dass sie mit falschen Ansichten über das Leben, falschen Charakteren, falschen

Gefühlen, falscher Moral, falscher Geschichte, falscher Philosophie, falschen Emotionen, falschem Heldentum, falschen Vorstellungen von Selbstaufopferung, falschen Ansichten über Religion usw. ausgenutzt und getäuscht werden Pflicht, Verhalten und Manieren."

III

Auch wenn der Roman, wie M. Le Breton behauptet, einen gewissen Vorteil gehabt haben mag, weil er lange Zeit von keinem kritischen Code unabhängig war und sich so weit wie möglich entfalten konnte, ohne fremde Hilfe seinen eigenen Weg finden und seinen eigenen Weg erarbeiten konnte Um die eigene Erlösung zu erreichen, ist jetzt die Zeit gekommen, in der es von einer Kritik profitieren kann, die es dazu zwingt, seine Verantwortung zu berücksichtigen und seine technischen Ressourcen einzuschätzen, wenn es eine künstlerische Gleichstellung mit dem Drama und dem Epos beanspruchen will. Es hat sich den Weg nach vorne erkämpft; und es gibt nur wenige, die jetzt ihr Recht auf die Position, die sie erreicht hat, in Frage stellen. Es lässt sich nicht leugnen, dass sich der Roman in der englischen Literatur im Zeitalter Victorias als die literarische Form etablierte, die für alle Literaten am verlockendsten war, und dass er den Platz einnahm, den der Essay zur Zeit Annes und das Theaterstück einnahm in den Tagen Elisabeths.

Und wie damals das Theaterstück und der Essay, so zieht der Roman heute Schriftsteller an, die keine große natürliche Begabung für diese Form besitzen. So wie Peele und Greene Theaterstücke schrieben, weil das Schreiben von Theaterstücken trotz ihrer unzureichenden dramaturgischen Ausrüstung beliebt und vorteilhaft war, und genauso wie Johnson Essays schrieb, weil das Schreiben von Essays trotz seines Mangels an Leichtigkeit und Leichtigkeit beliebt und vorteilhaft war Es war kein Aufsatz, also wagten sich Brougham, Motley und Froude an die Fiktion. Wir können sogar bezweifeln, ob George Eliot eine geborene Geschichtenerzählerin war und ob sie nicht in einer anderen Epoche, in der zufällig eine andere literarische Form als der Roman in Mode war, erfolgreicher gewesen wäre. In Frankreich lockte der Roman Victor Hugo, der im Wesentlichen ein Lyriker war, und den älteren Dumas, der im Wesentlichen ein Dramatiker war. In letzter Zeit mangelt es nicht an Anzeichen dafür, dass das Drama in naher Zukunft wahrscheinlich eine schärfere Rivalität mit der Prosa-Fiktion entwickeln wird; und Romanautoren wie Sir James Barrie und der verstorbene Paul Hervieu haben die einfachere Erzählung zugunsten des schwierigeren und gefährlicheren Bühnenstücks aufgegeben. Es gibt jedoch keine Anzeichen dafür, dass der Roman bald seine Popularität verlieren wird. Es ist gekommen, um zu bleiben; und wie das 19. Jahrhundert es dem 20. überließ, so wird es das 20. Jahrhundert wahrscheinlich dem 21. ohne Beeinträchtigung seines Wohlstands hinterlassen.

Der vielleicht beste Beweis für die Solidität seiner Position liegt in der kritischen Betrachtung, die ihm nun endlich zuteil wird. Belletristikgeschichten in allen Literaturen und Biografien der Romanautoren in allen Sprachen vermehren sich in Hülle und Fülle. Wir fangen an, unsere Fiktion ernst zu nehmen und nach ihren Prinzipien zu fragen. Auf Freytags „Technik des Dramas" folgte vor langer Zeit Spielhagens „Technik des Romans", beide eher teutonisch -philosophisch und schon etwas veraltet. Studien über Prosaliteratur werden geschrieben, keine davon ist aufschlussreicher als die von Professor Bliss Perry. Die Romanautoren selbst schreiben über die Kunst der Fiktion, wie es Sir Walter Besant tat, und sie fragen, was der Roman ist, wie es die verstorbene Marion Crawford getan hat. Sie beginnen sich über die Behauptung der treuen Anhänger des Dramas zu ärgern, dass der Roman eine zu lockere Form habe, um die besten Anstrengungen des Künstlers hervorzurufen, und dass ein Theaterstück zumindest technisches Können erfordere, während ein Roman oft das Ergebnis sei von ungelernten Arbeitskräften.

Fragen aller Art stehen zur Diskussion. Hat der Aufstieg des Realismus Romantik unmöglich gemacht? Gibt es eine gültige Unterscheidung zwischen Romantik und Romantik? Handelt es sich bei der Kurzgeschichte um eine bestimmte Form, die sich sowohl im Zweck als auch in der Länge vom Roman unterscheidet? Wie lässt sich eine Geschichte am besten erzählen – in der dritten Person, wie im Epos, – in der ersten Person, wie in einer Autobiografie – oder in Briefen? Was ist am wichtigsten: Charakter, Vorfall oder Atmosphäre? Ist der Roman mit einem bestimmten Zweck legitim? Warum scheitern dramatisierte Romane im Theater oft? Sollte ein Romanautor Partei für seine Figuren und gegen sie ergreifen, oder sollte er seine eigene Meinung unterdrücken und teilnahmslos bleiben, wie es der Dramatiker tun muss? Zeigt die Verschwendung bei der Erfindung von Begebenheiten eine größere Vorstellungskraft des Romanautors, als es für die ehrliche Darstellung einfacher Charaktere des Alltagslebens erforderlich ist? Warum wurde der alte Trick, kurze Geschichten in einen langen Roman einzufügen – wie wir ihn in „Don Quixote", „Tom Jones" und den „Pickwick Papers" finden – in den letzten Jahren aufgegeben? Inwieweit ist ein Romanautor berechtigt, seine Figuren so nah an das wirkliche Leben heranzuführen, dass sie für seine Leser erkennbar sind? Was sind die Vor- und Nachteile von Lokalkolorit? Wie viel Dialekt darf ein Romanautor verwenden? Ist der historische Roman wirklich eine erhabenere Form der Fiktion als der Roman über das zeitgenössische Leben? Ist es wirklich möglich, einen wahren Roman über ein anderes Land als das Heimatland des Schriftstellers zu schreiben? Warum haben so viele der großen Belletristikautoren ihren ersten Roman erst herausgebracht, nachdem sie die Hälfte der ihnen zugeteilten dreizig Jahre und zehn Jahre erreicht hatten? Wird der wissenschaftliche Geist für den Romanautor hilfreich oder schädlich sein? Das ist die feinere Form der Fiktion, eine schnelle und direkte Erzählung der Geschichte, mit der Konzentration einer griechischen Tragödie, wie wir sie im „Scharlachroten Buchstaben" und in „Rauch" finden, oder eher mit einem umfangreicheren und gemächlicheren Satz das der elisabethanischen Stücke, wie wir sie vielleicht in „Vanity Fair" und in „Krieg und Frieden" sehen?

Wir können davon ausgehen, dass wir diese und viele andere Fragen erörtert hören werden, auch wenn sie bei Betrachtung der Materialien und Methoden der Fiktion nicht alle beantwortet werden können . Und das Ergebnis dieser Untersuchungen kann sowohl für den Autor als auch für den Leser von Romanen von Vorteil sein. Für den Geschichtenerzähler selbst dienen sie als Anregung und Leitfaden, indem sie die Aufmerksamkeit auf die Technik seines Handwerks lenken und sein Wissen über die Prinzipien seiner Kunst erweitern. Selbst dem müßigen Leser sollten sie hilfreich sein, weil sie ihn dazu zwingen, über die Romane nachzudenken, die er lesen könnte, und weil sie ihn dazu bringen werden, anspruchsvoller zu sein, mehr auf Wahrhaftigkeit in der Darstellung des Lebens zu beharren und mehr zu fordern Sorgfalt bei der Art der Präsentation. Jede Kunst profitiert von einem umfassenderen Verständnis ihrer Prinzipien, ihrer Möglichkeiten und ihrer Grenzen sowie von einem umfassenderen Wissen über ihre Technik.

BRANDER MATTHEWS.
COLUMBIA UNIVERSITY: 1908.

NACHWORT : Es ist ein gutes Zeichen für die Zukunft des Romans, dass in den zehn Jahren, die seit der Erstellung dieser Einleitung vergangen sind, die Literaturprofessoren an unseren Colleges und Graduiertenschulen dem Studium der Prosaliteratur verstärkte Aufmerksamkeit gewidmet haben . Sie mussten sich zunächst ausführlicher über seine Vorgeschichte und über die Beziehung, die es zum Epos einerseits und zum Drama andererseits hatte, informieren. Zweitens wurden sie ermutigt, die Ergebnisse ihrer Forschungen und Überlegungen an die von ihnen geleiteten Studenten weiterzugeben. Dadurch wird die Bedeutung des Romans von Tag zu Tag deutlicher.

BRANDER MATTHEWS.
COLUMBIA UNIVERSITY: 1918.

KAPITEL I

Der Zweck der Fiktion

Fiktion als Mittel, um die Wahrheit zu sagen —Fakten und Fiktion—
Wahrheit und Tatsachen—Die Suche nach der Wahrheit—Der notwendige
Dreifachprozess—Unterschiedliche Betonungsgrade—Die Kunst der
Fiktion und das Handwerk der Chemie—Fiktion und Realität —Fiktion und
Geschichte—Fiktion und Biografie—Biografie, Geschichte und Fiktion—
Fiktion, die wahr ist—Fiktion, die falsch ist—Gelegentliche Sünden gegen
die Wahrheit in der Fiktion—Schwere Sünden gegen die Wahrheit—Die
Sinnlosigkeit des Zufälligen – Die Unabhängigkeit geschaffener Charaktere
– Fiktion wahrer als ein beiläufiger Tatsachenbericht – Die Ausnahme und
das Gesetz – Wahrhaftigkeit der einzige Anspruch auf Unsterblichkeit –
Moral und Unmoral in der Fiktion – Die Fähigkeit der Weisheit —Weisheit
und Technik —Allgemeines und besonderes Erleben —Ausgedehntes und
Intensives Erleben —Das Erleben der Natur —Neugier und Mitgefühl.

Fiktion ist ein Mittel, die Wahrheit zu sagen. — Bevor wir mit dem
Studium der Materialien und Methoden der Belletristik beginnen, müssen wir
sicher sein, dass wir den Zweck der Kunst erkennen und ihre Beziehung zu
den anderen Künsten und Wissenschaften verstehen. *Der Zweck der Fiktion
besteht darin, bestimmte Wahrheiten des menschlichen Lebens in einer Reihe imaginärer
Tatsachen zu verkörpern.* Die Bedeutung dieses Zwecks wird vom zufälligen,
unvorsichtigen Leser der Romane einer Jahreszeit kaum erkannt. Obwohl
allgemein angenommen wird, dass ein solcher Leser das Gewicht fiktionaler
Werke überschätzt, ist das Gegenteil der Fall: Er unterschätzt sie. Jeder
Romanautor von wirklicher Bedeutung versucht nicht nur abzulenken,
sondern auch zu belehren – nicht abstrakt wie der Essayist, sondern konkret,
indem er dem Leser wahre Charaktere und Handlungen präsentiert. Denn
die beste Fiktion ist, obwohl sie sich mit dem Leben imaginärer Menschen
beschäftigt, nicht weniger wahr als die beste Geschichte und Biografie, die
tatsächliche Fakten des menschlichen Lebens dokumentieren; und es ist
wahrer als solche nachlässigen Berichte über tatsächliche Ereignisse, wie sie
in den Tageszeitungen veröffentlicht werden. Die Wahrheit einer würdigen
Fiktion wird durch die Ehre bewiesen, die sie zu allen Zeiten und bei allen
Rassen genießt. „Man kann nicht immer alle Leute täuschen"; Und wenn das
Drama, das Epos und der Roman nicht wahr wären, hätte die Menschheit sie
schon vor vielen Jahrhunderten abgelehnt. Die Fiktion hat überlebt und
blüht auch heute noch, weil sie ein Mittel ist, die Wahrheit zu sagen.

Tatsache und Fiktion. — Nur im Vokabular sehr unvorsichtiger Denker werden die Wörter *Wahrheit* und *Fiktion* als Gegensätze angesehen. Zwischen den Worten besteht ein echter Gegensatz *Tatsache* und *Fiktion* ; aber *Tatsache* und *Wahrheit* sind nicht gleichbedeutend. Der Romanautor verlässt den Bereich der Tatsachen, um besser die Wahrheit sagen zu können, und lockt den Leser von der Realität weg, um ihm Realitäten zu präsentieren. Daher ist es in unserer vorliegenden Studie von größter Bedeutung, dass wir gleich zu Beginn die Beziehung zwischen Tatsache und Wahrheit, den Unterschied zwischen dem Tatsächlichen und dem Realen verstehen.

Wahrheit und Tatsache. — Eine Tatsache ist eine spezifische Manifestation eines allgemeinen Gesetzes: Dieses allgemeine Gesetz ist die Wahrheit, aufgrund derer diese Tatsache entstanden ist. Es ist eine Tatsache, dass, wenn ein Apfelbaum vom Wind geschüttelt wird, die Äpfel, die sich von ihren Zweigen gelöst haben, zu Boden fallen; es ist eine Wahrheit, dass Körper im Raum einander mit einer Kraft anziehen, die umgekehrt proportional zum Quadrat ist vom Abstand zwischen ihnen. Tatsachen sind konkret und eine Frage der physischen Erfahrung; die Wahrheit ist abstrakt und eine Frage der mentalen Theorie. Die Realität ist der Bereich der Tatsachen, die Realität der Bereich der Wahrheit. Das Universum, wie wir es mit unseren Sinnen erfassen, ist real; Die Gesetze des Universums, wie wir sie mit unserem Verstand begreifen, sind real.

Die Suche nach Wahrheit. — Die gesamte menschliche Wissenschaft ist ein Bemühen, die Wahrheiten zu entdecken, die den von uns wahrgenommenen Tatsachen zugrunde liegen. Die gesamte menschliche Philosophie ist ein Bemühen, diese Wahrheiten zu verstehen und zu bewerten, wenn sie einmal entdeckt sind. Und die gesamte menschliche Kunst ist ein Bemühen, sie klar zum Ausdruck zu bringen und effektiv, wenn sie einmal beurteilt und verstanden werden. Die Geschichte der Menschheit ist die Geschichte einer ständigen und kontinuierlichen Suche nach der Wahrheit. Verblüfft über ein Universum von Tatsachen hat er ernsthaft danach gestrebt, die Wahrheit zu entdecken, die ihnen zugrunde liegt – und heldenhaft danach gestrebt, die große Realität zu verstehen, deren Wirklichkeit nur eine sinnlich wahrnehmbare Verkörperung ist. In den ersten Jahrhunderten des aufgezeichneten Denkens war die Suche unmethodisch; Die Wahrheit wurde, wenn überhaupt, durch Intuition erfasst und als Dogma verkündet; aber in modernen Jahrhunderten wurden bestimmte regelmäßige Methoden entwickelt, um die Suche zu leiten. Der moderne Wissenschaftler beginnt seine Arbeit damit, eine große Anzahl scheinbar zusammenhängender Fakten zu sammeln und sie in einer geordneten Weise zu ordnen. Anschließend leitet er aus der Beobachtung dieser Tatsachen ein Verständnis des allgemeinen Gesetzes ab, das ihre Beziehung erklärt. Diese Hypothese wird dann im Licht weiterer Fakten überprüft, bis sie so unanfechtbar erscheint, dass der Verstand der Menschen sie als Wahrheit akzeptiert. Der Wissenschaftler formuliert es dann in einer abstrakten theoretischen Aussage und schließt damit seine Arbeit ab.

Aber genau an diesem Punkt setzt der Philosoph an. Der Philosoph akzeptiert viele Wahrheiten von vielen Wissenschaftlern, vergleicht, versöhnt und korreliert sie und baut daraus eine Glaubensstruktur auf. Aber diese Glaubensstruktur bleibt im Kopf des Philosophen abstrakt und theoretisch. Jetzt ist der Künstler an der Reihe. Er akzeptiert die korrelierten theoretischen Wahrheiten, die ihm der Wissenschaftler und der Philosoph gegeben haben, und verleiht ihnen eine fantasievolle, für die Sinne wahrnehmbare Verkörperung. Er übersetzt sie wieder in konkrete Begriffe ; er kleidet sie in erfundene Tatsachen; er macht sie für einen Geist, der der Wirklichkeit angeboren und induziert ist, imaginativ wahrnehmbar; und so bringt er die Wahrheit zum Ausdruck.

Der notwendige Dreifachprozess . — Dieser dreifache Prozess der wissenschaftlichen Entdeckung, des philosophischen Verständnisses und des künstlerischen Ausdrucks der Wahrheit wurde ausführlich erklärt, da jeder große Romanautor den gesamten mentalen Prozess durchlaufen muss. Der Romanautor unterscheidet sich von anderen Wahrheitssuchern nicht in der Art und Weise seines Denkens, sondern lediglich in der Thematik. Sein Thema ist das menschliche Leben. Es ist eine Wahrheit des menschlichen Lebens, die er zu entdecken, zu verstehen und zu verkünden versucht; und um sein Werk zu vollenden, muss er dem menschlichen Leben eine gedankliche Aufmerksamkeit widmen, die nacheinander wissenschaftlich, philosophisch und künstlerisch ist. Er muss zunächst bestimmte Tatsachen des tatsächlichen Lebens sorgfältig beobachten, sie im Lichte ausgedehnter Erfahrungen studieren und daraus die allgemeinen Gesetze ableiten, die er für die ihnen zugrunde liegenden Wahrheiten hält. Dabei ist er ein Wissenschaftler. Als nächstes wird er, wenn er ein großer Denker ist, diese Wahrheiten in Beziehung setzen und daraus eine Glaubensstruktur aufbauen. Dabei ist er ein Philosoph. Schließlich muss er fantasievoll solche Szenen und Charaktere schaffen, die die Wahrheiten, die er entdeckt und berücksichtigt hat, veranschaulichen und sie den Köpfen seiner Leser klar und wirkungsvoll vermitteln. Dabei ist er ein Künstler.

Verschiedene Schwerpunkte . — Aber obwohl dieser dreifache mentale Prozess (von wissenschaftlicher Entdeckung, philosophischem Verständnis und künstlerischem Ausdruck) von jedem Meister der Belletristik vollständig erlebt wird, stellen wir fest, dass bestimmte Autoren am meisten an der ersten oder wissenschaftlichen Phase des Prozesses interessiert sind, andere wiederum in der zweiten, oder philosophischen Phase, und wieder andere in der dritten, oder künstlerischen Phase. Offensichtlich interessiert sich Emile Zola hauptsächlich für eine wissenschaftliche Untersuchung der tatsächlichen Tatsachen des Lebens, George Eliot für eine philosophische Betrachtung der zugrunde liegenden Wahrheiten und Gabriele D'Annunzio für eine künstlerische Darstellung der Traumwelt, die er sich vorstellt. Washington Irving ist hauptsächlich Künstler, Tolstoi hauptsächlich Philosoph und Jane Austen hauptsächlich eine wissenschaftlich genaue Beobachterin. Es gibt nur wenige Schriftsteller, selbst unter den größten Meistern der Kunst, von denen wir wie bei Hawthorne das Gefühl haben, dass der Wissenschaftler, der Philosoph und der Künstler über gleiche Bereiche ihres Geistes herrschen. Hawthorne, der Wissenschaftler, ist in seinen Untersuchungen des Provinzlebens so gründlich, so genau und so präzise, dass kein geringerer Kritiker als James Russell Lowell das „Haus der sieben Giebel" als „den wertvollsten Beitrag zur Geschichte Neuenglands" bezeichnete, den es je gegeben hat noch gemacht worden." Hawthorne, der Philosoph, ist so weise in seinem Verständnis von Verbrechen und Vergeltung, so fest in seiner Glaubensstruktur hinsichtlich der moralischen Wahrheit, dass es den Anschein hat, als könnte er, wenn überhaupt jemand, eine Antwort auf den ergreifenden Schrei eines verzweifelten Mörders geben —

„Kannst du nicht einem kranken Geist beistehen,
einen verwurzelten Kummer aus dem Gedächtnis reißen, die
geschriebenen Sorgen des Gehirns auslöschen und mit einem süßen,
ahnungslosen Gegenmittel den
gefüllten Busen von dem gefährlichen Stoff
reinigen , der auf dem Herzen lastet?" [1]

Und Hawthorne, der Künstler, ist so feinfühlig in seiner sensiblen und liebevollen Darstellung des Schönen, so meisterhaft sowohl in der Struktur als auch im Stil, dass sein Werk, allein in der Kunst, eine eigene Entschuldigung für das Sein ist. Wäre seine Fiktion nicht begrenzt – ihr Mangel an Umfang und Reichweite, sowohl in Bezug auf den Inhalt als auch in Bezug auf die Geisteshaltung –, könnte sein Werk zu diesem Thema als eine Illustration all dessen angesehen werden, was in der Dreifachheit großartig sein kann Prozess der Schöpfung.

Die Kunst der Fiktion und das Handwerk der Chemie. — *Fiktion* , um ein Bild aus der chemischen Wissenschaft zu übernehmen, *ist destilliertes Leben* . Im Kopf des Autors wird das Tatsächliche zunächst zum Realen verdampft und das Reale dann zum Imaginierten verdichtet. Der Autor verwandelt zunächst die konkreten Realitäten des Lebens in abstrakte Realitäten; und dann verwandelt er diese abstrakten Realitäten in konkrete Vorstellungen. Wenn er diesen mentalen Prozess ohne einen Trugschluss verfolgt hat, werden seine Vorstellungen zwangsläufig wahr sein; weil sie Realitäten darstellen, die wiederum aus Realitäten hervorgegangen sind.

Fiktion und Realität. — In einer seiner Kritiken am größten modernen Dramatiker hat Herr William Archer darauf aufmerksam gemacht, dass „Männer Ibsen gewöhnlich und instinktiv das Kompliment machen (das Shakespeare so oft gemacht hat), bestimmte seiner weiblichen Charaktere so zu diskutieren, als ob sie es wären." Sie waren echte Frauen, die ein Leben abseits der kreativen Intelligenz des Dichters führten." [Es ist offensichtlich, dass Mr. Archer, wenn er „echte Frauen" sagt, das meint, was genauer mit den Worten „echte Frauen" gemeint ist.] Ein solches Kompliment wird auch instinktiv jedem Meister der Belletristik gemacht; und der Grund ist nicht schwer zu verstehen. Wenn die allgemeinen Gesetze des Lebens, die der Romanautor erdacht hat, wahre Gesetze sind und wenn seine phantasievolle Verkörperung derselben in allen Punkten vollkommen konsistent ist, werden seine Figuren wahre Männer und Frauen im höchsten Sinne sein. Sie werden nicht real sein, aber sie werden real sein. Die großen Romanfiguren – Sir Willoughby Patterne , Tito Melema , D'Artagnan , Père Grandet , Rosalind, Tartufe , Hamlet, Ulysses – verkörpern Wahrheiten des menschlichen Lebens, zu denen man erst nach gründlicher Beobachtung der Fakten und geduldiger Einleitung gelangt ist ihnen. Cervantes muss eine Vielzahl von Träumern beobachtet haben, bevor er die Wahrheit über den Charakter des Idealisten erfuhr, den er in Don Quijote zum Ausdruck gebracht hat . Die großen Romanfiguren sind typisch für große Schichten der Menschheit. Sie leben wahrhaftiger als du und ich, weil sie aus uns und vielen anderen Menschen bestehen. Sie haben die große Realität allgemeiner Ideen, die wahrer ist als die Aktualität von Tatsachen. Deshalb kennen wir sie und betrachten sie als echte Menschen – alte Bekannte, die wir (vielleicht) schon vor unserer Geburt kannten, als wir (was vorstellbar ist) mit ihnen im Reich der Ideen Platons lebten. In Frankreich nennt man einen Mann nicht einen Geizhals, sondern einen Harpagon . Wir kennen Rosalind, wie wir unsere süßeste Sommerliebe kennen; Hamlet ist unser älterer Bruder und versteht unser eigenes Schwanken und Schwanken.

Fiktion und Geschichte. — Instinktiv halten wir auch die großen Menschen der Fiktion für realer als viele der tatsächlichen Menschen einer vergangenen Zeit, deren Taten in staubigen Geschichtsbüchern aufgezeichnet sind. Für einen modernen Geist weckt der Name Marcus Brutus den Geist von Shakespeares fiktivem Patrioten und nicht den Geist des tatsächlichen Brutus ganz anderer Natur, über dessen Taten die Chronisten Roms kaum berichten. Der Richelieu von Dumas père mag nur geringe Ähnlichkeit mit dem eigentlichen Gründer der Französischen Akademie haben; aber er lebt wirklicher für uns als der Richelieu vieler Geschichten. Wir kennen Hamlet noch besser als Henri-Frédéric Amiel , der ihm in vielerlei Hinsicht ähnlich war; obwohl Amiel ausführlicher über sich selbst berichtet hat als fast jeder andere echte Mann. Wir können noch einen Schritt weiter gehen und erklären, dass die tatsächlichen Menschen jeden Zeitalters nur dann in der Erinnerung an spätere Zeitalter leben können, wenn die Fakten ihrer Charaktere und ihrer Karrieren durch den Geist kreativer Historiker in eine Art Fiktion umgewandelt wurden. Tatsächlich gab es 1815 nur einen Napoleon; Mittlerweile gibt es so viele Napoleons, wie es Biografien und Geschichten über ihn gibt. Er wurde auf die eine Art von einem Autor, auf eine andere von einem anderen nachgebildet ; und Sie können Ihre Wahl treffen. Sie können den Julius Cæsar von Herrn Bernard Shaw oder den Julius Cæsar von Thomas De Quincey annehmen . Das erste ist offen gesagt Fiktion; und das zweite, nicht so offen gesagt, ist ebenfalls Fiktion – genauso weit von der Realität entfernt wie Shakespeares Adaption von Plutarchs Porträt.

Belletristik und Biografie. — Eines der anschaulichsten Beispiele dafür, wie ein großer kreativer Geist, der ehrlich versucht, die Wahrheit über tatsächliche Charaktere der Vergangenheit zu entdecken, zu verstehen und auszudrücken, diese Charaktere zwangsläufig zu Fiktion macht, liefert Thomas Carlyle in seinem „ Helden und Heldenverehrung." Hier, in Carlyles Vorgehensweise, lässt sich leicht der dreifache Schöpfungsprozess erkennen, den der fiktionale Geist durchläuft. Eine Untersuchung der aufgezeichneten Fakten über Mohammed, Dante, Luther oder Burns führt ihn zur Entdeckung und Formulierung bestimmter abstrakter Wahrheiten über den Helden als Propheten, als Dichter, als Priester oder als Schriftsteller; und danach legt er beim Verfassen seiner historischen Studien nur solche tatsächlichen Tatsachen dar, die mit seinem philosophischen Verständnis der Wahrheit übereinstimmen, und wird dieses Verständnis daher mit größtem Nachdruck vertreten. Er erfindet seine Helden fiktiv, um möglichst nachdrücklich die Wahrheit über sie zu sagen.

Biografie, Geschichte und Fiktion. — Auf diese Weise sind Biographie und Geschichte in ihrer besten Form dazu verdammt, die Methoden der Kunst der Fiktion anzuwenden; und wir können daher ohne Überraschung verstehen, warum der durchschnittliche Leser immer von den Geschichten von Francis Parkman sagt, dass sie sich wie Romane lesen, obwohl uns die deutschgesinntesten Geschichtswissenschaftler versichern, dass Parkman seinen Fakten stets treu bleibt. Für dieses Modell von Historikern waren Fakten ein Hinweis auf Wahrheiten; und diese Wahrheiten versuchte er mit makelloser Kunst auszudrücken. Wie die besten Romanautoren war er zugleich Wissenschaftler, Philosoph und Künstler; und das ist nicht der letzte Grund, warum seine Geschichten Bestand haben werden. Sie sind so wahr wie Fiktion.

Fiktion, die wahr ist. — Die großen Charaktere der Fiktion überzeugen uns nicht nur von der Realität: In den bloßen Ereignissen selbst einer würdigen Fiktion spüren wir eine Eignung, die uns erkennen lässt, dass sie real sind. Der sentimentale Tommy hat diesen literarischen Wettbewerb tatsächlich verloren, weil er eine ganze Stunde damit verschwendet hat, vergeblich nach dem einen richtigen Wort zu suchen; Hetty Sorrel hat ihr Kind wirklich getötet; und Mr. Henry muss dieses Mitternachtsduell mit dem Meister von Ballantrae gewonnen haben , obwohl dieser der bessere Schwertkämpfer war. Diese Vorfälle entsprechen den Wahrheiten, die wir erkennen. Und nicht nur in der Fiktion, die sich an die Realität anschmiegt, spüren wir ein Gefühl der Wahrheit. Wir spüren es ebenso deutlich in Märchen wie denen von Hans Christian Andersen oder in den würdigsten Wundersagen einer früheren Zeit. Vom standhaften Zinnsoldaten wird uns erzählt, dass die Magd, die am nächsten Morgen die Asche wegnahm, ihn in der Form eines kleinen Zinnherzens fand, nachdem er im Feuer geschmolzen war; und wenn wir uns an die glitzernde kleine Balletttänzerin erinnern, die wie eine Sylphe zu ihm flatterte und mit ihm im Feuer verbrannte, spüren wir, dass diese kleine Fantasie zu uns passt, die Einblicke in die menschliche Wahrheit eröffnet. Mr. Kiplings Fabel „Wie der Elefant zu seinem Rüssel kam“ ist ebenso wahr wie seine Berichte über Mrs. Hauksbee . Seine Theorie stimmt möglicherweise nicht mit den tatsächlichen Fakten der zoologischen Wissenschaft überein; Aber auf jeden Fall stellt es eine Wahrheit dar, die für diejenigen, die wieder wie kleine Kinder geworden sind, vielleicht wichtiger ist.

Fiktion, die falsch ist. — So wie wir instinktiv die Realität der Fiktion in ihrer besten Form spüren, so spüren wir auch mit einem verwandten Instinkt, der ebenso scharf ist, die Falschheit der Fiktion, wenn der Autor von der Wahrheit abweicht. Solange seine Charaktere nicht in allen Punkten im Einklang mit den Gesetzen ihrer eingebildeten Existenz handeln und denken und diese Gesetze nicht im Einklang mit den Gesetzen des tatsächlichen Lebens stehen, kann uns keine noch so große Raffinesse seitens des Autors endgültig dazu bringen, seine Geschichte zu glauben; Und wenn wir seine Geschichte nicht glauben, wird sein Zweck, sie zu schreiben, gescheitert sein. Der Romancier, der so viele Möglichkeiten hat, die Wahrheit zu sagen, hat auch viele Möglichkeiten, zu lügen. Er kann in seinem eigentlichen Thema unwahr sein, wenn es ihm an einer vernünftigen Sicht auf die Dinge, die sind, mangelt. Er kann in seiner Charakterisierung unwahr sein, wenn er sich in sein Volk einmischt, nachdem es einmal erschaffen wurde, und versucht, es zu seinen Zielen zu zwingen, anstatt es ihm zu erlauben, sein eigenes Schicksal zu bestimmen. Er könnte in seinen Plänen unaufrichtig sein, wenn er Situationen willkürlich erfindet, um bloße unmittelbare Wirkung zu erzielen. Er kann in seinem Dialog unaufrichtig sein, wenn er seinem Volk Sätze in den Mund legt, deren Natur es nicht verlangt, dass sie sprechen. Er kann in seinen Kommentaren zu seinen Charakteren unwahr sein, wenn die Charaktere die Kommentare in ihren Taten und Worten Lügen strafen.

Zufällige Sünden gegen die Wahrheit in der Fiktion. — Mit der Art von Fiktion, die ein Gewebe aus Lügen ist, beschäftigt sich die vorliegende Studie nicht; Aber selbst in der besten Fiktion stoßen wir auf Passagen, die falsch sind. Es ist jedoch unwahrscheinlich, dass wir dadurch in die Irre geführt werden: Wir rebellieren instinktiv gegen sie mit einem Gefühl, das am besten in dem berühmten Satz von Ibsens Assessor Brack zum Ausdruck kommt : „Menschen tun so etwas nicht." Als Shakespeare uns gegen Ende von „Wie es euch gefällt" erzählt, dass der böse Oliver plötzlich seine Natur geändert und die Liebe von Celia gewonnen hat, wissen wir, dass er lügt. Die Szene entspricht nicht den großen Gesetzen des menschlichen Lebens. Als George Eliot, der keinen Schluss zu „The Mill on the Floss" findet, uns erzählt, dass Tom und Maggie Tulliver gemeinsam in einer Überschwemmung ertrunken seien, glauben wir ihr nicht; So wie wir Sir James Barrie nicht glauben, als er den absurden Unfall von Tommys Tod erfindet. Diese drei Fälle von Falschheit wurden von Autoren ausgewählt, die die Wahrheit kennen und sie fast immer sagen; und alle drei haben eine gewisse Linderung. Sie stehen ganz am Ende oder kurz vor dem Ende längerer Geschichten. Im wirklichen Leben gibt es natürlich keine wirklichen Enden: Das Leben weist eine kontinuierliche Abfolge von Kausalitäten auf, und da eine Geschichte ein Ende haben muss, muss ihr Abschluss auf jeden Fall einem Naturgesetz widersprechen. Wahrscheinlich ist die Wahrheit, dass Tommy überhaupt nicht gestorben ist: Er lebt noch und wird immer leben. Und da Sir James Barrie nicht ewig schreiben konnte, wird ihm möglicherweise ein provisorisches Ende verziehen, an das er selbst offenbar nicht geglaubt hat. Ebenso können wir Shakespeares Lüge verzeihen, da sie zu einer allgemeinen Wahrhaftigkeit des guten Willens beiträgt Abschluss seiner Geschichte; und was George Eliot betrifft – nun, sie hatte viele hundert Seiten lang beharrlich die Wahrheit gesagt.

Weitere schwere Sünden gegen die Wahrheit. — Aber wenn Charlotte Brontë in „Jane Eyre" uns erzählt, dass Mr. Rochester zuerst den folgenden Satz gesagt und dann wiederholt hat: „Ich bin bereit, heute Abend gesellig und kommunikativ zu sein", fällt es uns schwerer, das zu verzeihen scheinbare Falschheit. Im selben Kapitel gibt der Autor an, dass Herr Rochester die folgende Bemerkung gemacht habe: „Dann stimmen Sie mir erstens darin zu, dass ich das Recht habe, manchmal ein wenig herrisch, schroff, vielleicht anspruchsvoll zu sein?" mit der Begründung, die ich angegeben habe, nämlich, dass ich alt genug bin, um Ihr Vater zu sein, und dass ich eine abwechslungsreiche Erfahrung mit vielen Männern aus vielen

Nationen gemacht habe und über die halbe Welt gereist bin, während Sie ruhig mit einer Gruppe von ihnen gelebt haben Menschen in einem Haus?"

Solches Schreiben ist unentschuldbar unwahr. Wir können nicht glauben, dass jemals ein Mensch eine so ausführliche, direkte Frage gestellt hat. Die Leute reden nicht so. Lassen Sie uns als Kontrast für einen Moment die ergreifende Wahrhaftigkeit der Rede in Mr. Rudyard Kiplings Geschichte „Only a Subaltern" bemerken. Ein von Fieber geplagter Gefreiter sagt zu Bobby Wick : „Entschuldigen Sie, Sir, ich störe Sie jetzt, aber würden Sie mir etwas Zeit nehmen , Sir ?" – und später, wenn der Gefreite genesen ist und Bobby wiederum ist niedergeschlagen, der Soldat starrt plötzlich entsetzt auf sein Bett und schreit: „Oh mein Gott! *Das* kann nicht *sein* ! „Die Leute reden so.

Die Sinnlosigkeit des Adventiven. — Willkürliche Handlungsstränge nützen in der Fiktion in der Regel nichts: Fast immer wissen wir, wann eine Geschichte wahr ist und wann nicht. Wir glauben selten an den längst verlorenen Willen, der endlich auf der Rückseite einer verfallenden Leinwand entdeckt wird; oder in der zufälligen Begegnung und gegenseitigen Entdeckung seit langem getrennter Verwandter; oder in solch zufälligen Umständen wie dem, aufgrund dessen Romeo die Nachricht von Bruder Laurence nicht erhält. Die besten Vorfälle in der Fiktion sind nicht nur wahrscheinlich, sondern unvermeidlich: Sie passieren, weil sie in der Natur der Dinge passieren müssen, und nicht, weil der Autor es so will. Ebenso sind die wahrsten Charaktere der Fiktion so real, dass nicht einmal ihr Schöpfer die Macht hat, sie dazu zu bringen, etwas zu tun, was sie nicht wollen. Von Thackeray wurde erzählt, dass er Colonel Newcome so sehr liebte, dass er sich inständig wünschte, der gute Mann möge bis zum Ende glücklich leben. Doch als Thackeray die Umstände kannte, in die der Colonel verwickelt war, und auch die Natur der Menschen, die den kleinen Kreis um ihn bildeten, erkannte er, dass seine letzten Tage notwendigerweise elend sein würden; Als der Autor dies erkannte, sagte er die bittere Wahrheit, die ihn jedoch viele Tränen kostete.

Die Unabhängigkeit geschaffener Charaktere. — Der unvorsichtige Leser von Belletristik geht normalerweise davon aus, dass der Romanautor seine Charaktere und Ereignisse erfindet und sie immer so anordnen kann, dass sie seinen eigenen Wünschen entsprechen. Aber jeder ehrliche Künstler wird Ihnen sagen, dass seine Charaktere oft unlösbar werden und sich an bestimmten Stellen hartnäckig weigern die Ereignisse zu akzeptieren, die er für sie vorherbestimmt hat, und dass sie zu anderen Zeiten die Dinge selbst in die Hand nehmen und mit der Geschichte davonlaufen. Stevenson hat diese letztere Erfahrung aufgezeichnet. Über „Kidnapped" sagte er: „In einem meiner Bücher, und nur in einem, haben die Charaktere das Gebiss in die Zähne bekommen; plötzlich lösten sie sich von dem flachen Papier, drehten mir den Rücken zu und gingen körperlich davon; und von da an war meine Aufgabe stenografisch – sie waren es, die sprachen, sie waren es, die den Rest der Geschichte schrieben."

Die Gesetze des Lebens und nicht der Wille des Autors müssen letztendlich über das Schicksal von Helden und Heldinnen entscheiden. Am Abend des 3. Februar 1850, kurz nachdem er die letzte Szene aus „The Scarlet Letter" geschrieben hatte, las Hawthorne sie seiner Frau vor – „versuchte sie vielmehr zu lesen", schrieb er am nächsten Tag in einem Brief an sein Freund, Horatio Bridge, „denn meine Stimme schwoll an und schwankte, als würde ich auf einem Ozean auf und ab geworfen, der nach einem Sturm nachlässt. Aber ich war damals in einem sehr nervösen Zustand, da ich beim Schreiben viele Monate lang eine große Bandbreite an Emotionen erlebt hatte." Ist es nicht vorstellbar, dass der Autor angesichts der „großen Vielfalt an Gefühlen", die er am Ende seiner Geschichte erlebte, mehr als einmal versucht war zu behaupten, Hester und Dimmesdale seien auf dem Bristol-Schiff geflohen und hätten ihr Vergehen anschließend in heiliger Weise gesühnt? und Nutzungsdauern? Wenn ihm aber ein solcher Gedanke kam, drückte er ihn aus, wohlwissend, dass die Offenbarung des scharlachroten Buchstabens vom höchsten moralischen Gesetz unaufhaltsam verlangt wurde.

Fiktion wahrer als ein beiläufiger Tatsachenbericht . — Wir sind nun bereit, die Aussage zu verstehen, dass Fiktion im besten Fall viel wahrer ist als solche nachlässigen Berichte über tatsächliche Ereignisse, wie sie in den Tageszeitungen veröffentlicht werden. Destilliertes Wasser besteht in Wirklichkeit viel mehr aus H_2O als die trübe natürliche Flüssigkeit im Kolben der Retorte; und das Leben, das im dreifachen Destillierkolben des Geistes des Romanautors geklärt wurde, ist viel mehr wirkliches Leben als die verschleierten und unrealisierten Ereignisse, über die in den täglichen Faktenchroniken berichtet wird. Die Zeitung könnte uns erzählen, dass ein Mann, der sein Büro in scheinbar normalem Geisteszustand verließ, nach Hause ging und seine Frau erschoss; aber die Leute tun so etwas nicht; Und obwohl die Geschichte ein tatsächliches Ereignis beschreibt, sagt sie nicht die Wahrheit. Die einzige Möglichkeit, wie der Reporter diese Geschichte wahr machen könnte, bestünde darin, alle vorangegangenen Ursachen aufzuspüren, die unweigerlich zum Höhepunkt des Vorfalls führten. Der Vorfall selbst kann für uns nur wahr werden, wenn wir ihn verstehen.

Robert Louis Stevenson bemerkte einmal, dass er, wann immer er in einer Geschichte eines Freundes auf eine besonders unwahre Passage stieß, immer den Verdacht hegte, sie sei direkt aus dem wirklichen Leben übernommen worden. Der Autor war sich der Tatsachen zu sicher, um sich zu fragen, inwieweit sie die allgemeinen Gesetze des Lebens widerspiegelten. Für den sorgfältigen Denker sind Fakten jedoch nur deshalb wichtig, weil sie für die Wahrheit von Bedeutung sind. Zweifellos würde ein allwissender Geist einen Grund für jedes zufällige und scheinbar unbedeutende Ereignis im tatsächlichen Leben erkennen. Zweifellos muss der universelle Geist beispielsweise verstehen, warum der große Musikdirektor Anton Seidl plötzlich an einer Ptomain-Vergiftung starb. Aber für einen begrenzten Geist scheinen solche Ereignisse für die Wahrheit bedeutungslos zu sein; sie scheinen kein Hinweis auf ein notwendiges Gesetz zu sein. Und da der Romanautor einen begrenzten Verstand hat, sind die Gesetze des Lebens, die er verstehen kann, eingeschränkter logisch als die unentdeckten Gesetze des tatsächlichen Lebens, die sein Verständnis übersteigen. Manches zufällige Vorkommen der realen Welt wäre daher in der intellektuell geordneten Welt der Fiktion unzulässig. Ein Romanautor hat kein Recht, eine Abfolge von Ereignissen darzulegen, deren Ursachen und Wirkungen er dem Leser nicht verständlich machen kann.

Die Ausnahme und das Gesetz. — Wir berühren jetzt ein Prinzip, das von Anfängern in der Kunst der Belletristik selten geschätzt wird. Jeder Hochschulprofessor für Literaturkomposition, der einem Studenten vorgeworfen hat, in irgendeiner Passage einer von ihm eingereichten Geschichte sei falsch, wurde mit der triumphalen, aber unvernünftigen Antwort konfrontiert: „Oh nein, es ist wahr!" Es ist einem Freund von mir passiert!" Und dann ist es für den Professor notwendig geworden, so gut er konnte zu erklären, dass eine tatsächliche Begebenheit im Sinne einer Fiktion nicht unbedingt wahr ist. Die eingebildeten Tatsachen einer wirklich wertvollen Geschichte werden nur deshalb zur Schau gestellt, weil sie ein allgemeines Lebensgesetz darstellen, das fest im Bewusstsein des Autors verankert ist. Eine Transkription tatsächlicher Tatsachen verfehlt daher den Zweck einer Fiktion, es sei denn, die Tatsachen selbst sind offensichtlich repräsentativ für ein solches Gesetz. Und einem Freund von uns können viele Dinge passieren, ohne dass ein rücksichtsvoller Geist einen logischen Grund erkennen kann, warum sie passieren mussten.

Wahrhaftigkeit ist der einzige Anspruch auf Unsterblichkeit. — Es ist notwendig, dass der Schüler die Bedeutung dieses Prinzips gleich zu Beginn seiner Ausbildung in der Kunst erkennt. Denn nur wenn man sich strikt an die Wahrheit hält, kann die Fiktion überleben. In jeder Epoche der Literatur sind viele kluge Autoren aufgetreten, die ihre Zeitgenossen mit genialen Erfindungen, brillanten Ereignissen, unerwarteten Neuheiten des Charakters oder verlockender Beredsamkeit des Stils unterhalten haben, die aber von nachfolgenden Generationen nur deshalb verworfen und vergessen wurden, weil sie es nicht erzählten die Wahrheit. Wahrscheinlich gibt es in der gesamten englischen Belletristik keinen geschickteren Weber fesselnder Handlungen, keinen geschickteren Meister der Erfindung oder Manipulator der Spannung als Wilkie Collins; aber Collins ist bereits verworfen und fast vergessen, weil die Lesewelt festgestellt hat, dass er keine Wahrheiten von wirklicher Bedeutung an den Tag legte, sondern vielmehr die ewigen Realitäten des Lebens für bloße augenblickliche Plausibilitäten opferte . Wahrscheinlich gibt es auch keinen Künstler der französischen Prosa, der in seiner Beredsamkeit verführerischer ist als René de Chateaubriand; aber seine Fiktion wird nicht mehr gelesen, weil die Welt herausgefunden hat, dass sein Sentimentalismus in diesem Ausmaß eine Täuschung war – er widersprach der Natur normaler Menschen. „Alice im Wunderland" wird die Werke dieser beiden fähigen Autoren überleben, da uns in seinen Träumen viele und bedeutsame menschliche Wahrheiten in den Sinn kommen.

Moral und Unmoral in der Fiktion. — Die ganze Frage nach der Moral oder Unmoral einer Fiktion ist lediglich eine Frage nach ihrer Wahrheit oder Falschheit. Um diesen Punkt zu verstehen, müssen wir zunächst sorgfältig darauf achten, Unmoral von Grobheit zu unterscheiden. Die Moral eines Romanautors hängt nicht von der Anständigkeit seines Ausdrucks ab. Tatsächlich zeigt die Geschichte der Literatur, dass ehrlich gesagt grobe Autoren wie Rabelais oder Swift selten oder nie unmoralisch waren; und dass die unmoralischsten Bücher in der heikelsten Sprache geschrieben wurden. Swift und Rabelais sind moralisch, weil sie die Wahrheit mit Vernunft und Nachdruck sagen; Wir können bestimmte Passagen in ihren Schriften aus ästhetischen, aber nicht aus ethischen Gründen ablehnen. Sie könnten unseren Geschmack verletzen; aber sie werden unser Urteil wahrscheinlich nicht in die Irre führen – viel weniger wahrscheinlich als zum Beispiel D'Annunzio, der, obwohl er niemals den feinsten ästhetischen Geschmack verletzt, mit dem blassen Schimmer seiner Poesie eine traurige Unzurechnungsfähigkeit übertüncht Ausblick auf die ultimativen, tiefen Wahrheiten des menschlichen Lebens. Zweitens müssen wir uns mutig darüber im Klaren sein, dass die Moral einer Fiktion kaum oder gar nicht von dem Thema abhängt, das sie behandelt. Es ist völlig ungerecht für den Romanautor, zu entscheiden, wie es viele unvernünftige Leser tun, dass ein Buch wie Daudets „Sapho" notwendigerweise unmoralisch sein muss, weil es unmoralische Charaktere in einer Reihe unmoralischer Handlungen zeigt. Es gibt kein unmoralisches Thema für einen Roman: In der Behandlung des Themas, und nur in der Behandlung, liegt die Grundlage für die ethische Beurteilung des Werkes. Das Einzige, was nötig ist, damit ein Roman moralisch sein kann, ist, dass der Autor während seines gesamten Werkes einen vernünftigen und gesunden Einblick in die Richtigkeit oder

Unrichtigkeit der Beziehungen zwischen seinen Charakteren behält. Er muss wissen, wann sie Recht haben, und wann sie Unrecht haben, und er muss uns die Gründe für sein Urteil klar darlegen. Er kann nicht unmoralisch sein, es sei denn, er ist untreu. Um uns seine Charaktere zu bemitleiden, wenn sie abscheulich sind, oder sie lieben zu lassen, wenn sie schädlich sind, um Ausreden für sie zu erfinden in Situationen, in denen sie nicht entschuldigt werden können, um uns zufrieden zu stellen, wenn ihre Niedrigkeit nicht verraten wurde , um uns fragen zu lassen, ob es überhaupt so ist Die Ausnahme ist nicht größer als die Regel – in einem einzigen Wort, über seine Charaktere zu lügen – das ist für den Romanautor die einzige unverzeihliche Sünde.

Die Fakultät der Weisheit. — Aber es ist nicht leicht, die Wahrheit über das menschliche Leben zu sagen, und nichts als die Wahrheit. Die besten Romanautoren verfallen hin und wieder der Lüge; und nur durch ehrliche Arbeit und aufrichtiges Streben nach dem Ideal gelingt es ihnen im Wesentlichen, den Zweck ihrer Kunst zu erfüllen. Aber der Autor von Romanen muss nicht nur ehrlich und aufrichtig sein; er muss auch weise sein. Weisheit ist die Fähigkeit, *ein Objekt der Kontemplation durch und um sich herum zu durchschauen und seine Beziehungen zu allen anderen Objekten sofort und vollständig zu verstehen.* Diese Fähigkeit kann nicht erworben werden; es muss entwickelt werden: und es wird nur durch Erfahrung entwickelt. Erfahrung erfordert normalerweise Zeit; Und obwohl die meisten großen Kurzgeschichtenautoren aus besonderen Gründen, auf die später noch eingegangen wird, jung waren, überrascht es uns nicht, dass die meisten großen Romanautoren betagte Männer waren. Sie sind langsam zur Erkenntnis jener Wahrheiten herangewachsen, die sie später mit Mühe vermitteln wollten. Richardson, der Vater des modernen englischen Romans, war einundfünfzig Jahre alt, als „Pamela" veröffentlicht wurde; Scott war dreiundvierzig, als „Waverley" erschien; Hawthorne war sechsundvierzig, als er „The Scarlet Letter" schrieb; Thackeray und George Eliot waren auf dem besten Weg in die Vierzigerjahre, als sie „Vanity Fair" und „Adam Bede" fertigstellten; und dies sind die ersten Romane jedes Autors.

Weisheit und Technik. — Der junge Autor, der Romane schreiben möchte, muss sich nicht nur die Technik seiner Kunst aneignen: Es ist sogar noch wichtiger, dass er sein Leben so ordnet, dass er sich mit den grundlegenden Wahrheiten der menschlichen Natur vertraut macht. Sein erstes Problem – das Problem der Aneignung von Technik – ist vergleichsweise einfach. Technik kann aus Büchern gelernt werden – den Meisterwerken der Belletristik. Es kann empirisch untersucht werden. Der Schüler kann beobachten, was die Meister getan haben und was nicht; und er könnte die Gründe dafür herausfinden. Und vielleicht können ihm konstruktive Belletristikkritiker bei seinem Bemühen helfen, diese Gründe zu verstehen. Aber sein zweites Problem – das Problem der Entwicklung von Weisheit – ist schwieriger; und er muss sich ohne Hilfe von Büchern damit auseinandersetzen. Was er über das menschliche Leben lernt, muss er auf seine eigene Weise lernen, ohne fremde Hilfe.

Beispiel leicht zu lernen, wie die großen Kurzgeschichten aufgebaut sind. Auf der Grundlage dieser Erkenntnisse ist es für den Kritiker leicht, die Prinzipien dieser besonderen Erzählkunst empirisch zu formulieren. Für den Studenten ist es jedoch nicht leicht herauszufinden, wie ein Mann in seinen frühen Zwanzigern eine so weise Einsicht in das menschliche Leben entwickeln kann, wie sie beispielsweise in Mr. Kiplings „Without Benefit of Clergy" zum Ausdruck kommt ." Vielleicht können einige Vorschläge gemacht werden; Sie sind jedoch lediglich als Vorschläge zu betrachten und dürfen nicht überbewertet werden.

Allgemeine und besondere Erfahrung. — Zu Beginn kann darauf hingewiesen werden, dass der Autor von Belletristik zwei unterschiedliche Erfahrungsvoraussetzungen benötigt:—erstens eine umfassende und allgemeine Erfahrung des Lebens insgesamt; und zweitens eine tiefe und spezifische Erfahrung dieser bestimmten Lebensphase, die er darstellen möchte. Allen Meistern der Kunst der Belletristik ist eine allgemeine und umfassende Erfahrung gemeinsam: Sie unterscheiden sich voneinander durch die besondere Natur ihrer spezifischen und tiefen Erfahrung. Obwohl Sir Walter Scott in Bezug auf Umfang und Umfang seines Allgemeinwissens weitaus umfangreicher war als Jane Austen, gestand er, erstaunt über die Tiefe ihres spezifischen Wissens über die alltägliche englische Mittelschichtsgesellschaft zu sein. Die meisten großen Romanautoren haben, wie Jane Austen, eine spezielle Studie über ein bestimmtes Fachgebiet verfasst. Hawthorne ist eine Autorität für das puritanische Neuengland, Thackeray für die Londoner High Society und Henry James für die kosmopolitische Superzivilisation. Es scheint daher, dass ein junger Autor, während er seine Beobachtungen für alle Erfahrungen aktuell hält, der Erfahrung einer bestimmten Lebensphase besondere Aufmerksamkeit widmen sollte. Doch dann kommt Herr Rudyard Kipling mit seinem weltumspannenden Wissen, um uns aus dem Glauben an einen zu engen Fokus der Aufmerksamkeit zu drängen.

Umfangreiche und intensive Erfahrung. — Es gibt zwei Arten von Erfahrung: umfassend und intensiv. Ein bloßer Blick auf die Bandbreite der Themen von Herrn Kipling würde uns die Breite seiner umfangreichen Erfahrung zeigen: Offensichtlich hat er in vielen Ländern gelebt und mit Mitgefühl auf das Leben vieler verschiedener Menschen geschaut. Aber in manchen Geschichten, wie zum Beispiel seinen „Sie", sind wir eher von der Tiefe seiner intensiven Erfahrung fasziniert. „Sie" offenbart uns einen Autor, der nicht unbedingt durch die Welt gewandert ist, der aber zwangsläufig alle

Phasen der Muttersehnsucht einer Frau gespürt hat. Die Dinge, die Herr Kipling in „They" weiß, hätte man nie anders lernen können als durch Mitgefühl.

Intensive Erfahrung ist für den Romanautor unermesslich wertvoller als umfassende Erfahrung. Die Schwierigkeit besteht jedoch darin, dass letztere zwar durch die offensichtlichen Mittel des Reisens und des freiwilligen Umgangs mit vielen und unterschiedlichen Menschentypen gewonnen werden kann, erstere jedoch niemals durch jedes Maß an absichtlicher und bewusster Suche. Die großen, intensiven Erfahrungen des Lebens, wie Liebe und Freundschaft, müssen unerwünscht sein, wenn sie überhaupt kommen sollen; und kein Mensch kann eine echte Erfahrung von Freude oder Leid erlangen, indem er absichtlich mit dem Leben experimentiert. Die tiefen Erfahrungen müssen beobachtet und abgewartet werden. Der Autor muss immer bereit sein, sie zu erkennen, wenn sie kommen: Wenn sie an seine Tür klopfen, darf er nicht den Fehler machen zu antworten, dass er nicht zu Hause ist. Aber er darf nicht den gegenteiligen Fehler begehen und auf die Straßen und Hecken hinausgehen, um sie zu zwingen, in seine Tore zu gelangen.

Das Erleben der Natur. — Zweifellos sind nur sehr wenige Menschen immer zu Hause für jedes echte Erlebnis, das an ihre Tür klopft; Um es einfacher auszudrücken: sehr wenige Menschen haben eine erlebende Natur. Aber große Belletristik kann nur von erfahrenen Menschen geschrieben werden; und hier liegt die Grundlage für das Eingeständnis, dass Romanautoren schließlich geboren und nicht gemacht sind. Die erlebende Natur ist schwer zu definieren; aber zwei seiner offensichtlichsten Eigenschaften sind auf jeden Fall eine lebhafte Neugier und ein bereitwilliges Mitgefühl. Die Kombination dieser beiden Eigenschaften verleiht einem Menschen das intensive Interesse am menschlichen Leben, das eine Voraussetzung dafür ist, dass er es immer besser versteht. Neugier ist zum Beispiel das offensichtlichste Kapital in Mr. Kiplings Ausrüstung. Sein spielerisches Geständnis brauchten wir in den „Just So Stories" nicht —

„Ich habe sechs ehrliche Diener
(Sie haben mir alles beigebracht, was ich wusste): —
Ihre Namen sind Was und Warum und Wann und Wie und Wo und
Wer"—

um uns davon zu überzeugen, dass er seit seiner frühesten Jugend ein unermüdlicher Fragensteller war. Nur durch eine gesunde Neugier konnte er sich den enormen Vorrat an spezifischem Wissen über nahezu jeden Lebensbereich aneignen, den er in seinen aufeinanderfolgenden Bänden zur Schau stellte. Andererseits war es offensichtlich seinem enormen Mitgefühl zu verdanken, dass Dickens alle Phasen des Lebens der einfachen Leute in London so gründlich kennenlernen konnte.

Neugier und Sympathie. — Erfahrung zieht den Mann an, der sowohl neugierig als auch mitfühlend ist. Das Reich des Abenteuers liegt in uns. So wie wir einem Objekt Schönheit verleihen, wenn wir es wunderschön betrachten, so schaffen wir Abenteuer um uns herum, wenn wir innerlich voller Lebenslust durch die Welt wandeln. Robert Louis Stevenson erlebte jeden Tag seines Lebens interessante Dinge, weil er die Fähigkeit besaß, sich für Dinge zu interessieren. In einem seiner glühendsten Essays, „Die Laternenträger", erklärte er, dass noch nie eine Stunde seines Lebens langweilig gewesen sei; Hätte er es damit verbracht, an einem Eisenbahnknotenpunkt zu warten, hätte er ein paar zerstreute Gedanken gehabt, er hätte ein paar Erinnerungskörner gezählt , im Vergleich dazu wirkten die vielen Romanzen in ihrer Gesamtheit wie Schlacke. Der Autor, der Belletristik schreiben möchte, sollte die Fähigkeit entwickeln, sich um alles zu kümmern, was geschieht; er sollte sich rigoros trainieren, um sich nie zu langweilen; Er sollte alles Leben, das in seinen Blickfeld schwimmt, mit neugierigen und mitfühlenden Augen betrachten und sich immer daran erinnern, dass Mitgefühl eine tiefere Fähigkeit ist als Neugier. Und aufgrund der tiefen Freude, die sein Interesse am Leben mit sich bringt, sollte er sich demütig bemühen, dieses Erbe des Interesses zu erwerben indem man ein gründliches Verständnis seiner Quelle entwickelt. Auf diese Weise kann er sich vielleicht bestimmter Wahrheiten des Lebens bewusst werden, die Stoff für Fiktionen sind. Wenn ja, hat er die bessere Hälfte seiner Arbeit geschafft: Er hat etwas gefunden, was er sagen kann.

[1]

Macbeth: Akt V; Szene 3.

REZENSIONSFRAGEN

1. Welche logische Beziehung besteht (1) zwischen Tatsache und Wahrheit, (2) zwischen Tatsache und Fiktion und (3) zwischen Wahrheit und Fiktion?

2. Definieren Sie die Bereiche der jeweiligen Beiträge von Kunst, Philosophie und Wissenschaft zur Suche nach der Wahrheit.

3. Inwiefern ist eine gut durchdachte Fiktion realistischer als ein Zeitungsbericht über tatsächliche Ereignisse?

4. Erklären Sie die logische Grundlage für die Unterscheidung zwischen Moral und Unmoral in einem Kunstwerk.

VORGESCHLAGENE LITERATUR

FRANK NORRIS :— „Ein Problem in der Fiktion", in „Die Verantwortung des Romanautors".

CLAYTON HAMILTON :— „On Telling the Truth", in „The Art World" vom September 1917.

KAPITEL II

REALISMUS UND ROMANTIK

Zwei Methoden, die Wahrheit darzustellen – – Jeder Geist ist entweder realistisch oder romantisch – – Marion Crawfords fehlerhafte Unterscheidung – – Eine zweite unbefriedigende Unterscheidung – – Eine dritte unbefriedigende Unterscheidung – – Bliss Perrys negative Definition – Die wahre Unterscheidung Eine der Methode, nicht der Materie — Wissenschaftliche Entdeckung und künstlerischer Ausdruck—Das Zeugnis von Hawthorne—Eine philosophische Formel—Induktion und Deduktion—Die induktive Methode des Realisten—Die deduktive Methode des Romantikers—Der Realismus ist wie die induktive Wissenschaft streng modern Produkt—Vorteile des Realismus—Vorteile der Romantik—Die Beschränkung des Realismus—Die Freiheit der Romantik—Keine Methode ist besser als die andere—Missbräuche des Realismus—Missbräuche der Romantik.

Zwei Methoden, die Wahrheit darzustellen . — Obwohl sich alle Romanautoren, die ihre Arbeit ernst nehmen und ehrlich tun, in ihrem Ziel einig sind – nämlich bestimmte Wahrheiten des menschlichen Lebens in einer Reihe imaginärer Tatsachen zu verkörpern –, zerfallen sie je nach Ziel in zwei gegensätzliche Gruppen Art und Weise, diesen Zweck zu erreichen, – ihre Methode, die Wahrheit darzustellen. Folglich finden wir in der Praxis zwei gegensätzliche Romanautorenschulen vor, die wir durch die Titel „realistisch" und „romantisch" unterscheiden.

Jeder Geist ist entweder realistisch oder romantisch. — Der Unterschied zwischen Realismus und Romantik ist grundlegend und tief verwurzelt; denn jeder Mensch ist, ob bewusst oder unbewusst, entweder ein Romantiker oder ein Realist in der vorherrschenden Gewohnheit seines Denkens. Der Leser, der von Natur aus ein Realist ist, wird George Eliot Scott vorziehen; der romantische Leser liest lieber Victor Hugo als Flaubert; und keiner der Geschmacksrichtungen ist besser als der andere. Die Vorlieben jedes Lesers werden mit seinem Gehirn geboren und haben ihren Ursprung in seinen gewohnten Denkprozessen. Angesichts dieser Tatsache erscheint es seltsam, dass der Unterschied zwischen Realismus und Romantik noch nie angemessen definiert wurde. [2] Es wurden zwar verschiedene oberflächliche Erklärungen angeboten; aber keine davon war wissenschaftlich und zufriedenstellend.

Marion Crawfords fehlerhafte Unterscheidung. — Eine der häufigsten dieser oberflächlichen Erklärungen ist die, die der verstorbene F. Marion

Crawford in seinem kleinen Buch „The Novel: What It Is" formuliert hat:– –„Der Realist schlägt vor, den Menschen zu zeigen, was sie." Sind; Der Romantiker (*sic*) versucht den Menschen zu zeigen, was sie sein sollten." Das Problem bei dieser Unterscheidung ist, dass sie überhaupt nicht unterscheidet. Sicherlich versuchen alle Romanautoren, ob realistisch oder romantisch, den Menschen zu zeigen, was sie sind – was sonst könnte ihr Grund sein, die Wahrheiten des menschlichen Lebens in eingebildeten Tatsachen zu verkörpern? Victor Hugo, der Romantiker, bemüht sich in „Les Misérables" ebenso ehrlich und ernsthaft darum, den Menschen zu zeigen, was sie sind, wie Flaubert, der Realist, in „Madame Bovary". Und andererseits zeigt Thackeray, der Realist, in Figuren wie Henry Esmond und Colonel Newcome den Männern ebenso gründlich, was sie sein sollten, wie der romantische Scott. Tatsächlich ist es kaum vorstellbar, wie ein Romanautor, ob romantisch oder realistisch, eine Möglichkeit finden könnte, das eine zu zeigen, ohne gleichzeitig auch das andere zu zeigen. Jeder bedeutende Belletristikautor, unabhängig davon, welcher der beiden Schulen er gerade angehört, strebt danach, in einem einzigen Schaffensversuch *beide* von Marion Crawford genannten Ziele zu erreichen. Er mag realistisch oder romantisch sein, wenn es darum geht, Männern zu zeigen, was sie sind; realistisch oder romantisch in seiner Art, ihnen zu zeigen , was sie sein sollten: Der Unterschied liegt nicht darin, welches von beiden er zu zeigen versucht, sondern in der Art und Weise, wie er es zu zeigen versucht.

Eine zweite unbefriedigende Unterscheidung. — Auch hier wurde uns gesagt, dass sich die Romantiker in ihren Geschichten hauptsächlich auf das Element der Handlung konzentrieren, während sich die Realisten hauptsächlich für das Element des Charakters interessieren. Aber diese Erklärung entspricht oft nicht den Tatsachen: Denn die großen romantischen Charaktere wie Lederstrumpf, Don Quijote, Monte Christo und Claude Frollo sind ebenso anschaulich gezeichnet wie die großen Charaktere des Realismus; und die großen Ereignisse realistischer Romane, wie Rawdon Crawleys Entdeckung seiner Frau mit Lord Steyne oder Adam Bedes Kampf mit Arthur Donnithorne , sind ebenso spannend wie die durchschlagenden Handlungen romantischer Romane. Wenn wir diese Erklärung akzeptieren würden, wären wir darüber hinaus nicht in der Lage, die sehr große Anzahl von Romanen, in denen keines der Elemente – der Handlung oder des Charakters – ein deutliches Übergewicht gegenüber dem anderen aufweist, als realistisch oder romantisch einzustufen. Henry James hat in seinem genialen Essay über „Die Kunst der Fiktion" ein anschauliches Licht auf diesen Einwand geworfen. „Es gibt eine altmodische Unterscheidung", sagt er, „zwischen dem Charakterroman und dem Roman der Begebenheiten, die dem angehenden Fabulisten, der sich für sein Werk begeisterte, so manches Lächeln gekostet haben muss … Was ist Charakter anderes als der Feststellung des Vorfalls? Was ist ein Vorfall anderes als die

Veranschaulichung eines Charakters? ... Es ist ein Vorfall, wenn eine Frau mit der Hand auf einem Tisch aufsteht und Sie auf eine bestimmte Weise ansieht; Oder wenn es sich nicht um einen Vorfall handelt , wird es meiner Meinung nach schwer sein zu sagen, was es ist. Gleichzeitig ist es Ausdruck des Charakters. "

Eine dritte unbefriedigende Unterscheidung. — Uns wurde auch gesagt, dass die Realisten die Sitten ihres eigenen Ortes und ihrer Zeit malen, während die Romantiker sich mit entlegeneren Materialien befassen. Aber auch diese Unterscheidung trifft oft nicht zu. Keine Geschichte war im Wesentlichen romantischer als Stevensons „Neue tausendundeiner Nacht", die Details des Londoner und Pariser Lebens zu der Zeit schildert, als der Autor sie schrieb; und kein Roman ist im Wesentlichen realistischer als „ Romola ", der uns durch viele Jahrhunderte in eine weit entfernte mittelalterliche Stadt zurückführt . Thackeray, der Realist, entfernte sich in „Henry Esmond" und seiner Fortsetzung „The Virginians" weiter von seiner eigenen Zeit und seinem eigenen Ort als Hawthorne, der Romantiker, in „Das Haus mit den sieben Giebeln"; und während der realistische Meredith in seinen Geschichten häufig ins Ausland reist, insbesondere nach Italien, blickt der romantische Barrie in Thrums fast immer aus seinem eigenen kleinen Fenster auf das Leben.

Bliss Perrys negative Definition. — In seiner interessanten und suggestiven „Studie zur Prosaliteratur" hat Professor Bliss Perry ein Kapitel dem Realismus und ein weiteres der Romantik gewidmet; aber es ist ihm nicht gelungen, einen der beiden Begriffe zu definieren. Er hat sicherlich eine negative Definition des Realismus formuliert: „Realistische Fiktion ist das, was weder vor dem Alltäglichen noch vor dem Unangenehmen zurückschreckt, in seinem Bemühen, die Dinge so darzustellen, wie sie sind, das Leben, wie es ist." Aber wir haben gesehen, dass das Ziel jeder Fiktion, ob realistisch oder romantisch, darin besteht, das Leben so darzustellen, wie es *wirklich ist* (wenn auch nicht unbedingt so, wie es *tatsächlich* ist). Stellt „The Brushwood Boy", obwohl es das Überwirkliche suggeriert, nicht eine gemeinsame Wahrheit der intimsten menschlichen Beziehung dar, die jeder Liebende als real anerkennt? Jeder große Romanautor versucht auf seine eigene romantische oder realistische Art, „das Ding so zu zeichnen, wie er es sieht, als den Gott der Dinge, wie sie sind". Wir müssen unsere Aufmerksamkeit daher hauptsächlich auf die früheren Formulierungen von Professor Perrys Definition richten. Er stellt fest, dass realistische Fiktion nicht vor dem Alltäglichen zurückschreckt. Das hängt davon ab. Der Realismus von Jules und Edmond de Goncourt tut dies allerdings nicht ; aber mit Sicherheit tut es der Realismus von George Meredith. In vielen Passagen des romantischen Fenimore Cooper findet man weitaus weniger Scheu vor dem Alltäglichen als auf den Seiten von George Meredith. Ob realistische

Fiktion vor dem Unangenehmen zurückschreckt oder nicht, hängt auch von der besonderen Natur des Realisten ab. Zolas Realismus ist das sicherlich nicht; Bei Jane Austen ist das definitiv der Fall. Weitaus weniger Zurückschrecken vor dem Unangenehmen findet man bei Poe, bei Catulle Mendès – beide Romantiker – als in den Romanen von Jane Austen. Welchen Nutzen hat dann Professor Perrys Definition des Realismus, da sie so viele Ausnahmen zulässt? Und in seinem Kapitel über Romantik versucht der Kritiker nicht einmal, eine Definition zu formulieren.

Der wahre Unterschied liegt in der Methode, nicht im Material. — Wir haben nun mehrere der aktuellen Erklärungen für den Unterschied zwischen Romantik und Realismus untersucht und festgestellt, dass jede davon mangelhaft ist. Das Problem bei allen scheint darin zu liegen, dass sie versuchen, eine Grundlage für die Unterscheidung zwischen den beiden Belletristikschulen in den Themen oder Materialien des Romanautors zu finden. Liegt der eigentliche Unterschied nicht eher in der Geisteshaltung des Romanautors gegenüber seinen Materialien, was auch immer diese Materialien sein mögen? Sicherlich gibt es von Natur aus kein realistisches oder romantisches Thema. Das gleiche Thema kann von einem Romanautor realistisch und von einem anderen romantisch behandelt werden. George Eliot hätte einen realistischen Roman zum Thema „Der Scharlachrote Buchstabe" geschrieben; und Hawthorne hätte aus den Stoffen von „Silas Marner " eine Romanze gemacht. Das gesamte menschliche Leben oder ein Teil davon bietet Stoff für Romantiker und Realisten gleichermaßen, Daher ist keine Unterscheidung zwischen den Schulen auf der Grundlage des Unterrichtsstoffs möglich; die wirkliche Unterscheidung muss eine der Methode bei der Darstellung des Unterrichtsstoffs sein . Die Unterscheidung ist nicht äußerlich, sondern innerlich; es bleibt im Kopf des Romanautors; Es ist eine Angelegenheit der philosophischen, nicht der literarischen Untersuchung.

Wissenschaftliche Entdeckung und künstlerischer Ausdruck. — Wenn wir innerhalb der Denkgewohnheiten des Romanautors nach einer philosophischen Unterscheidung zwischen Realismus und Romantik suchen, müssen wir zu einer Betrachtung des dreifachen Prozesses des fiktionalen Geistes zurückkehren, der im vorhergehenden Kapitel dieses Buches dargelegt wurde. Wissenschaftliche Entdeckungen, philosophisches Verständnis und künstlerischer Ausdruck der Wahrheiten des menschlichen Lebens sind Phasen der Schöpfung, die sowohl Romantikern als auch Realisten gemeinsam sind; Aber obwohl sich die Autoren beider Schulen gleichermaßen auf dem zentralen Grund des philosophischen Verständnisses äußern, ist es nicht offensichtlich, dass die Realisten am meisten daran interessiert sind, auf den vorangehenden Grund wissenschaftlicher Entdeckungen zurückzublicken, und dass die Romantiker am meisten daran interessiert sind, auf die nachfolgenden zu blicken? Boden des künstlerischen Ausdrucks? Nehmen wir zur Veranschaulichung an, dass zwei Romanautoren mit gleichen Fähigkeiten – der eine ein Realist, der andere ein Romantiker – dieselben Ereignisse und Charaktere des tatsächlichen Lebens beobachtet und sorgfältig studiert haben; Und nehmen wir weiter an, dass sie sich in ihrer Vorstellung von der Wahrheit hinter den Tatsachen einig sind. Nehmen wir nun an, dass jeder von ihnen einen Roman schreibt, um diese Vorstellung von der Wahrheit zu verkörpern, in der sie übereinstimmen. Wird der Realist nicht den wissenschaftlichen Entdeckungsprozess, durch den er zu seiner Auffassung gelangte, für am wichtigsten halten? Und wird er daher nicht danach streben, dem Leser diesen Prozess klar zu machen, indem er zu dem Punkt zurückkehrt, an dem er seine Beobachtungen begann, und den Leser dann durch eine ähnliche wissenschaftliche Untersuchung eingebildeter Tatsachen weiterführt, bis der Leser sich ihm auf philosophischer Ebene anschließt? Verständnis? Und andererseits wird der Romantiker nicht den künstlerischen Prozess der Verkörperung seiner Konzeption für das Wichtigste halten; und wird er Geben Sie sich daher nicht mit irgendeinem Mittel zufrieden, um es klar und effektiv zu verkörpern, ohne sich darum zu kümmern, ob die eingebildeten Tatsachen, die er zu diesem Zweck auswählt, den tatsächlichen Tatsachen ähnlich sind, aus denen er sein philosophisches Verständnis zunächst abgeleitet hat?

Das Zeugnis von Hawthorne. — Dieser Gedanke ging Hawthorne offenbar durch den Kopf, als er im Vorwort zu „Das Haus mit den sieben Giebeln" seine bekannte Unterscheidung zwischen Romanze und (realistischem) Roman schrieb:—„Wenn ein Schriftsteller sein Werk nennt Wenn er einen Roman geschrieben hat, braucht er kaum zu bemerken, dass er einen gewissen Spielraum beanspruchen möchte, sowohl was die Form als auch das Material angeht, zu dem er sich nicht berechtigt gefühlt hätte, wenn er behauptet hätte, einen Roman zu schreiben. Man geht davon aus, dass die letztgenannte Form der Komposition auf eine sehr genaue Wiedergabetreue abzielt, und zwar nicht nur gegenüber dem Möglichen, sondern auch gegenüber dem wahrscheinlichen und gewöhnlichen Verlauf der menschlichen Erfahrung. Ersteres – obwohl es sich als Kunstwerk strikt den Gesetzen unterwerfen muss und während es unverzeihlich sündigt, soweit es von der Wahrheit des menschlichen Herzens abweicht – hat durchaus das Recht, diese Wahrheit darzustellen Umstände, die zu einem großen Teil vom Autor selbst gewählt oder geschaffen wurden."

Eine philosophische Formel. — Aber Hawthornes Aussage ist, obwohl sie den Sachverhalt abdeckt, nicht prägnant und endgültig; und wenn wir die These gründlich untersuchen wollen, sollten wir sie zuerst in philosophischen Begriffen formulieren und die Aussage dann durch

Erklärung und Illustration erläutern. So gesehen ist die Unterscheidung wie folgt: *Bei der Darlegung seiner Lebensauffassung folgt der Realist der induktiven Darstellungsmethode, der Romantiker der deduktiven Methode.*

Induktion und Deduktion. — Die Unterscheidung zwischen induktiven und deduktiven Denkvorgängen ist sehr einfach und allen bekannt: Sie basiert auf der *Richtung* des Gedankengangs. Wenn wir induktiv denken, schließen wir vom Besonderen zum Allgemeinen; und wenn wir deduktiv denken, verläuft der Prozess in umgekehrter Richtung und wir schlussfolgern vom Allgemeinen zum Besonderen. In unserem gewöhnlichen Gespräch sprechen wir induktiv, wenn wir zunächst eine Reihe spezifischer Tatsachen erwähnen und dann daraus eine allgemeine Schlussfolgerung ziehen; und wir sprechen deduktiv, wenn wir zunächst eine allgemeine Meinung äußern und sie dann durch das Anführen spezifischer Illustrationen erläutern. Die alte Dichotomie der Psychologen, die alle Menschen entsprechend ihrer Denkgewohnheiten in Platoniker und Aristoteliker (oder, um eine moderne Nomenklatur zu ersetzen, in Cartesianer und Baconianer) einteilt, ist lediglich eine Behauptung, dass jeder Mensch in der vorherrschenden Richtung seines Denkens ist Denken ist entweder deduktiv oder induktiv. Die meisten großen ethischen Philosophen hatten einen induktiven Geist; Auf der Grundlage anerkannter Erfahrungstatsachen haben sie ihre Verhaltensgesetze begründet. Die meisten der großen Religionslehrer hatten einen deduktiven Geist: Auf der Grundlage bestimmter erhabener Annahmen haben sie ihre Gebote geltend gemacht. Die meisten großen Wissenschaftler haben induktiv gedacht: Sie sind von spezifischen Fakten zu allgemeinen Wahrheiten gelangt, so wie Newton vom Fall eines Apfels zum Gesetz der Schwerkraft kam. Die meisten großen Dichter haben deduktiv gedacht: Sie haben von allgemeinen Wahrheiten auf spezifische Fakten geschlussfolgert, so wie Dante von einer allgemeinen moralischen Auffassung der Kosmogonie zu den besonderen angemessenen Details jedes Kreises in der Hölle, im Fegefeuer und im Paradies argumentierte. Ist nun nicht die These haltbar, dass sich der Realismus gerade dadurch von der Romantik unterscheidet? Gehen die Realisten bei ihrem Bemühen, bestimmte Wahrheiten des menschlichen Lebens aufzuzeigen, nicht induktiv und die Romantiker deduktiv vor?

Die induktive Methode des Realisten. — Um uns das Gesetz des Lebens bekannt zu machen, das er klarstellen möchte, führt uns der Realist zunächst durch eine Reihe eingebildeter Tatsachen, die den Einzelheiten des tatsächlichen Lebens, die er studiert hat, um zu seinem Gesetz zu gelangen, so ähnlich wie möglich sind allgemeine Vorstellung. Er ahmt die Tatsachen des wirklichen Lebens sorgfältig nach, damit er uns schließlich sagen kann: „Das ist die Art von Dingen, die ich in der Welt gesehen habe, und daraus habe ich die Wahrheit gelernt, die ich Ihnen sagen muss." Er führt uns Schritt für Schritt vom Besonderen zum Allgemeinen, bis wir uns allmählich der Wahrheiten bewusst werden, die er zum Ausdruck bringen möchte. Und am Ende haben wir nicht nur diese Wahrheiten kennengelernt, sondern auch jeden Schritt im Denkprozess kennengelernt, durch den der Autor selbst auf sie aufmerksam wurde. „Adam Bede" erzählt uns nicht nur, was George Eliot über das Leben wusste, sondern auch, wie sie dazu kam, es zu lernen.

Die deduktive Methode der Romantik. — Doch der romantische Romancier führt uns in die entgegengesetzte Richtung – nämlich vom Allgemeinen zum Besonderen. Er versucht nicht, uns zu zeigen, wie er zu seiner allgemeinen Auffassung gelangt ist. Sein einziges Anliegen besteht darin, seine allgemeine Idee wirkungsvoll zu vermitteln, indem er ihr eine konkrete anschauliche Verkörperung verleiht. Er fühlt sich nicht dazu verpflichtet, die eingebildeten Tatsachen seiner Geschichte den Einzelheiten des tatsächlichen Lebens möglichst nahe zu bringen; Es geht ihm nur darum, dass sie seine Idee angemessen und konsequent vertreten. Stevenson wusste, dass der Mensch eine doppelte Natur hat und dass das Böse in ihm, wenn man es verwöhnt, allmählich die Oberhand über das Gute gewinnen wird. In seiner Geschichte vom „seltsamen Fall von Dr. Jekyll und Mr. Hyde" versuchte er nicht, diese Wahrheit induktiv darzulegen, sondern zeigte uns die Art von Fakten, aus deren Beobachtung er diese Schlussfolgerung gezogen hatte. Er gab seinem Gedanken lediglich eine anschauliche Verkörperung, indem er sich einen Doppelcharakter vorstellte, in dem das hässlichere Selbst eines Menschen eine separate Inkarnation haben sollte. Er konstruierte seine Geschichte deduktiv: Er begann mit einer allgemeinen Vorstellung und reduzierte sie auf bestimmte Begriffe. "DR. „Jekyll und Mr. Hyde" ist natürlich eine durch und durch wahre Geschichte, auch wenn ihre Vorfälle im Widerspruch zu den tatsächlichen Tatsachen des Lebens stehen. Es ist genauso real wie ein realistischer Roman; aber um dies zu erreichen, war der Autor, da er deduktiv arbeitete, nicht gezwungen, die Einzelheiten des tatsächlichen Lebens, die er studiert hatte, nachzuahmen. „Ich habe etwas in der Welt gelernt", sagt er zu uns: „Hier ist eine Fabel, die es Ihnen klar machen wird."

Realismus ist wie die induktive Wissenschaft ein streng modernes Produkt. — Diese philosophische Unterscheidung zwischen den Methoden der Romantik und des Realismus weist gegenüber allen anderen in diesem Kapitel untersuchten Unterscheidungsversuchen zwei offensichtliche Vorteile auf: Erstens unterscheidet sie tatsächlich; und zweitens wird sich herausstellen, dass es in jedem Fall den Tatsachen entspricht. Darüber hinaus wird es in überwältigender Weise durch die Geschichte des menschlichen Denkens gestützt. Jeder Philosophiestudent wird Ihnen sagen, dass das Denken in der Welt bis zu den Tagen von Francis Bacon überwiegend deduktiv war. Bacon war der erste Philosoph, der darauf bestand, dass

Induktion statt Deduktion die effektivste Methode zur Suche nach der Wahrheit sei. Die Wissenschaft, die auf Induktion basiert, steckte noch in den Kinderschuhen, als Bacon lehrte; Seitdem ist es reifer geworden, vor allem weil er und seine Nachfolger in der Philosophie die einzige Methode aufgezeigt haben, durch die es sich entwickeln könnte. Natürlich hat die Deduktion als Methode der Denkführung überlebt; aber es hat die unbestrittene Macht verloren, die es über den antiken und mittelalterlichen Geist hatte. Wenn wir uns nun der Geschichte der Fiktion zuwenden, werden wir die bedeutsame Tatsache bemerken, dass der Realismus ein rein modernes Produkt ist. Bis zu den Tagen von Bacon war jede Fiktion romantisch. Der Realismus ist zeitgleich mit der modernen Wissenschaft und den anderen Anwendungen des induktiven Denkens. Die Romantik bleibt natürlich bestehen; Aber es hat die unbestrittene Herrschaft der Fiktion verloren , die es in der Antike und im Mittelalter innehatte. Wenn Bacon Belletristik geschrieben hätte, wäre er ein Realist gewesen – der erste Realist in der Geschichte der Literatur; und dies ist die einzige Antwort, die für diejenigen notwendig ist, die immer noch behaupten (wenn überhaupt), dass er in der Lage war, die romantischen Stücke Shakespeares zu schreiben.

Wenn nun zugegeben wird, dass der Realist seinen Leser durch Induktion von der Betrachtung eingebildeter Tatsachen zum Verständnis der Wahrheit führt und dass der Romantiker seinen Leser durch Deduktion von der Betrachtung der Wahrheit hinab zur Betrachtung eingebildeter Tatsachen führt Nachdem wir die Fakten kennengelernt haben, können wir als Nächstes bestimmte Vor- und Nachteile jeder Methode im Vergleich zur anderen untersuchen.

Vorteile des Realismus. — Erstens stellen wir fest, dass, während die eingebildeten Tatsachen des Romantikers lediglich ausgewählt werden, um die Wahrheit zu veranschaulichen, die er vermitteln möchte, die eingebildeten Tatsachen des Realisten nicht nur ausgewählt werden, um diese zu veranschaulichen, sondern auch zu untermauern Wahrheit, die ihnen innewohnt. Der Realist hat also gegenüber dem Romantiker in seiner Art, die Wahrheit auszudrücken, diesen Vorteil: Er hat die Möglichkeit, seinen Standpunkt zu beweisen, indem er die Beweise vorlegt, auf denen seine Wahrheit basiert. Daher ist es für ihn weniger schwierig, die Glaubwürdigkeit eines skeptischen und misstrauischen Lesers zu gewinnen: Und wir müssen uns immer daran erinnern, dass eine Geschichte, auch wenn sie die Wahrheit sagt, immer noch ein Misserfolg ist, wenn ihr diese Wahrheit nicht geglaubt wird. Der Romantiker verlangt notwendigerweise einen tieferen Glauben an seine Weisheit, als der Realist verlangen muss; und er kann nur durch absolute Aufrichtigkeit und völlige Klarheit in der Darstellung seiner Fabel tiefen Glauben hervorrufen. Sofern der Leser von „The Brushwood Boy" und „They" nicht absolut davon überzeugt ist, dass Mr. Kipling die Wahrheit seiner Themen kennt, werden die Geschichten auf Unsinn reduziert; denn sie liefern keine Beweise (durch Parallelläufe zur Realität), die beweisen, dass der Autor tatsächlich die Wahrheit kennt. Wenn der Leser nicht glaubt, dass Stevenson die Natur der Reue zutiefst versteht, wird das Gespräch zwischen Markheim und seinem gespenstischen Besucher unglaubwürdig und vergeblich. Der Autor gibt sich keine Gelegenheit, (durch Analogie zur tatsächlichen Erfahrung) zu beweisen, dass ein solches Gespräch konsequent die innere Wahrheit des Gewissens darstellt.

Vorteile der Romantik. — Aber dieser große Vorteil des Realisten – dass er sein Thema mit Beweisen untermauert – bringt einen damit verbundenen Nachteil mit sich. Da er seine Beweise vor dem Leser offenlegt, erleichtert er es ihm, ihn als Lügner zu erkennen. Der Romantiker sagt: „Diese Dinge sind so, weil ich weiß, dass sie so sind"; und wenn wir ihn nicht sofort und vollständig als kolossalen Lügner ablehnen, sind wir fast dazu verdammt, in den großen Momenten seiner Geschichte auf sein Wort zu vertrauen. Aber der Realist sagt: „Diese Dinge sind so, weil sie durch tatsächliche Tatsachen gestützt werden, die den eingebildeten Tatsachen, in die ich sie kleide, ähnlich sind"; und wir können an jedem Punkt der Geschichte antworten: „Überhaupt nicht! Auf der Grundlage der Fakten, die Sie uns zeigen, wissen wir, dass wir uns besser nicht auf Ihr Wort verlassen sollten." Mit anderen Worten: Wenn der Leser einem Liebesroman nicht glaubt, tut er dies instinktiv, ohne unbedingt zu wissen, warum; aber wenn er einem realistischen Roman nicht glaubt, dann tut er dies aufgrund der Logik, mit den Beweisen vor ihm.

Ein großer Romantiker muss daher über die Weisheit verfügen, die durch ihre bloße Präsenz überzeugt und durch die Intuition des Lesers Glaubwürdigkeit gewinnt. Wer könnte dem Autor von „The Scarlet Letter" nicht glauben? Wir müssen seine Beweise nicht sehen, um zu wissen, dass er es weiß. Ein großer Realist hingegen muss, obwohl er nicht über die triumphale und einnehmende geistige Persönlichkeit verfügen muss, die für einen großen Romantiker erforderlich ist, über eine gründliche und vollständige Beweisausrüstung verfügen, die sich aus der Beobachtung der Realität ergibt. Er muss Augen und Ohren haben, obwohl er keine Seele haben muss.

Die Beschränkung des Realismus. — Ein realistisch denkender Romanautor ist daher fast dazu verdammt, seine Romane auf seinen eigenen Ort und seine eigene Zeit zu beschränken. Zu keiner anderen Zeit und in keiner anderen Nation kann er sich seiner Aussage so sicher sein. Wir wissen, mit welcher enormen Arbeit George Eliot die Materialien für „ Romola " zusammengetragen hat, eine realistische Studie über das Florenz der

Renaissance; Doch obwohl wir die Arbeit als die einer gründlichen Studentin erkennen, können uns die Details noch immer nicht überzeugen, ebenso wenig wie die Details ihrer Studien über das heutige Warwickshire. Der junge Anwärter auf die Kunst der Fiktion, der sich als beginnender Realist versteht, sollte seine Bemühungen daher am besten auf die versuchte Reproduktion des Lebens beschränken, das er um sich herum sieht. Er sollte besser den vernünftigen Rat annehmen, den der verstorbene Sir Walter Besant in seinem Vortrag über „Die Kunst der Fiktion" gab: „Eine junge Dame, die in einem ruhigen Dorf auf dem Land aufgewachsen ist, sollte Beschreibungen des Garnisonslebens vermeiden; Ein Schriftsteller, dessen Freunde und persönliche Erfahrungen zur sogenannten unteren Mittelschicht gehören, sollte sorgfältig vermeiden, seine Figuren in die Gesellschaft einzuführen. Ein Südländer würde zögern, bevor er versucht, den Nordland-Akzent zu reproduzieren. Dies ist eine sehr einfache Regel, von der es jedoch keine Ausnahme geben sollte – niemals über die eigene Erfahrung hinauszugehen."

Die Freiheit der Romantik. — Der beginnende Realist ist fast gezwungen, diesen Rat anzunehmen; aber der beginnende Romantiker muss das nicht unbedingt tun. Diese letzte Anweisung von Besant – „niemals über die eigenen Erfahrungen hinauszugehen " – wirkt auf die Vorstellungskraft etwas verdummend; und in Henry James' Antwort darauf findet sich eine Menge sehr kluger Hinweise: „Welche Art von Erlebnis ist beabsichtigt, und wo beginnt und endet es? ... Die junge Dame, die in einem Dorf lebt, muss nur ein Mädchen sein Bei ihr geht nichts verloren, was es ziemlich unfair macht (wie es mir scheint), ihr zu erklären, dass sie nichts über das Militär zu sagen haben wird . Es wurden noch größere Wunder gesehen, als dass sie mit Hilfe ihrer Vorstellungskraft die Wahrheit über einige dieser Herren sagen sollte." Der Romantiker, „bei dem nichts verloren geht", kann, „mit Hilfe der Einbildungskraft", seine Wahrheit in einen anderen Erfahrungsbereich projizieren als den, den er tatsächlich beobachtet hat. Edgar Allan Poe ist zweifellos einer der großen Meister der Belletristik; aber in keiner seiner Geschichten gibt es Hinweise darauf, dass er in Boston geboren wurde, in Richmond, Philadelphia und New York lebte und in Baltimore starb. „The Assignation" weist darauf hin, dass er in Venedig gelebt hatte – wo er tatsächlich nie gewesen war; andere seiner Geschichten haben die Atmosphäre anderer Zeiten und Länder; und die meisten von ihnen passieren eine Traumwelt, die er selbst geschaffen hat, „außerhalb des Raums, außerhalb der Zeit".

Solange der Romantiker sich seiner Wahrheit und seiner Fähigkeit, den Leser zu überzeugen, sicher ist, muss er seine Wahrheit nicht durch eine Anhäufung von Beweisen untermauern, die er aus dem tatsächlichen Leben, das er beobachtet hat, nachahmt. Aber andererseits hindert ihn nichts daran; und wenn er nicht sehr eigensinnig ist – so eigensinnig, dass er fast unzuverlässig ist –, wird er äußerst vorsichtig mit seiner Freiheit sein. Er wird die Realität nicht untergraben, es sei denn, es gibt keine anderen ebenso wirksamen Mittel, um die Wahrheit zu vermitteln, die er zu sagen hat. Oftmals ist es für den deduktiven Autor ebenso ratsam , sich an die Realität zu halten wie für den induktiven; Oftmals hat der romantische Autor ebenso viel davon wie der Realist, wenn er seine Romane auf seine eigene zeitliche und örtliche Umgebung beschränkt. Schließlich war Scott mit seinen mittelalterlichen Königen und Rittern weniger erfolgreich als mit seinen heimeligen und einfachen schottischen Charakteren. Hawthorne verlor in „The Marble Faun" eine gewisse Wirkungsvollständigkeit, indem er aus seinem eigenen New-England-Schatten trat. "DR. „Jekyll und Mr. Hyde" ist mit seiner Subversion des Tatsächlichen die Art von Geschichte, die außerhalb des Raums und der Zeit angesiedelt sein könnte ; Aber Stevenson verstärkte die Wirkung seiner fantasievollen Plausibilität, indem er es im zeitgenössischen London ansiedelte. In den letzten Jahren folgten die Romantiker immer mehr dem Beispiel der Realisten und verkörperten ihre Wahrheit in Szenen und Charakteren, die der Realität nachgeahmt wurden. Die frühen Geschichten des durch und durch romantischen Mr. Kipling spielten in seinem eigenen Land, Indien, und zu seiner eigenen Zeit; und erst als sich seine tatsächlichen Erfahrungen auf andere Länder ausgeweitet hatten, weiteten sich seine Themengebiete in erheblichem Maße auch geografisch aus. In seinen Geschichten über sein eigenes Volk schildert Herr Kipling das alltägliche Leben, das er beobachtet hat, genauso getreu wie jeder andere Realist. Seine Methode ist immer romantisch: Er leitet seine Details aus seinem Thema ab, anstatt sein Thema aus seinen Details herzuleiten. Er ist in der Richtung seines Denkens völlig romantisch; Aber es ist sehr bezeichnend für den Tenor der zeitgenössischen Romantik, zu bemerken, dass er den Ratschlägen der Realisten gefolgt ist und selten über seine eigene Erfahrung hinausgegangen ist.

Die Bandbreite der Romantik ist daher weitaus größer als die des Realismus; denn alles, was realistisch behandelt werden kann, kann auch romantisch behandelt werden, und vieles andere, was romantisch behandelt werden kann, ist einer realistischen Behandlung kaum zugänglich. Selbst wenn ein Romantiker genügend Wahrheiten im Kopf hat, sind den Geschichten, die er daraus ableiten kann, kaum Grenzen gesetzt; während andererseits die Arbeit des induktiven Romanautors durch die Grenzen seiner Prämissen begrenzt ist. Doch mit der größeren Freiheit der Romantik geht auch eine schwierigere Verantwortung einher. Während es für den Romantiker einfacher ist, die Wahrheit zu sagen, weil er mehr Möglichkeiten hat, sie zu sagen, ist es für ihn sicherlich schwieriger, nichts als die Wahrheit zu sagen. Häufiger als der Realist ist er versucht, Unsicherheiten zu behaupten — versucht, mit Lebendigkeit und Charme Dinge zu sagen, bei denen er sich nicht ganz sicher sein kann.

Keine Methode ist besser als die andere. — Aber was auch immer die komparativen Vor- und Nachteile jeder Methode zur Darstellung der Wahrheit sein mögen, es ist absolut sicher, dass jede Methode der Darstellung natürlich und logisch ist; und daher muss jede Kritik, die darauf abzielt, die Romantik über den Realismus oder den Realismus über die Romantik zu stellen, für immer zwecklos sein. Guy de Maupassant hat sich in seinem wertvollen Vorwort zu „Pierre et Jean" sehr weise zu diesem Punkt geäußert. Der ideale Kritiker, sagt er, sollte vom Künstler lediglich verlangen, „etwas Schönes zu schaffen, in der Form, die ihm am besten passt, entsprechend seinem Temperament". Und er führt weiter aus: „Der Kritiker sollte das Ergebnis nur nach der Art der Anstrengung beurteilen ... Er sollte die gegensätzlichen Kunsttheorien mit gleichem Interesse anerkennen und die daraus resultierenden Werke nur vom Standpunkt aus beurteilen." ihres künstlerischen Wertes, indem sie *von vornherein* die allgemeinen Ideen akzeptieren, denen sie ihren Ursprung verdanken. Das Recht eines Autors, ein romantisches oder realistisches Werk zu schaffen, anzufechten, bedeutet, ihn zwingen zu wollen, sein Temperament zu ändern, sich zu weigern, seine Originalität anzuerkennen, und ihm nicht zu erlauben, das Auge und den Intellekt einzusetzen, die ihm die Natur gegeben hat. Gestatten wir ihm die Freiheit zu verstehen, zu beobachten und zu begreifen, was auch immer er möchte, vorausgesetzt, er ist ein Künstler."

Dies ist sicherlich die einzig vernünftige Sicht auf die Situation. Deshalb, wenn Herr WD Howells in seinem geschickten kleinen Buch über „Kritik und Fiktion" engagiert für den Realismus als die einzig gültige Methode für den modernen Romanautor plädiert und wenn Stevenson in vielen verlockenden Aufsätzen Schallstöße auf die Trompete bläst Romantik und fordert die Realisten dazu auf, ihre Existenz zu entschuldigen. Jeder führt einen unnötigen Kampf, da jeder gleichzeitig richtig und falsch ist. Jeder hat Recht, wenn er den Wert seiner eigenen Methode behauptet, und Unrecht, wenn er den Wert der Methode des anderen leugnet . Der Geist der Menschen hat sich immer in zwei Richtungen bewegt und wird es auch immer tun; und solange Menschen schreiben, werden und sollten wir sowohl induktive als auch deduktive Fiktion haben.

Missbrauch des Realismus. — Keine der beiden Methoden ist wahrer als die andere; und beide sind großartig, wenn sie gut eingesetzt werden. Allerdings birgt jede dieser Formen gewisse Missbräuche in sich, auf die wir kurz aufmerksam machen sollten. Einerseits kann der Realist in seiner sorgfältigen Nachahmung des tatsächlichen Lebens kurzsichtig werden und Tatsachen um ihrer selbst willen wertschätzen, wobei er vergisst, dass sein Hauptzweck bei der Darlegung dieser Tatsachen darin bestehen sollte, uns zum Verständnis der Wahrheiten zu führen, die sie darstellen liegen ihnen zugrunde. Je weiter der Realist in der Technik voranschreitet und je besser er in der Lage ist, das Wirkliche darzustellen, desto mehr verfällt er in die Versuchung, statt Bildern Fotografien des Lebens anzufertigen. Ein Bild unterscheidet sich von einer Fotografie vor allem durch die künstlerische Verdrängung des Unwesentlichen; es zeigt das Leben wahrer, weil es die Aufmerksamkeit auf das Wesentliche lenkt. Aber jeder Roman, der sich beharrlich mit dem Unwesentlichen beschäftigt und das Unwesentliche hervorhebt, verdunkelt die Wahrheit. Das ist der Trugschluss der fotografischen Methode; und aus diesem Trugschluss entstehen die langweilige Kleinlichkeit von George Eliot in ihren eher langweiligen Momenten, die endlosen Teetassen von Anthony Trollope und der Sumpf der Nachahmer von Zola. Der Realismus zeigt in letzter Zeit, vor allem in Frankreich, die Tendenz, zum sogenannten „Naturalismus" zu verkommen, einer Kunstmethode, die die unnatürliche Betonung der fotografischen Reproduktion auf Phasen des tatsächlichen Lebens legt, die an sich niederträchtig sind und keine Bedeutung für den ewigen Instinkt haben, der sie darstellt führt dazu, dass Männer natürlicher nach oben zu den Sternen schauen als nach unten in den Schlamm. Die „naturalistischen" Schriftsteller täuschen sich, indem sie denken, dass sie das Leben so darstellen, wie es wirklich ist. Wenn ihre These wahr wäre, wäre die Menschheit längst ausgerottet. Sicherlich ist ein Foto einer Schlampe in der Gosse nicht natürlicher als ein Bild von Rosalind im Wald von Arden; und keine Genauigkeit der nachgeahmten Wirklichkeit kann sie bedeutsamer als die Wahrheit machen.

Missbrauch der Romantik. — Der Romantiker hingegen kann, weil er mit größerer Freiheit arbeitet als der Realist, über sich selbst hinausschießen und auf lockere Weise allgemeine Vorstellungen zum Ausdruck bringen, die voreilig und ohne Wahrheit sind. Diesem Mangel ist die große Menge Unsinn zu verdanken, der uns in letzter Zeit von schwachen Nachahmern von Scott und Dumas père aufgedrängt wurde – Nachahmern, die die Insignien und Anzüge der anerkannten Meister der Romantik übernommen, aber deren Klarheit nicht geerbt haben Einsicht in die innere Wahrheit der Dinge, die sind. Auf eine solche degenerierte Romantik hat Professor Brander Matthews den Begriff „Romantik" angewendet; und obwohl seine Verwendung des Begriffs selbst als etwas zu speziell für die Allgemeingültigkeit angesehen werden mag, kann keine Ausnahme von der Unterscheidung gemacht werden, die er im folgenden Absatz durchsetzt: „Der Romantiker ruft die Idee von etwas Primärem, Spontanem und Vielleicht hervor." mittelalterlich, während der Romantiker etwas Sekundäres, Bewusstes und Neues vorschlägt. Romantik ist, wie viele andere schöne Dinge auch, sehr selten; aber Romantik ist heutzutage weit verbreitet. Das wirklich Romantische ist schwer zu erreichen; aber der künstliche Romantiker ist so einfach, dass er den Versuch kaum wert ist. Der

Romantiker ist immer jung, immer frisch, immer entzückend; aber der Romantiker ist abgestanden und gebraucht und unerträglich. Die Romantik läuft nie Gefahr, zu altern, denn sie beschäftigt sich mit dem Geist des Menschen, ohne Rücksicht auf Zeiten und Jahreszeiten; Aber die Romantik veraltet mit jeder Wendung im Kaleidoskop der literarischen Mode. Der Romantiker ist ewig und im Wesentlichen wahr, aber der Romantiker ist zwangsläufig falsch. Romantik ist erstklassig, aber Romantik ist schäbig."

Aber sowohl die Skylla als auch die Charybdis des Belletristikschreibens können vermieden werden. Die Realisten gewinnen nichts, wenn sie sich über die Missbräuche der Romantik lustig machen; und die Romantiker gewinnen ebenso wenig, wenn sie über den Realismus in seiner schlimmsten Form gähnen. „Die Bedingungen" – um eine Phase von Emerson zu verwenden – „sind hart, aber gleich": und im besten Fall sind der Realist, der induktiv arbeitet, und der Romantiker, der deduktiv arbeitet, gleichermaßen in der Lage, die Wahrheit der Fiktion darzustellen.

[2]

Die in diesem Kapitel folgende Theorie wurde vom Autor dieses Buches erstmals am 16. November 1904 in *The Dial angekündigt* .

REZENSIONSFRAGEN

1. Definieren Sie den Unterschied zwischen Realismus und Romantik.
2. Welche Vor- und Nachteile hat die realistische Methode?
3. Welche Vor- und Nachteile hat die romantische Methode?
4. Welche Methode ist für Sie natürlicher?
5. Auf welche Beweise haben Sie Ihre Antwort auf die vorstehende Frage gestützt?

VORGESCHLAGENE LITERATUR

BLISS PERRY : „Eine Studie über Prosaliteratur " – Kapitel IX über „Realismus" und Kapitel X über „Romantik".
F. MARION CRAWFORD : „Der Roman: Was er ist."
HENRY JAMES : „Die Kunst der Fiktion."
NATHANIEL HAWTHORNE : Vorwort zu „Das Haus der sieben Giebel".
SIR WALTER BESANT : „Die Kunst der Fiktion."
GUY DE MAUPASSANT : Vorwort zu „Pierre et Jean".
WILLIAM DEAN HOWELLS : „Kritik und Fiktion."
ROBERT LOUIS STEVENSON : „Die Laternenträger."
BRANDER MATTHEWS : „Romance Against Romanticism", in „The Historical Novel".

KAPITEL III

Die Natur der Erzählung

Übergang vom Material zur Methode —Die vier Methoden des Diskurses–
–1. Argumentation; 2. Ausstellung; 3. Beschreibung; 4. Erzählung, die
natürliche Stimmung der Fiktion —Serien und Nachfolge—Das Leben ist
chronologisch, die Kunst ist logisch—Der Sinn der Erzählung—Die Freude
am Geschichtenerzählen—Das Fehlen dieser Freude—Die Entwicklung des
Sinns für Erzählung– –Die Bedeutung des Wortes „ Ereignis"— Wie man
Dinge geschehen lässt—Die Erzählung der Handlung—Die Erzählung des
Charakters—Rekapitulation.

Übergang vom Material zur Methode. — Wir haben nun den Gegenstand
der Belletristik und auch die gegensätzlichen Geisteshaltungen der beiden
großen Schulen von Belletristikautoren bei der Darstellung dieses
Gegenstandes betrachtet. Als nächstes müssen wir unsere Aufmerksamkeit
auf die technischen Methoden zur Präsentation des Materials der Belletristik
richten und uns im Detail mit den wichtigsten Mitteln befassen, die alle
Romanautoren verwenden, um den Zweck ihrer Kunst zu erfüllen.

Die vier Methoden des Diskurses — 1. Argumentation. — Wie jeder
weiß, unterscheiden Rhetoriker willkürlich, aber praktischerweise vier
Formen oder Stimmungen oder Methoden des Diskurses: nämlich
Erzählung, Beschreibung, Darstellung und Argumentation. Man kann ohne
Angst vor begründetem Widerspruch behaupten, dass die natürliche
Stimmung oder Methode der Fiktion die erste davon ist – die Erzählung.
Argumentation als Selbstzweck hat in einer Fiktion keinen Platz. Natürlich
gibt es eine Art Roman, der im Englischen allgemein als „Roman mit einem
Zweck" bezeichnet wird und dessen Ziel darin besteht, den Leser davon zu
überzeugen, eine bestimmte These des Autors in Bezug auf Politik, Religion
und Gesellschaft zu akzeptieren Ethik oder andere Lebensabschnitte , die
leicht zur Diskussion stehen. Aber ein solcher Roman verfehlt normalerweise
seinen Zweck, wenn er versucht, ihn mit den technischen Mitteln der
Argumentation zu erreichen. Es kann seinen Zweck am besten erfüllen,
indem es unbestreitbare Wahrheiten des Lebens ohne überzeugende
Kommentare *ex cathedra* seitens des Romanautors zur Schau stellt. Vergeblich
argumentiert, prangert oder verteidigt er, appelliert an uns oder überredet
uns, es sei denn, seine Geschichte überzeugt überhaupt durch ihre
Wahrhaftigkeit. Wenn seine These so unbestreitbar ist, wie der Autor glaubt,
kann sie sich allein durch die Erzählung beweisen.

2. Ausstellung. — Eine bloße Darstellung ist auch in der Fiktion fehl am Platz. Das Ziel der Darstellung ist die Erklärung – ein zwangsläufig abstraktes Ziel; Aber der Zweck der Fiktion besteht darin, das Leben darzustellen – ein Zweck, der notwendigerweise konkret ist. Das Leben in abstrakten Begriffen zu diskutieren bedeutet, die natürliche Stimmung der Kunst zu untergraben; und der Romanautor kann seine Bedeutung ebenso deutlich machen, indem er das Leben konkret darstellt, ohne einen fortlaufenden Kommentar mit Analyse und Erklärung. Das wirklich dargestellte Leben wird sich selbst erklären. Gewiss gibt es eine Reihe großer Romanautoren, als Beispiel könnte George Eliot gelten, die ihre Geschichte häufig unterbrechen, um einen Aufsatz darüber zu schreiben. Diese Aufsätze sind an sich oft lehrreich, aber sie sind keine Fiktion, weil sie ihre Wahrheiten nicht in eingebildeten Tatsachen des menschlichen Lebens verkörpern. George Eliot ist in einem Moment ein echter Romanautor und im nächsten Moment ein diskursiver Exponent. Sie wäre als Romanautorin, und zwar als Romanautorin, noch größer, wenn sie ihre Absicht klar zum Ausdruck bringen könnte, ohne von einer anderen Kunst abzuschweifen.

3. Beschreibung. — Beschreibungen werden auch in den kunstvollsten Romanen nur als Ergänzung und Beitrag zur Erzählung verwendet. Das Ziel der Beschreibung – das darin besteht, das Aussehen der Dinge zu einem bestimmten charakteristischen Zeitpunkt zu suggerieren – ist ein notwendigerweise statisches Ziel. Aber das Leben – das der Romanautor darstellen möchte – ist nicht statisch, sondern dynamisch. Das Ziel der Beschreibung ist bildlich: Aber das Leben hält keine Bilder bereit; es schmilzt und verschmilzt sie in rasantem Tempo miteinander. Ein Romanautor, der zwei aufeinanderfolgende Seiten der Beschreibung einer Landschaft oder einer Person widmet, lässt seine Geschichte dabei zwangsläufig stehen und widerlegt damit ein offensichtliches Gesetz des Lebens. Daher haben Romanautoren mit zunehmendem Fortschritt in der Kunst die Beschreibung um ihrer selbst willen immer mehr eliminiert.

4. Erzählung, die natürliche Stimmung der Fiktion. — Da also die natürliche Stimmung oder Methode der Fiktion die Erzählung ist, ist es notwendig, dass wir uns besonders mit der Natur der Erzählung befassen. Und in einer rein technischen Studie kann uns zu Beginn eine Definition hilfreich sein, die anschließend in all ihren Zusammenhängen erklärt werden kann.

Eine Erzählung ist die Darstellung einer Reihe von Ereignissen. Dies ist eine sehr einfache Definition; und nur zwei Worte davon können möglicherweise einer Erläuterung bedürfen. Diese Wörter sind *Serie* und *Ereignis* . Das Wort „ *Ereignis* " wird in einem späteren Abschnitt dieses Kapitels ausführlich erklärt. In der Zwischenzeit kann es grob als Synonym für „ *Ereignis* " *verstanden werden* . Untersuchen wir zunächst die genaue Bedeutung der *Wortreihe* .

Serie und Nachfolge. — Das Wort „ *Reihe*" impliziert viel mehr als das Wort „ *Sukzession*" : Es impliziert eine nicht nur chronologische, sondern auch logische Beziehung; und die logische Beziehung, die es impliziert, ist die von Ursache und Wirkung. In jedem Abschnitt des tatsächlichen Lebens, den wir untersuchen, treten die Ereignisse wahrscheinlich lediglich nacheinander und nicht in Serie auf. Ein Ereignis folgt zeitlich unmittelbar auf ein anderes, scheint aber durch das Kausalitätsgesetz nicht unmittelbar damit verbunden zu sein. Was Sie heute Morgen tun, erfordert nicht oft als logische Konsequenz das, was Sie heute Nachmittag tun; und was Sie heute Abend tun, ist oft keine logische Folge dessen, was Sie tagsüber getan haben. Jede Abschrift aus dem wirklichen Leben, die nicht bewusst geordnet und logisch strukturiert ist, ist daher wahrscheinlich keine Erzählung. Eine Passage aus einem Tagebuch zum Beispiel, die Ereignisse in der Reihenfolge ihres Auftretens aufzählt, aber keinen Versuch unternimmt, sie als Glieder einer Kausalkette darzustellen , ist technisch gesehen nicht erzählerisch. Um diesen Punkt zu veranschaulichen, schlagen wir wahllos das Tagebuch von Samuel Pepys auf. Hier ist sein Eintrag vom 29. April 1666:—

„In die Kirche, wo Mr. Mills eine faule Predigt darüber hält, dass der Teufel kein Recht auf irgendetwas auf dieser Welt hat. Zu Mr. Evelyn, wo ich in seinem Garten spazieren ging , bis er aus der Kirche kam, und mit großer Freude Ridleys Vortrag las, den ganzen Weg hin und her, über das Zivil- und Kirchenrecht. Als er nach Hause kam, spazierten er und ich mit großer Freude gemeinsam durch den Garten, da er ein sehr genialer Mann war; und je mehr ich ihn kenne, desto mehr liebe ich ihn. Ich bin müde ins Bett gegangen, nachdem mir die Haare auf dem Kopf, sogar bis zum Schädel, kürzer geschnitten wurden, um mich abzukühlen, da es sehr heiß ist."

Es gibt keine logische Kontinuität in der getreuen Chronik der Realität des würdigen Tagebuchschreibers. Was verursachte die Müdigkeit, mit der er zu Bett ging? Es konnte nicht die Gesellschaft von Mr. Evelyn gewesen sein, den er liebte; Es kann kaum der Band über das Zivil- und Kirchenrecht gewesen sein, auch wenn der Titel durchaus einschläfernd wirkt. Wurde seine Kraft, wie die von Simson, mit den Haaren auf seinem Kopf abgeschnitten? Oder kann es sein, dass diese faule Predigt von Mr. Mills vor dem Schlafengehen ihre betäubende Wirkung entfaltete? Wir stellen jedenfalls fest, dass die Bemerkungen des Tagebuchschreibers einer erheblichen Umgestaltung bedürfen, um wirklich erzählerisch zu wirken.

Das Leben ist chronologisch, die Kunst ist logisch. — Doch gerade auf diese Weise folgt im täglichen Leben eines jeden Ereignis ein Ereignis nach dem anderen . Nur in den großen leidenschaftlichen Krisen der Existenz tritt ein Ereignis in einer ununterbrochenen Kausalitätsfolge auf ein Ereignis . Und hier liegt der wesentliche formale Unterschied zwischen dem Leben, wie es tatsächlich geschieht, und dem Leben, wie es in Geschichte, Biografie und

Fiktion künstlerisch dargestellt wird. *In jeder Kunst gibt es zwei Schritte; Erstens die Auswahl des Wesentlichen und zweitens die Anordnung dieses Wesentlichen nach einem Muster.* In der Erzählkunst werden Ereignisse zunächst deshalb ausgewählt, weil sie einen wesentlichen logischen Zusammenhang zueinander suggerieren; und sie werden dann entlang der Linien eines Kausalitätsmusters angeordnet. Vergleichen wir mit der zufälligen Passage aus Pepys eine künstlerisch strukturierte Erzählung. Hier ist der Abschluss von Stevensons Geschichte von „Markheim". Der Held, der am Weihnachtstag einen Händler in seinem Laden erschlagen hat, verbringt eine lange Zeit allein, durchsucht die Habseligkeiten des Händlers und hört auf die Stimme seines Gewissens. Er wird durch das Klingeln der Türklingel unterbrochen. Das Dienstmädchen des Händlers ist aus dem Urlaub zurückgekehrt .—

„Er öffnete die Tür und ging ganz langsam die Treppe hinunter, während er nachdachte. Seine Vergangenheit ging ihm nüchtern vor Augen; er sah es so, wie es war, hässlich und anstrengend wie ein Traum, zufällig wie ein zufälliges Gemisch – eine Szene der Niederlage. Das Leben, wie er es so betrachtete, lockte ihn nicht länger; aber auf der anderen Seite sah er einen ruhigen Zufluchtsort für seine Rinde. Er blieb im Flur stehen und schaute in den Laden, wo noch immer die Kerze neben der Leiche brannte. Es war seltsam still. Als er dastand und zusah, schossen ihm Gedanken an den Händler durch den Kopf. Und dann brach die Glocke erneut in ungeduldiges Läuten aus.

„Er konfrontierte das Dienstmädchen auf der Schwelle mit so etwas wie einem Lächeln.

„,Du solltest besser zur Polizei gehen', sagte er: ,Ich habe deinen Herrn getötet.'"

Der letzte Satz dieser Passage ist eine Wirkung, die logischerweise durch viele Ursachen herbeigeführt wird, die in den vorhergehenden Sätzen kurz besprochen werden. Stevenson hat hier einen Lebensverlauf nach kausalen Gesichtspunkten gestaltet; er hat sich der logischen Methode des Erzählens bedient, aber Pepys betrachtete in der zitierten Auswahl Ereignisse ohne jeglichen erzählerischen Sinn.

Der narrative Sinn. — Der narrative Sinn ist in erster Linie die Fähigkeit, ein Ereignis auf seine logischen Ursachen zurückzuführen und auf seine logischen Auswirkungen zu blicken. Es ist der Sinn, durch den wir zum Beispiel erkennen, dass das, was heute um zwei Uhr geschah, die logische Folge von etwas anderem war, das sich um die Mittagszeit ereignete, auch wenn es nicht notwendigerweise eine Folge dessen war, was eine Stunde zuvor geschah Nehmen wir an, es sei am Donnerstag zuvor geschehen, und dass dies wiederum das Ergebnis von Ursachen gewesen sei, die über viele

Monate zurückreichten. Ein ausgeprägter narrativer Sinn für die Betrachtung des Lebens ist sehr selten. Natürlich kann jeder die Kopfschmerzen des nächsten Morgens auf die Heiterkeit der Nacht zuvor zurückführen; und nach einiger Erfahrung kann man sogar die Kopfschmerzen zum Zeitpunkt der Heiterkeit vorhersehen: Aber für den beiläufigen Blick des Durchschnittsmenschen verbirgt das Leben im Großen und Ganzen die Geheimnisse seiner Reihe und verrät nur eine unlogische Abfolge von Ereignissen. Geister, die gröber als der Durchschnitt sind, sehen in dem Leben, auf das sie blicken, nur ein Durcheinander von Ereignissen und gruppieren sie, wenn überhaupt, nach zeitlicher Nähe und nicht nach einem tieferen Beziehungsgesetz. Einen solchen Geist hatte Dame Quickly, die geschwätzige Gastgeberin in Shakespeares „Heinrich IV.". Denken Sie an die berühmte Rede, in der sie Falstaff beschuldigt, sein Versprechen, sie zu heiraten, gebrochen zu haben:—

„Du hast mir bei einem teils vergoldeten Kelch geschworen, als du in meiner Delphinkammer am runden Tisch an einem Seekohlenfeuer saßst, am Mittwoch in der Wheeson- Woche, als der Prinz dir den Kopf gebrochen hat, weil du seinen Vater so gern hattest." singender Mann von Windsor, du hast mir damals, als ich deine Wunde wusch, geschworen, mich zu heiraten und mich zu deiner Frau zu machen. Kannst du es leugnen? Kam da nicht die gute Frau Keech , die Frau des Metzgers, herein und nannte mich schnell Klatsch? hereinkam, um sich ein Glas Essig auszuleihen; erzählte uns, dass sie ein gutes Gericht mit Garnelen hatte; wovon du Lust hattest, davon zu essen; Wobei ich dir sagte, dass sie wegen einer grünen Wunde krank seien? Und wolltest du nicht, als sie die Treppe hinuntergegangen war, dass ich mit solchen armen Leuten nicht mehr so vertraut sein sollte? Sagen Sie, dass sie mich bald Madam nennen sollten? Und hast du mich nicht geküsst und mir gesagt, dass ich dir dreißig Schilling holen soll? Ich lege dich jetzt auf deinen Bucheid: Leugne es, wenn du kannst.

Natürlich weist Dame Quicklys geistige Verfassung viele Mängel auf; Aber was uns hier auffällt, ist ihr völliger Mangel an erzählerischem Sinn. Sie würde niemals in der Lage sein, eine Geschichte zu erzählen: Erstens konnte sie aus einem Wirrwarr von Ereignissen nicht diejenigen auswählen, die in einem verständlichen Zusammenhang zueinander standen, und zweitens konnte sie sie nicht logisch ordnen chronologisch. Sie hat keinen Sinn für Serien. Und obwohl Dame Quicklys Geist eine Übertreibung des Typs ist, den er repräsentiert, ist der Typ in weniger übertriebener Form sehr verbreitet; und jeder wird zustimmen, dass der Durchschnittsmensch, der sich nie die Mühe gemacht hat, sich im Erzählen zu üben, in seinem gewöhnlichen Gespräch nicht in der Lage ist, eine logisch zusammenhängende Geschichte mit Leichtigkeit zu erzählen.

Die Freude am Geschichtenerzählen . — Die bessere Art des Erzählsinns ist nicht nur ein abstraktes intellektuelles Verständnis der Beziehung von Ursache und Wirkung, die zwischen Ereignissen besteht, die zeitlich oft unterschiedlich sind; es ist vielmehr ein konkretes Gefühl der Beziehung. Es ist ein intuitives Gefühl; und da es so ist, wird es von bestimmten Geistern instinktiv besessen. Es gibt Menschen auf der Welt, die geborene Geschichtenerzähler sind; Wir alle sind ihnen im wirklichen Leben begegnet, und zu dieser Klasse gehören die Giganten des Geschichtenerzählens wie Sir Walter Scott, Victor Hugo, Dumas Père , Stevenson und Mr. Kipling. Erzählungen sind für sie selbstverständlich. Sie spüren Ereignisse in Serie; und eine Serie, die einmal in ihrer Fantasie begonnen hat, schreitet in rasantem Tempo voran. Einige Romanautoren, wie Wilkie Collins, können ihnen nichts anderes empfehlen als diesen angeborenen Sinn für Erzählung; aber es ist ein Geschenk, das nicht zu verachten ist. Autoren, die etwas Wichtiges über das Leben zu sagen haben, brauchen es, damit der Prozess des Lesens ihrer Belletristik, in Stevensons Worten, „fesselnd und üppig" sein kann. Bei den großen Geschichtenerzählern liegt eine Art Selbstgenuss in der Ausübung des Erzählsinns; und dies vermittelt dem Leser durch bloße Ansteckung Freude. Vielleicht kann man es (in Analogie zu dem bekannten Ausdruck „Lebensfreude") die Freude am Geschichtenerzählen nennen. Die Freude am Geschichtenerzählen, die „Die Schatzinsel" ausstrahlt, ist vielleicht der Hauptgrund für die anhaltende Beliebtheit der Geschichte. Der Autor hat so viel Spaß daran, seine Geschichte zu erzählen, dass er uns unbedingt eine gute Zeit beim Lesen bereitet.

Das Fehlen dieser Freude. — Aber vielen der Romanautoren, die Großes über das menschliche Leben zu sagen hatten, mangelte es in einzigartiger Weise an diesem natürlichen Erzählsinn. George Eliot und Anthony Trollope zum Beispiel zeugen fast nie von der Freude am Geschichtenerzählen. George Eliots natürliche Geisteshaltung war eher abstrakt als konkret; Sie wurde als Essayistin geboren. Aber vor allem durch den Einfluss von George Henry Lewes entschied sie bewusst, dass Fiktion das effektivste Medium sei, um ihre Lebensphilosophie auszudrücken. Danach bemühte sie sich ernsthaft, den Sinn für Erzählungen zu entwickeln, der ihr anfangs weitgehend fehlte. Für viele Leser, die nicht ohne Verständnis für die Bedeutung und Tiefe ihres Verständnisses der menschlichen Natur sind, sind ihre Geschichten ermüdend und wenig verlockend, weil sie sie mit Mühe und nicht mit Leichtigkeit erzählt hat. Sie scheint mit ihnen keine so gute Zeit gehabt zu haben wie Stevenson mit „Treasure Island", einer Geschichte, die ansonsten vergleichsweise unwichtig ist. Und sicherlich ist es nicht leichtsinnig zu behaupten, dass die tiefgründigsten und ernstesten Gedanken am besten kommuniziert werden, wenn sie mit größtem Interesse kommuniziert werden.

Den Sinn für Erzählung entwickeln . — Es kann kaum gehofft werden, dass jemand, dem der Sinn für Erzählungen völlig fehlt, sich diesen durch irgendeinen Aufwand aneignen könnte; Aber fast jeder besitzt es zumindest in einem rudimentären Ausmaß, und jeder, der es überhaupt besitzt, kann es durch Übung entwickeln. Eine einfache und vernünftige Übung besteht darin, sich ein Ereignis in unserem täglichen Leben zu schnappen und dann über alle vorangegangenen Ereignisse nachzudenken, an die wir uns erinnern können, bis wir erkennen, welche davon in einem kausalen Zusammenhang mit dem Ereignis stehen, das wir erleben sind am Überlegen. Als nächstes ist es gut, nach vorne zu blicken und sich die Art von Ereignissen vorzustellen, die die Serie logischerweise fortsetzen werden. Die großen Generäle der Geschichte haben ihre bedeutendsten Siege durch die Ausübung des narrativen Sinns errungen. Da sie zum Zeitpunkt der Planung einer Kampagne die vergangenen und gegenwärtigen Bedingungen einer logischen Reihe von Ereignissen im Auge hatten, haben sie sich den wahrscheinlichen Verlauf der Reihe vorgestellt und vorausgesehen. Dies könnte vielleicht erklären, warum die großen Feldherren wie Cæsar und Grant solch fähige Erzählungen geschrieben haben, während sie sich der Literatur zuwandten.

Der junge Autor, der versucht, seinen Sinn für Erzählungen zu entwickeln, kann in dem Bemühen, die verschiedenen Abfolgen von Ereignissen aufzuspüren, die in den verworrenen und scheinbar zusammenhangslosen Abfolgen von Ereignissen, die vor seiner Beobachtung stattfinden, verwickelt sind, eine endlose Übung finden. Wenn er sieht, dass etwas auf der Straße passiert, wird er sich nicht wie der zufällige Zuschauer mit diesem einsamen Geschehen zufrieden geben; Er wird versuchen herauszufinden, welche anderen Ereignisse dazu geführt haben und welche anderen Ereignisse daraus logisch folgen müssen. Wenn er eine interessante Person in einer Straßenbahn sieht, wird er sich fragen, woher diese Person kommt und wohin sie fährt, was sie gerade getan hat und was sie gleich tun wird; er wird nach dem Vorher und Nachher suchen und sich nach dem sehnen, was nicht ist. Diese Übung ist an sich schon interessant; und wenn das Ergebnis niedergeschrieben wird, wird der junge Autor Erfahrung im Ausdruck sammeln und gleichzeitig seinen Sinn für Erzählung entwickeln.

Die Bedeutung des Wortes „Ereignis " . — Es bleibt uns nun überlassen, die Bedeutung des Wortes *Ereignis philosophisch zu betrachten* . Jedes Ereignis besteht aus drei Elementen: der Sache, die getan wird, den Akteuren, die es tun, und den zeitlichen und örtlichen Umständen, unter denen es geschieht; oder, um es in drei Worten zu sagen: Handlung, Schauspieler und Schauplatz. Nur wenn alle drei Elemente zusammenwirken, kann etwas passieren. Das Leben schlägt dem Geist eines kontemplativen Beobachters viele mögliche Ereignisse vor, die unrealisiert bleiben, weil nur ein oder zwei der notwendigen drei Elemente vorhanden sind – Ereignisse, die wie ungeborene

Kinder auf der anderen Seite von Lethe warten, bis die notwendigen Bedingungen erfüllt sind rufe sie ins Leben. Wir beobachten einen Mann, der eine große Sache einer bestimmten Art vollbringen könnte, wenn nur verlangt würde, dass so etwas zu der Zeit und an dem Ort getan würde, an dem er verödet herumlungert. Wir werden uns einer großen Sache bewusst, die getan werden möchte, wenn niemand da ist, der dazu in der Lage ist. Wir sehen Orts- und Zeitbedingungen, die für eine bestimmte Art von Ereignis völlig geeignet sind; aber es passiert nichts, weil die nötigen Leute weg sind. „Nie die Zeit und der Ort und der geliebte Mensch zusammen!" sang Robert Browning; und dann träumte er von einem Ereignis, das darauf wartete , geboren zu werden – und auf die imaginäre Begegnung und Vermählung seiner Elemente wartete.

Wie man Dinge möglich macht. — Es ist die Funktion des Meisters der kreativen Erzählung, Ereignisse ins Leben zu rufen. Er tut dies, indem er die Elemente zusammenfügt und verbindet, ohne die Ereignisse nicht stattfinden können. Wenn man von einer Figur ausgeht, die in der Lage ist, bestimmte Dinge zu tun, findet er solche Dinge, die die Figur tun kann; Wenn er das Gefühl hat, dass bestimmte Dinge getan werden wollen, findet er Menschen, die sie tun werden; oder angesichts der Zeit und des Ortes, die auf ein bestimmtes Ereignis zu warten scheinen, findet er die für die Umgebung geeigneten Akteure. Es gibt ein Gespräch von Stevenson zu diesem Punkt, das oft zitiert wurde. Sein Biograph, Herr Graham Balfour, erzählt uns: „Entweder an diesem Tag oder ungefähr zu dieser Zeit erinnere ich mich sehr deutlich daran, wie er zu mir sagte: ‚Soweit ich weiß, gibt es drei Möglichkeiten, und nur drei, eine zu schreiben.' Geschichte. Sie können eine Handlung nehmen und Charaktere daran anpassen, oder Sie können eine Figur nehmen und Vorfälle und Situationen auswählen, um sie zu entwickeln, oder schließlich – Sie müssen Geduld mit mir haben, während ich versuche, dies klarzustellen Er macht eine Geste mit der Hand, als würde er versuchen, etwas zu formen und ihm Umrisse und Form zu geben) – „Sie können eine bestimmte Atmosphäre nehmen und Handlungen und Personen dazu bringen, sie auszudrücken und zu verwirklichen." Ich gebe Ihnen ein Beispiel: „The Merry Men". Dort begann ich mit dem Gefühl einer dieser Inseln an der Westküste Schottlands und entwickelte die Geschichte nach und nach weiter, um das Gefühl auszudrücken, das die Küste auf mich ausübte."'

Mit anderen Worten: Ausgehend von einem der drei Elemente – Handlung, Schauspieler oder Schauplatz – kann der Autor einer Erzählung Ereignisse erschaffen, indem er sich die anderen beiden vorstellt. Im Vergleich dazu gab es nur sehr wenige Geschichten wie „The Merry Men", bei denen der Autor von einem Gespür für den Schauplatz ausging; und fast alle davon wurden kürzlich geschrieben. Das Gefühl für den Schauplatz als Ausgangselement der Erzählung reicht kaum zurück bis ins 19. Jahrhundert. Wir können es daher am besten in einem späteren und spezielleren Kapitel betrachten und unsere Aufmerksamkeit vorerst den beiden am häufigsten verwendeten Methoden zur Erstellung von Erzählungen widmen – der Methode, bei der der Autor mit dem Element der Handlung begonnen hat, und der Methode, bei der der Autor mit dem Element der Handlung begonnen hat das, womit er mit dem Element des Charakters begonnen hat.

Nur sehr wenige der großen Meister der Erzählung haben wie Honoré de Balzac sowohl die eine als auch die andere Methode mit gleichem Erfolg angewendet: Fast alle von ihnen haben eine gewohnheitsmäßige geistige Vorliebe für die eine oder die andere gezeigt . Der ältere Dumas zum Beispiel entwarf gewöhnlich einen Handlungsplan und wählte dann Charaktere aus, die in seine Handlung passten; und George Meredith schuf gewöhnlich Charaktere und erfand dann die Handlungselemente, die notwendig waren, um sie darzustellen und zu entwickeln. Leser, wie auch die Romanautoren selbst, bevorzugen normalerweise eher die eine als die andere Methode; Aber sicherlich ist jede Methode natürlich und vernünftig, und es wäre für den Kritiker unvernünftig, eine von beiden auf Kosten der anderen zu verherrlichen. Es gibt im Leben jede Menge Stoff, der einen Geist beider Gewohnheiten verführen kann. Bestimmte Dinge, die getan werden, sind an sich so interessant, dass es verhältnismäßig wenig darauf ankommt, wer sie tut; und bestimmte Charaktere sind an sich so interessant, dass es vergleichsweise wenig darauf ankommt, was sie tun. Einen wirkungsvollen Handlungsablauf zu konzipieren und dadurch die Natur der Charaktere vorherzubestimmen, die ihn ausführen werden, oder Charaktere zu konzipieren, die über Potenzial für bestimmte Arten von Taten verfügen, und dadurch einen Handlungsablauf vorherzubestimmen – beides ist eine legitime Methode zur Planung eine Erzählung. Für jeden Autor ist die Methode am besten, die für ihn am natürlichsten ist; es gelingt ihm am besten, wenn er auf seine Weise arbeitet; und der Kritiker ist kein Katholik, der behauptet, dass entweder die Handlungserzählung oder die Charaktererzählung eine bessere Art von Werk sei als die andere. Die Wahrheit des menschlichen Lebens kann gleichermaßen von denen erzählt werden, die in erster Linie seine Handlungselemente spüren, wie von denen , die in erster Linie seine Charakterelemente spüren; denn beide Elemente müssen schließlich in jeder realen Geschichte vermischt erscheinen.

Der Kritiker kann jedoch eine philosophische Unterscheidung zwischen den beiden Methoden treffen, um zu einem besseren Verständnis beider zu führen. Von den Autoren, die das Leben in erster Linie als Handeln empfinden, kann man sagen, dass sie von außen nach innen arbeiten; und von denen, die es in erster Linie als Charakter empfinden, kann man sagen, dass sie von innen nach außen arbeiten. Die erste Methode erfordert das objektivere, die zweite das subjektivere Lebensbewusstsein. Von beiden ist das objektive Bewusstsein des Lebens (in seiner schwächsten Form) elementarer und (in seiner stärksten Form) elementarer als das subjektive.

Die Erzählung des Handelns. — Stevenson hat in seinem „Gossip on Romance" eloquent die Wirksamkeit eines objektiven Handlungssinns als Ausgangsfaktor bei der Entwicklung einer Erzählung zum Ausdruck gebracht. Er spricht von dem Zauber, den bestimmte Bücher, die er als Kind gelesen hatte, auf ihn ausübten. „Ich für meinen Teil", sagt er, „hat mir gefallen, wenn die Geschichte in einem alten Gasthof am Wegesrand begann, wo ‚gegen Ende des Jahres 17–' mehrere Herren mit Dreispitz Bowling spielten." Ein Freund von mir bevorzugte die Malabar-Küste bei einem Sturm, wenn ein Schiff in Luv schlug und ein finsterer Kerl von herkulischen Ausmaßen den Strand entlang schritt; er war freilich ein Pirat. Das war weiter weg, als meine haushaltslustige Leidenschaft gerne bereiste, und war insgesamt für eine größere Leinwand gedacht als die Geschichten, die ich erzählte. Gib mir einen Straßenräuber und ich war bis zum Rand satt; ein Jakobit würde reichen, aber der Straßenräuber war mein Lieblingsgericht . Ich kann immer noch das fröhliche Klappern der Hufe entlang der mondbeschienenen Gasse hören; Nacht und Tagesanbruch hängen in meiner Erinnerung immer noch mit den Taten von John Rann oder Jerry Abershaw zusammen ; und die Worte „Post-Chaise", „Great North Road", „Ostler" und „Nag" klingen in meinen Ohren immer noch wie Poesie. Zumindest alle zusammen und jeder mit seiner besonderen Fantasie lesen wir in der Kindheit Geschichtenbücher, nicht wegen der Beredsamkeit, des Charakters oder des Gedankens, sondern wegen der Qualität des brutalen Vorfalls." Für den Autor, der von außen nach innen arbeitet, ist es durchaus möglich, aus „einer gewissen Qualität des brutalen Vorfalls" eine Erzählung zu entwickeln, die nicht nur mitreißend ist, weil sie die Ereignisse vorantreibt, sondern auch tiefgreifend in ihrer Bedeutung elementarer Wahrheit ist.

Die Erzählung des Charakters. — Die Methode, von innen nach außen zu arbeiten – ein subjektives Charaktergefühl als Ausgangsfaktor bei der Entwicklung einer Erzählung zu verwenden – wird im Werk von Ivan Turgénieff wunderbar veranschaulicht ; und die Methode wird in Henry James' intimem Essay über den großen russischen Meister sehr deutlich erklärt. Henry James bemerkt: „Der Keim einer Geschichte war für ihn nie eine Angelegenheit der Handlung – das war das Letzte, woran er dachte: Es war die Darstellung bestimmter Personen." Die erste Form, in der ihm eine Geschichte erschien, war die der Figur eines Individuums oder einer Kombination von Individuen, die er in Aktion sehen wollte, in der Gewissheit, dass diese Leute etwas ganz Besonderes und Interessantes tun müssten. Sie standen klar und deutlich vor ihm, und er wollte so viel wie möglich von ihrer Natur erfahren und zeigen. Das erste, was er tun musste, war, sich zunächst klarzumachen , was er wusste; und zu diesem Zweck schrieb er eine Art Biographie jeder seiner Figuren und alles, was sie getan hatten und was ihnen bis zum Beginn der Geschichte widerfahren war. Er hatte ihr *Dossier*, wie die Franzosen sagen, und wie die Polizei das eines jeden auffälligen Verbrechers. Mit diesem Material in der Hand konnte er fortfahren; Die ganze Geschichte drehte sich um die Frage: Was soll ich sie tun lassen? Er ließ sie immer Dinge tun, die ihnen vollkommen zeigten; aber, wie er sagte, der Mangel an seiner Art und der Vorwurf, der ihm gemacht wurde, war sein Mangel an „Architektur" – mit anderen Worten, an Komposition. Das Tolle ist natürlich, dass man sowohl Architektur als auch kostbare Materialien hat, wie Walter Scott sie hatte, wie Balzac sie hatte. Wenn man Turgénieffs Geschichten mit dem Wissen liest, dass sie komponiert wurden – oder besser gesagt, dass sie entstanden sind –, kann man den Prozess in jeder Zeile nachvollziehen. Geschichte im herkömmlichen Sinne des Wortes – eine Fabel, die, wie Wordsworths Phantom, „um aufzuschrecken und aufzulauern" konstruiert ist – gibt es so wenig wie möglich. Das Ding besteht aus den Bewegungen einer Gruppe ausgewählter Kreaturen, die nicht das Ergebnis einer vorgefassten Handlung, sondern eine Folge der Qualitäten der Akteure sind ." — Und doch für den Schriftsteller, der wie Turgénieff aus dem arbeitet Von innen nach außen ist es durchaus möglich, aus „den Qualitäten der Schauspieler" einen ebenso mitreißenden wie bedeutsamen Handlungsstrang zu entwickeln.

Reprise. — Das wichtigste Prinzip der Erzählung ist, dass die Handlung allein oder der Charakter allein nicht ihr eigentlicher Gegenstand ist. Der Zweck der Erzählung besteht darin, Ereignisse darzustellen; und ein Ereignis tritt nur dann ein, wenn sowohl Charakter als auch Handlung mit ihren dazu beitragenden Einstellungen zusammengefügt und vermischt werden. Tatsächlich ist es bei den größten und bedeutendsten Ereignissen unmöglich zu entscheiden, ob der Schauspieler oder die Handlung die Oberhand hat; Es ist für die Vorstellungskraft unmöglich, sich bei der Betrachtung solcher Ereignisse vorzustellen, was getan wird und wer es tut, als getrennte Elemente. Ein Romanautor, der mit einem der beiden Elemente begonnen hat und anschließend das andere hervorgerufen hat, kann durch Vorstellungskraft zu diesem endgültigen vollständigen Sinn für ein Ereignis gelangen. Die besten Handlungs- und Charaktererzählungen sind in ihrem Endergebnis nicht voneinander zu unterscheiden: Sie unterscheiden sich nur in ihrem Ursprung: und der Autor, der eine Beherrschung der Erzählung anstrebt, sollte bedenken, dass in der besten Erzählung Charakter und Handlung im Mittelpunkt stehen und selbst die Umgebung sind eins und untrennbar miteinander verbunden.

Aus Gründen der Bequemlichkeit des Studiums ist es jedoch sinnvoll, die Elemente der Erzählung einzeln zu untersuchen; und wir werden daher drei separate Kapitel einer technischen Betrachtung der Handlung, der Charaktere und des Schauplatzes widmen.

REZENSIONSFRAGEN

1. Was ist eine Erzählung?

2. Unterscheiden Sie zwischen einer Abfolge und einer Reihe von Ereignissen.

3. Was sind die zwei Schritte in jeder Kunst?

4. Was sind die drei Bestandteile jeder Veranstaltung?

5. Ist das Leben selbst ein narratives Muster?

6. Kann die vorstehende Frage ohne Einschränkung beantwortet werden?

7. Besprechen Sie die komparativen Vorteile der Handlungserzählung und der Charaktererzählung.

VORGESCHLAGENE LITERATUR

WILLIAM TENNEY BREWSTER : Einführung in „Specimens of Prose Narration".

ROBERT LOUIS STEVENSON : „Ein Klatsch über Romantik."

HENRY JAMES : Essay über Turgénieff , in „Partial Portraits".

KAPITEL IV

HANDLUNG

Erzählung eine Vereinfachung des Lebens —Einheit in der Erzählung —
Ein eindeutiger objektiver Punkt—Konstruktion, analytisch und
synthetisch—Die Bedeutung der Struktur—Elementare Erzählung—
Positive und negative Ereignisse—Das pikareske Muster—Definition der
Handlung– –Komplikation des Netzwerks—Der Hauptknoten—„Anfang,
Mitte und Ende"—Die Nebenhandlung—Diskursive und komprimierte
Erzählungen—Viel oder wenig von einer Geschichte erzählen—Wo soll eine
Geschichte beginnen— Logische Abfolge und chronologische Abfolge –
Anknüpfen und Auflösen – Übergang zum nächsten Kapitel.

Erzählung eine Vereinfachung des Lebens. — Robert Louis Stevenson
hat in seinem temperamentvollen Essay mit dem Titel „A Humble
Remonstrance" dem Autor von Erzählungen sehr wertvolle Ratschläge
gegeben. Zum Abschluss seiner Ausführungen sagt er: „Und als Grund für
die ganze Sache muss er bedenken, dass sein Roman keine Abschrift des
Lebens ist, die man nur anhand seiner Genauigkeit beurteilen kann; sondern
eine Vereinfachung einer Seite oder eines Punkts des Lebens, um mit seiner
bedeutsamen Einfachheit zu stehen oder zu fallen. Denn obwohl wir bei
großen Männern, die an großen Motiven arbeiten, oft ihre Komplexität
beobachten und bewundern, bleibt hinter dem Schein die Wahrheit
unverändert: dass Vereinfachung ihre Methode war und dass Einfachheit
ihre Exzellenz ist." Tatsächlich ist Vereinfachung, wie wir bereits nebenbei
bemerkt haben, die Methode jeder Kunst. Jeder Künstler vereinfacht auf
seine Weise das Leben: indem er zunächst das Wesentliche aus dem Wirrwarr
der Details, die ihm das Leben bietet, auswählt und diese dann nach einem
Muster anordnet. Und wir haben auch festgestellt, dass die Methode des
Künstlers in der Erzählung darin besteht, Ereignisse auszuwählen, die in
einer wesentlichen logischen Beziehung zueinander stehen , und sie dann
entlang der Linien eines Kausalitätsmusters anzuordnen.

Einheit in der Erzählung. — Natürlich ist die wichtigste strukturelle
Notwendigkeit in der Erzählung, wie in jeder anderen Methode des
Diskurses, die Einheit. Die Einheit in jedem Kunstwerk kann nur durch eine
eindeutige Entscheidung des Künstlers darüber erreicht werden, was er zu
erreichen versucht, und durch eine strikte Konzentration der
Aufmerksamkeit auf sein Ziel, dies zu erreichen - eine Konzentration der
Aufmerksamkeit, die so strikt ist, dass ... die Berücksichtigung von
Angelegenheiten ausschließen, die weder direkt noch indirekt zur Förderung

seines Ziels beitragen. Der Zweck des Künstlers in der Erzählung besteht darin, eine Reihe von Ereignissen darzustellen, wobei jedes Ereignis in direkter oder indirekter kausaler Beziehung zu seinem logischen Vorgänger und seinem logischen Nachfolger in der Reihe steht. Offensichtlich besteht die einzige Möglichkeit, eine Einheit der Erzählung zu erreichen, darin, die Berücksichtigung von Ereignissen auszuschließen, die weder direkt noch indirekt zum Fortgang der Serie beitragen. Aus diesem Grund erklärt Stevenson in seinem Rat an den jungen Schriftsteller, aus dem wir bereits zitiert haben: „Lassen Sie ihn ein Motiv wählen, sei es Charakter oder Leidenschaft: Konstruieren Sie seine Handlung sorgfältig, sodass jeder Vorfall eine Illustration des Motivs darstellt, und." Jedes eingesetzte Eigentum muss eine nahezu übereinstimmende oder kontrastreiche Beziehung aufweisen. ... und erlauben Sie weder sich selbst in der Erzählung noch einer Figur im Verlauf des Dialogs, einen Satz zu äußern, der nicht Teil der Geschichte oder der Diskussion des damit verbundenen Problems ist. Er soll es nicht bereuen, wenn dadurch sein Buch gekürzt wird; es wird besser sein; denn irrelevante Materie hinzuzufügen heißt nicht verlängern, sondern begraben. Möge es ihm nichts ausmachen, wenn ihm tausend Eigenschaften fehlen , damit er unermüdlich diejenige verfolgt, die er gewählt hat." Und weiter oben im selben Aufsatz sagt er über den Roman: „Für die Flut von Eindrücken, die das Leben präsentiert, allesamt gewaltsam, aber doch diskret, ersetzt es eine bestimmte künstliche Abfolge von Eindrücken, die zwar allesamt äußerst schwach dargestellt sind, aber alle auf das Ziel zielen." die gleiche Wirkung, alle beredt von der gleichen Idee, alle klingen zusammen wie Konsonantennoten in der Musik oder wie die abgestuften Farbtöne in einem guten Bild. In all seinen Kapiteln, auf allen Seiten, in allen Sätzen spiegelt der gut geschriebene Roman immer wieder seinen einen kreativen und beherrschenden Gedanken wider; dazu muss jeder Vorfall und jeder Charakter beitragen; der Stil muss im Einklang damit gestimmt haben; und wenn es irgendwo ein Wort gibt, das anders aussieht, wäre das Buch ohne es stärker, klarer und (ich hätte fast gesagt) ausführlicher."

Ein eindeutiger Zielpunkt. — Der einzige Weg, auf dem der Autor einer Erzählung die Einheit erreichen kann, für die Stevenson so eloquent plädiert hat, besteht darin, sich für einen bestimmten objektiven Punkt zu entscheiden, den Höhepunkt seiner Ereignisreihe ständig im Auge zu behalten und die aufeinanderfolgenden Details zu würdigen seines Materials nur insoweit, als sie direkt oder indirekt zum Fortschritt der Serie in Richtung dieses Höhepunkts beitragen. Um es einfacher auszudrücken: Er muss das Ende seiner Geschichte von Anfang an sehen und dem Leser stets das Gefühl geben, dass er sich konsequent auf dieses Ende zubewegt. Seine Erzählung muss aus konstruktiven Gründen abgeschlossen sein, bevor sie aus schriftlicher Sicht begonnen werden kann. Er muss so genau wie möglich wissen, was in seiner Geschichte passieren wird und was nicht, bevor er es wagt, das allererste seiner Ereignisse in Worte zu fassen. Er darf nicht, wie manche Anfänger es versuchen, versuchen, seine Geschichte im Laufe der Zeit zu erfinden; Denn wenn er den Höhepunkt seiner Serie nicht ständig vor Augen hat, wird er nicht entscheiden können, ob ein Ereignis, das sich im Verlauf seiner Komposition abzeichnet, einen logischen Faktor in der Serie darstellt oder nicht.

Konstruktion, Analytik und Synthese. — Der vorbereitende Bauprozess kann auf zwei Arten durchgeführt werden. Autoren mit synthetischem Verstand werden natürlicher von den Ursachen auf die Wirkungen schließen; und Autoren mit analytischem Verstand werden natürlicher von Wirkungen auf Ursachen schließen. Ersteres baut sich vorwärts durch die Zeit auf, letzteres rückwärts. Wenn man am Anfang einer Erzählung steht, ist es möglich, sich eine Reihe von Ereignissen vorzustellen, bis der logische Höhepunkt erahnt wird; oder am Höhepunkt stehend, ist es möglich, sich die Serie rückwärts bis zu ihren fernen Anfängen vorzustellen. Thackeray war offenbar auf die frühere Art und Weise konstruiert; Letzteres wurde offenbar von Guy de Maupassant gebaut. Die letztere Methode – die Methode, vom Höhepunkt aus rückwärts aufzubauen – ist möglicherweise wirksamer im Hinblick auf die Wahrung der strengsten Einheit. Im Großen und Ganzen scheint es beim Denken von Wirkungen zu Ursachen etwas einfacher zu sein, das Fremde auszuschließen, als beim Denken von Ursachen zu Wirkungen, weil die Analyse eine strengere und fokussiertere Geisteshaltung ist als die Synthese.

Die Bedeutung der Struktur. — Aber wie auch immer der Konstruktionsprozess abläuft, die besten Geschichten werden immer gebaut, bevor sie geschrieben werden; und das ist der Grund, warum wir bei der Lektüre an jedem Punkt das Gefühl haben, dass wir irgendwohin kommen und dass der Autor uns Schritt für Schritt zu einem eindeutigen Höhepunkt führt. Obwohl wir, wie so oft, nicht einmal mitten in der Geschichte vorhersehen können, wie der Höhepunkt aussehen wird, empfinden wir eine gewisse Beruhigung in dem Wissen, dass der Autor ihn von Anfang an vorhergesehen hat. Dieses Gefühl ist eine der Hauptquellen des Interesses am Lesen von Erzählungen. Wenn wir das Leben selbst betrachten, sind wir verwirrt über ein Wirrwarr von Ereignissen, die ins Ziel führen; ihre Abfolge ist chaotisch und ungestaltet; sie werden nicht marschiert und marschiert; und wir haben das unangenehme Gefühl, dass kein Geist außer dem Geist Gottes ihre verschleierten und verborgenen Höhepunkte vorhersehen kann. Aber beim Lesen einer narrativen Gestaltung des Lebens entwickeln wir ein angenehmes Ordnungsgefühl, das auf unserem Wissen beruht, dass der Autor im Voraus weiß, wohin die Ereignisse tendieren, und uns die Abfolge der Kausalität verständlich machen kann, durch die sie zu ihrem endgültigen Ergebnis gelangen . Er macht das Leben interessanter, indem er es verständlicher macht; und er tut dies hauptsächlich durch seine Konstruktionskraft.

Elementare Erzählung. — Die einfachste aller Erzählstrukturen ist die direkte Anordnung von Ereignissen entlang eines einzigen Kausalstrangs. In einer solchen Erzählung ist das erste Ereignis die direkte Ursache für das zweite, das zweite für das dritte, das dritte für das vierte und so weiter bis zum Höhepunkt der Reihe. Diese sehr einfache Struktur kommt in vielen Erzählungen zum Ausdruck, die uns aus frühen Jahrhunderten überliefert sind. Es wird häufig in der „ Gesta Romanorum" und kaum seltener im „Decameron" von Boccaccio verwendet. Es hat den Vorteil, völlig logisch und völlig direkt zu sein. Aber wenn wir so konstruierte Geschichten lesen, haben wir das Gefühl, dass die Methode der Vereinfachung zu weit gegangen ist und dass Einfachheit daher keine Exzellenz mehr ist. Eine solche Geschichte stellt das Leben in dieser Hinsicht falsch dar: Sie schafft es überhaupt nicht, „die Fülle an Eindrücken, die das Leben mit sich bringt", die plötzlichen kaleidoskopischen Übergänge des tatsächlichen Lebens von einer Reihe von Ereignissen zur nächsten und die daraus resultierende Komplexität und das scheinbare Chaos zu suggerieren der aufeinanderfolgenden Ereignisse des Lebens . Die Struktur ist zu geradlinig, zu direkt, zu unerschütterlich und unbeirrbar.

Positive und negative Ereignisse. — Der einfachste Weg, das Element des Zögerns und Schwankens einzuführen und dadurch die Geschichte noch deutlicher an die komplexe Vielfalt des Lebens erinnern zu lassen, besteht darin, die Serie durch die Einführung von Ereignissen zu unterbrechen, deren offensichtliche Tendenz darin besteht, ihren Fortschritt zu behindern Betonen Sie auf diese Weise den ultimativen Triumph der Serie, ihren vorherbestimmten Höhepunkt zu erreichen. Solche Ereignisse sind nicht irrelevant; Denn obwohl sie dazu neigen, den Fortschritt der Serie direkt zu bestreiten, neigen sie auch dazu, ihn indirekt zu fördern, indem sie es unterlassen, sie zu stoppen. Die Ereignisse in jeder geschickt ausgewählten Erzählung können daher in zwei Klassen eingeteilt werden: direkte oder positive Ereignisse und indirekte oder negative Ereignisse. Mit einem direkten oder positiven Ereignis ist ein Ereignis gemeint, dessen unmittelbare Tendenz darin besteht, den Fortschritt der Reihe zu ihrem vorbestimmten Zielpunkt zu unterstützen; und mit einem indirekten oder negativen Ereignis ist ein Ereignis gemeint, dessen unmittelbare Tendenz darin besteht, dieses vorherbestimmte Ergebnis zu vereiteln. Bei der Untersuchung von „Pilgerweg" wäre es beispielsweise leicht, die Ereignisse als positiv zu klassifizieren, die den Fortschritt des Christen in Richtung der himmlischen Stadt direkt fördern, und die Ereignisse als negativ zu klassifizieren, deren unmittelbare Tendenz darin besteht, ihn abzuwenden vom geraden und schmalen Weg. Und doch bilden beide Klassen von Ereignissen, positive und negative, eigentlich nur eine einzige Serie; denn die negativen Ereignisse werden nach und nach durch die überwiegende Macht der positiven Ereignisse besiegt und tragen daher durch ihr Scheitern indirekt zum endgültigen Erreichen des Höhepunkts bei.

Wenn eine direkte Anordnung positiver Ereignisse entlang eines einzelnen Kausalstrangs auf diese Weise durch die Zulassung negativer Ereignisse, deren Tendenz darin besteht, den Fortschritt der Reihe zu vereiteln, variiert und betont wird, kann die Struktur sehr an den Kräftekonflikt erinnern von dem wir das Gefühl haben, dass es im wirklichen Leben immer präsent ist. Diese Struktur wird beispielsweise in Hawthornes kleiner Erzählung „David Swan" gezeigt. Der Sinn der Geschichte besteht darin, dass David nichts passiert; Das Interesse der Geschichte liegt in den Ereignissen, die ihm fast widerfahren. Der junge Mann schläft zur Mittagszeit im Schatten einer Ahorngruppe ein, die sich um eine Quelle neben der Hauptstraße schart. Drei Personen oder Personengruppen beobachten ihn im Schlaf. Der erste würde ihm Reichtum verleihen, der zweite Liebe, der dritte den Tod, wenn er in diesem Moment aufwachen würde. Aber David Swan schläft tief; die Leute gehen weiter; und alles, was ihm beinahe widerfahren wäre, verblasst für immer in der Region des Hätte sein können.

Das Schelmenmuster . — Einer einfachen Reihe dieser Art, in der die Ereignisse bald direkt, bald indirekt entlang einer einzigen logischen Linie ablaufen, kann eine andere einfache Reihe derselben Art folgen, der wiederum eine dritte Folge folgen kann, und so weiter auf unbestimmte Zeit weiter. Auf diese Weise entsteht die Art von Geschichte, die als Schelmengeschichte bekannt ist, da in Spanien, wo diese Art erstmals entwickelt wurde, der Held normalerweise ein *Picaro* oder Schurke war. Das erzählerische Mittel in solchen Geschichten besteht lediglich darin, einen Helden auszuwählen, der zu Abenteuern fähig ist, ihn in die tosende und gewaltige Welt loszulassen und die Dinge eine nach der anderen geschehen zu lassen. Das bekannteste Beispiel dieser Art ist keine spanische, sondern eine französische Geschichte – der „Gil Blas" von Alain René Le Sage. Sobald Gil Blas den Höhepunkt einer Abenteuerserie erreicht, beginnt der Autor mit einer anderen. Jede Serie ist für sich vollständig und unterscheidet sich von allen anderen. und die Struktur des gesamten Buches kann in einer einfachen Form mit einer Reihe von Würstchen verglichen werden. Die Beziehung zwischen den verschiedenen Abschnitten der Geschichte ist nicht organisch; Sie sind lediglich durch das Fortbestehen desselben Hauptcharakters miteinander verbunden. Jeder dieser Abschnitte kann ohne Beeinträchtigung der anderen verworfen werden. und ihre Reihenfolge könnte neu geordnet werden. Sowohl Theaterstücke als auch Romane wurden auf diese anorganische Weise konstruiert – zum Beispiel Molières „ L'Etourdi " und „Les Facheux ". Wenn die Schauspieler bei der Aufführung eines dieser Stücke ein oder zwei Einheiten der Wurstkette auslassen würden, würde das Publikum keine Lücke in der Struktur bemerken. Doch eine Geschichte, die auf diese geradlinige und aufeinander aufbauende Weise aufgebaut ist, kann einen umfassenden Eindruck vom sich verändernden Labyrinth des Lebens vermitteln. Mr. Kiplings „Kim", dessen Struktur pikaresk ist, zeigt uns nahezu jeden Aspekt des labyrinthischen Lebens in Indien. Er wählt einen gesunden und normalen, aber nicht klugen Jungen aus und lässt zu, dass ihm ganz Indien widerfährt. Das Buch ist ohne Anfang und ohne Ende; Aber gerade der Mangel an Sauberkeit und Kompaktheit des Grundrisses trägt zu dem Gesamteindruck bei, den es von der Unermesslichkeit Indiens vermittelt.

Definition von Handlung. — Aber eine einfache Reihe von Ereignissen, die entlang eines einzigen Kausalitätsstrangs angeordnet sind, oder eine Abfolge mehrerer Reihen dieser Art, die hintereinander aneinandergereiht sind, kann nicht ordnungsgemäß als Handlung bezeichnet werden. Das Wort *Handlung* bedeutet ein Zusammenweben; und ein Zusammenweben setzt die Koexistenz von mehr als einem Strang voraus. Die einfachste Form einer Handlung, eigentlich so genannt, ist die Verflechtung zweier unterschiedlicher Ereignisreihen; und die einfachste Art, sie miteinander zu verweben, besteht darin, sie so zu konzipieren, dass sie, auch wenn sie an ihren Anfängen weit voneinander entfernt sind, auf ihre eigene Art und Weise auf einen gemeinsamen Höhepunkt zusteuern – ein einziges bedeutsames Ereignis, das daher am Anfang steht Höhepunkt jeder Serie. Dieses Ereignis ist der Knoten, der die beiden Stränge der Kausalität miteinander verbindet. So wird in „Silas Marner " das Höhepunktereignis, das darin besteht, Marner durch den Einfluss von Eppie , einem liebesbedürftigen Kind, von seiner menschenfeindlichen Distanz zum Leben zu erlösen, durch zwei unterschiedliche Ereignisreihen eingeleitet wodurch es den Knoten bildet. Die eine Serie, die sich mit Marner beschäftigt , lässt sich auf das unverdiente Unrecht zurückführen, das er in seiner Jugend erlitten hat; und die andere Serie, die sich mit Eppie beschäftigt , geht möglicherweise auf die heimliche Ehe von Eppies Vater, Godfrey Cass, zurück. Das Anfangsereignis einer Serie hat keine unmittelbare logische Beziehung zum Anfangsereignis der anderen ; aber jede Serie nähert sich im Laufe ihres Fortschreitens immer mehr der anderen an, bis sie sich treffen und verschmelzen.

Komplikation des Netzwerks. — Eine noch ausgefeiltere Art von Handlung könnte dadurch erdacht werden, dass der Höhepunkt entlang von drei oder mehr unterschiedlichen Kausallinien statt nur zwei erreicht wird. In der „Geschichte zweier Städte" steht Sydney Cartons freiwilliger Tod auf dem Schafott am Höhepunkt mehrerer Ereignisreihen. Und eine Handlung kann noch komplizierter werden, wenn die Handlungsstränge an anderen

Punkten als dem Höhepunkt miteinander verbunden werden. In „Der Kaufmann von Venedig" sind die beiden Hauptereignisse in der Prozessszene fest miteinander verknüpft, als Shylock von Portia umgangen wird; Sie sind aber auch, wenn auch weniger fest, gleich zu Beginn des Stücks miteinander verbunden, als Antonio von Shylock das Geld leiht, das es Bassanio ermöglicht, die Lady von Belmont zu umwerben und zu gewinnen. Darüber hinaus kann jedes Ereignis in einem der Hauptstränge der Kausalität am Höhepunkt eines Nebenstrangs stehen und so einen kleinen Knoten im allgemeinen Netzwerk der Handlung bilden. Im selben Stück erreicht der Nebenstrang der Flucht von Lorenzo und Jessica seinen Höhepunkt in einer Szene, die erst in der Mitte des Fortschritts der beiden Hauptstränge, des Bandes und des Sargs, hin zu ihrem gemeinsamen Ergebnis steht Niederlage von Shylock.

Der große Knoten. — Aber wie kompliziert eine Handlung auch sein mag und wie viele kleinere Knoten die verschiedenen Fäden, die in sie eingehen, miteinander verbinden mögen, es gibt fast immer einen Punkt mit der größten Komplikation, einen großen Knoten, der alle Fäden auf einmal miteinander verbindet, und stellt den gemeinsamen Höhepunkt aller Dur- und Moll-Serien dar. In der Geschichte geht es hauptsächlich darum, dem Leser zu erzählen, wie der große Knoten geknüpft werden konnte; Aber bei einer Handlung beliebiger Komplexität möchte der Leser natürlich erfahren, wie sich der Knoten wieder löste. Daher wird dieser Punkt der größten Komplikation, dieser Höhepunkt aller in der Handlung verwobenen Kausalitätsstränge, dieser objektive Punkt der gesamten Erzählung, selten ganz am Ende einer Geschichte angesiedelt, sondern normalerweise an einem Punkt etwa dreiviertel davon der Weg vom Anfang bis zum Ende. Die ersten drei Viertel der Geschichte zeigen grob gesagt die vorangehenden Ursachen des großen Knotens; und das letzte Viertel der Geschichte zeigt seine nachfolgenden Auswirkungen. Eine Handlung kann daher in ihren allgemeinen Aspekten als eine Komplikation, gefolgt von einer Erklärung, als eine Verknüpfung, gefolgt von einer Lösung, oder (um dasselbe in französischen Worten zu sagen, die vielleicht konnotativer sind) als ein *Nouement*, gefolgt von einem *Dénouement, dargestellt werden*. Die Ereignisse im *Dénouement* stehen in einer engeren logischen Beziehung zueinander als die Ereignisse im *Nouement*, da sie alle eine gemeinsame Ursache im Hauptknoten haben, während der Hauptknoten die letztendliche Wirkung mehrerer unterschiedlicher Reihen von Ursachen ist, die recht waren zu dem Zeitpunkt, als die *Nouement* begann, voneinander zu trennen. Aus diesem Grund zeigt das *Dénouement* normalerweise eine hastigere Bewegung als das *Nouement* – ein Ereignis tritt einem anderen auf den Fersen.

„Anfang, Mitte und Ende." — Zweifellos war es dieser dreifache Aspekt einer Handlung—1. *Die Komplikation*; 2. *Der Hauptknoten*; 3. *Die Erklärung*—

die Aristoteles im Sinn hatte, als er erklärte, dass jede Geschichte einen Anfang, eine Mitte und ein Ende haben muss. Diese Worte sollten keine quantitative Gleichheit bedeuten. Was Aristoteles die „Mitte" nannte, kann in einem modernen Roman auf einer einzigen Seite dargelegt werden und steht viel eher am Ende des Buches als in der Mitte . Aber alles, was danach kommt, was Aristoteles das „Ende" nannte, sollte eine Wirkung sein, deren Ursache es ist; und alles, was davor kommt, was Aristoteles den „Anfang" nannte , sollte direkt oder indirekt eine Ursache sein, deren Wirkung es ist. Nur unter diesen Bedingungen wird die Handlung, wie Aristoteles sagte, ein organisches Ganzes sein. Nur so kann es dem Prinzip der Einheit entsprechen, das das erste Prinzip aller künstlerischen Bemühungen ist.

Die Nebenhandlung . — Den Grundsatz der Einheit immer im Kopf behaltend, riet Stevenson dem Romanautor mit einem Satz, der im Moment in einem der Zitate aus „Eine bescheidene Remonstranz" am Anfang dieses Kapitels weggelassen wurde, „a zu vermeiden." Nebenhandlung, es sei denn, wie manchmal bei Shakespeare, dass die Nebenhandlung eine Umkehrung oder Ergänzung der Hauptintrige darstellt." Man kann mit Sicherheit sagen, dass eine Nebenhandlung in einem Roman nur dazu dient, kleinere Knoten in den Hauptsträngen der Kausalität zu knüpfen, und dass sie verworfen werden sollte, es sei denn, sie dient diesem Zweck. Es gibt jedoch keinen Grund, warum ein Roman nicht gleichzeitig mehrere Geschichten von gleicher Bedeutung erzählen sollte, vorausgesetzt, dass diese Geschichten geschickt miteinander verknüpft sind, wie in dem Meisterwerk der Handlung „Unser gemeinsamer Freund". In diesem Roman besteht das wichtigste Mittel, das Dickens verwendet hat, um seine verschiedenen Geschichten miteinander zu verbinden, darin, dieselbe Person zum Schauspieler in mehr als einer von ihnen zu machen, so dass ein bestimmtes Ereignis, das ihm widerfährt, gleichzeitig eine Rolle spielen kann sowohl die eine als auch die andere Veranstaltungsreihe. Durch den geschickten Einsatz dieses Mittels ist es Dickens gelungen, seinem Roman trotz der Vielfalt seiner Erzählelemente eine einheitliche Handlung zu verleihen. Andererseits hat George Eliot in „Middlemarch" drei Geschichten statt einer erzählt. Es ist ihr nicht gelungen, ihre Handlung zu einem organischen Ganzen zu machen, indem sie die drei Handlungsstränge, die sie gesponnen hat, geschickt miteinander verwoben hat. Und deshalb ist dieser monumentale Roman, der sonst so großartig ist, in seiner Struktur fehlerhaft, weil er das Prinzip der Einheit verletzt.

Diskursive und verdichtete Erzählungen. — Je nach dem Ausmaß der Kompliziertheit in der Handlung können Romane in zwei Klassen eingeteilt werden:—die diskursiven und die kompakten. Thackeray schrieb Romane des ersteren Typs, Hawthorne den letzteren. In „Vanity Fair" gibt es über ein halbes Hundert Charaktere; in „The Scarlet Letter" sind es drei, möglicherweise sogar vier. Der diskursive Roman vermittelt eine umfassendere, der verdichtete Roman eine intensivere Sicht auf das Leben. Englische Autoren tendierten größtenteils zum diskursiven Typ, kontinentale Autoren zum kompakten. Der letztere Typ verlangt eine feinere und festere Kunst, der erstere eine breitere und katholischere Weltanschauung.

Viel oder wenig von einer Geschichte erzählen. — Die Unterscheidung zwischen den beiden Typen hängt hauptsächlich davon ab, wie viel oder wie wenig von seiner gesamten Geschichte der Autor erzählen möchte. Im wirklichen Leben gibt es, wie in einem früheren Kapitel festgestellt wurde, keine Enden; und es kann nun hinzugefügt werden, dass es auch keine absoluten Anfänge gibt. Jedes Ereignis, das geschieht, ist, in Whitmans Worten, „ein Höhepunkt der erreichten Dinge" und „ein Rahmen der zukünftigen Dinge"; und wenn wir entlang seiner Ursachen zurückdenken oder entlang seiner Wirkungen vorwärts denken, können wir die Reihe fortsetzen, bis sich unser Gedanke in einer Ewigkeit verliert. Daher sind wir in jeder Erzählung dazu verdammt, mitten in der Karriere zu beginnen und zu enden; und die Frage ist lediglich, wie umfangreich ein Abschnitt der gesamten vorstellbaren und unvorstellbaren Reihe sein wird, den wir dem Leser präsentieren möchten. Beispielsweise wäre es sehr einfach, die Entstehung von Rossettis „Haus des Lebens" entlang einer Kausalreihe bis zur Geburt eines Jungen in Arezzo im Jahr 1304 zurückzuverfolgen; denn es ist kaum wahrscheinlich, dass Rossetti einen Zyklus von Liebessonetten geschrieben hätte, wenn nicht viele andere Dichter wie Shakespeare und Ronsard dies vor ihm getan hätten; und Shakespeare und Ronsard waren, wie Sir Sidney Lee bewiesen hat, literarische Vermächtnisse von Petrarca, dem oben genannten gebürtigen Arezzo. Und doch, wenn wir die Geschichte erzählen würden , wie Rossettis Sonette entstanden, ist es zweifelhaft, ob wir weiter zurück in die Zeit gehen müssten als zu dem Anlass, als sein Freund Deverell ihn der schönen Tochter eines Sheffielder Messerschmieds vorstellte, der später der Autor wurde unmittelbare Inspiration seiner Liebespoesie.

Dickens hat sich in vielen Romanen, von denen „David Copperfield" als Beispiel genommen werden kann, dafür entschieden, die gesamte Lebensgeschichte seines Helden von der Geburt bis zur Reife zu erzählen. Aber andere Romanautoren, wie George Meredith in „Der Egoist", haben sich dafür entschieden, Ereignisse darzustellen, die sich größtenteils an einem Ort und in äußerst kurzer Zeit abspielen. Es ist keineswegs sicher, dass Meredith nicht so viel über die Kindheit und Jugend von Sir Willoughby Patterne weiß wie Dickens über die frühen Jahre von David Copperfield; Aber er hat sich dafür entschieden, seinen Roman zu verdichten, indem er nur eine kurze Reihe von Ereignissen präsentiert, die seinen Helden in seiner Reife zeigen. Sicherlich muss Turgénieff , nachdem er das *Dossier jeder seiner*

Figuren verfasst hatte , auf das sich Henry James bezog, sehr viele Ereignisse in ihrem Leben gekannt haben, die er in seinem fertigen Roman weggelassen hatte. Es ist interessant, sich die Art von Handlung vorzustellen, die George Eliot aus den Materialien von „The Scarlet Letter" aufgebaut hätte. Wahrscheinlich hätte sie die Erzählung in England begonnen, als Hester ein junges Mädchen war. Sie hätte das Treffen von Hester und Chillingworth geplant und die Gründe analysiert, die zu ihrer Heirat führten. Dann hätte sie das Paar nach Übersee in die Kolonie Massachusetts gebracht. Hier hätte Hester Arthur Dimmesdale getroffen; und George Eliot hätte all ihre Kräfte als Lebensanalytikerin aufgewendet, um den süßen Gedanken und herrischen Wünschen nachzuspüren, die die Liebenden in den schmerzlichen Abgrund führten. Der Fall von Hester wäre der größte Knoten in der gesamten Erzählung von George Eliot gewesen. Es wäre der Höhepunkt der Nouement ihrer *Verschwörung gewesen* : Die nachfolgenden Ereignisse wären lediglich Schritte in der *Auflösung gewesen* . Doch der Sturz Hesters gehörte bereits zu Beginn der Geschichte, die Hawthorne darstellen wollte, der Vergangenheit an. Ihn interessierten nur die Nachwirkungen von Hesters Sünde auf sich selbst, ihren Geliebten und ihren Ehemann. Der Hauptknoten oder Höhepunkt seiner Verschwörung war daher die Enthüllung des scharlachroten Buchstabens – eine Szene, die in George Eliots *Auflösung* nur ein Zwischenfall gewesen wäre . Daraus ist ersichtlich, dass jede Geschichte, die in ihren Implikationen erweitert ist, einem Romanautor Material für eine von mehreren Handlungsstrukturen bieten kann, je nachdem, welcher Abschnitt der gesamten Geschichte ihn gerade am meisten interessiert.

Es wird auch ersichtlich sein, dass ein Großteil der gesamten Geschichte auf jeden Fall ungeschrieben bleiben muss. Eine Handlung ist nicht nur, wie Stevenson feststellte, eine Vereinfachung des Lebens; Es ist auch eine weitere Vereinfachung des Ablaufs der Ereignisse, den sich der Romanautor zunächst vorgestellt hat, indem er das Leben vereinfacht hat. Die gesamte Geschichte mit all ihren Implikationen ist aus dem Leben ausgewählt; und die Handlung wird dann aus der gesamten Geschichte ausgewählt. Oft kann ein Romanautor durch das bewusste Weglassen bestimmter Ereignisse in seiner imaginären Geschichte genauso viel andeuten, wie er durch deren Darstellung andeuten könnte. Die vielleicht mächtigste Figur in George Merediths „Evan Harrington" ist der große Mel, dessen Tod gleich im ersten Satz des Romans angekündigt wird. Hawthorne klärt in „Der Marmorfaun" nie das Geheimnis um Miriams schattenhafte Verfolgerin und erzählt uns auch nicht, was aus Hilda wurde, als sie für eine Weile aus dem Blickfeld und Wissen ihrer Freunde verschwand.

Wo man eine Geschichte beginnt. — Nachdem der Romanautor aus seiner gesamten Geschichte die Materialien ausgewählt hat, die er darstellen möchte, und diese Materialien in eine Handlung eingebunden hat, genießt er beträchtliche Freiheit hinsichtlich des Punkts, an dem er seine Erzählung beginnen kann. Er kann am Anfang des einen oder anderen seiner Hauptursachenstränge beginnen, wie es Scott normalerweise tut; oder er übernimmt den von Horaz empfohlenen Trick Homers, sich mitten in seine Verschwörung zu stürzen und erst danach zu ihrem Anfang zurückzukehren. Im ersten Kapitel von „Pendennis" ist der Held siebzehn Jahre alt; Das zweite Kapitel erzählt von der Hochzeit seines Vaters und seiner Mutter sowie von seiner eigenen Geburt und Kindheit. und zu Beginn des dritten Kapitels ist er erst sechzehn Jahre alt.

Logische Reihenfolge und chronologische Abfolge. — Solange der Romanautor seine Ereignisse in logischer Reihenfolge darstellt, ist es offensichtlich, dass es überhaupt nicht notwendig ist, sie in chronologischer Reihenfolge darzustellen. Geschichten können sowohl rückwärts als auch vorwärts erzählt werden. Thackeray beginnt ein Kapitel oft mit einem Ereignis, das sich an einem Tag zugetragen hat, und beendet es mit einem Ereignis, das mehrere Tage zuvor stattgefunden hat; er arbeitet sich rückwärts von den Wirkungen zu den Ursachen vor, statt vorwärts von den Ursachen zu den Wirkungen. Bei der Fortführung einer aus mehreren Handlungssträngen geflochtenen Handlung ist es kaum jemals möglich, Ereignisse in ununterbrochener chronologischer Abfolge darzustellen, selbst wenn der Autor konsequent von der Ursache zur Wirkung vorgeht; denn nachdem er einen Handlungsstrang bis zu einem bestimmten Zeitpunkt verfolgt hat, ist er gezwungen, mehrere Tage oder Wochen oder möglicherweise einen längeren Zeitraum zurückzudrehen, um einen anderen Handlungsstrang aufzunehmen und ihn zum gleichen Zeitpunkt fortzusetzen welches er als erstes verließ. Zeitliche Rückschritte sind daher häufig nicht nur zulässig, sondern notwendig. Aber es ist nur vernünftig zu behaupten, dass die chronologische Abfolge lediglich geopfert werden sollte, um die logische Beziehung der Ereignisse klar zu machen; Und wann immer das Jonglieren mit der Chronologie dazu führt, dass dieser logische Zusammenhang eher verschleiert als geklärt wird, ist das ein Beweis für einen Urteilsfehler seitens des Erzählers . Turgénieff macht sich oft dieser Fehleinschätzung schuldig. Er hat die beunruhigende Angewohnheit, eine neue Figur in die Szene einzuführen, die für den Moment vor dem Auge des Lesers steht, und dann die Erzählung mehrere Jahre zurückzudrehen, um das frühere Leben des Neuankömmlings zu erzählen. Oftmals vergisst der Leser die Szene, von der aus der Autor den Exkurs begonnen hat, bevor dieser eingeklammerte Abschnitt zu Ende ist.

Binden und Lösen. — Wie bereits erwähnt, ist in den meisten Handlungssträngen das *Nouement* bedeutsamer als das *Dénouement* , und die Ursachen, die zum Knüpfen des Hauptknotens führen, sind interessanter als die Auswirkungen, die beim Lösen des Knotens beobachtet werden. Aus diesem Grund wird der Höhepunkt meist weit gegen Ende der Geschichte angesiedelt. Manchmal sogar, wenn der Hauptknoten mit einer gordischen Komplexität geknüpft wurde, setzt der Autor ihn ganz am Ende seiner Erzählung und durchschneidet ihn plötzlich, anstatt ihn sorgfältig zu lösen. Aber es gibt keinen absolut notwendigen Grund, warum es am Ende oder, was häufiger der Fall ist, an einem Punkt etwa drei Viertel der Geschichte stehen sollte. Es kann sogar ganz am Anfang festgelegt werden; und die Erzählung kann sich ausschließlich mit einer aufwändigen *Auflösung befassen*. Dies ist zum Beispiel in der Detektivgeschichte der Fall, wo von Anfang an ein sehr komplizierter Knoten angenommen wird und die Erzählung dann die Fähigkeit des Detektivhelden zeigt, ihn zu lösen.

Übergang zum nächsten Kapitel. — Eine gut konstruierte Handlung ist wie jedes andere gut artikulierte Muster an sich schon interessant; und bestimmte Romane und Kurzgeschichten, wie „Moonstone" von Wilkie Collins und „Mord in der Rue Morgue" von Poe, behalten ihr Interesse fast allein durch das Element der Handlung aufrecht. Aber da der Zweck der Fiktion darin besteht, die Realität darzustellen, wird eine Geschichte ihre höchste Wirkung nicht erzielen, wenn die Menschen, die in ihrem Handlungsmuster agieren, beim Leser nicht die Illusion lebender Menschen erwecken. Wir müssen unsere Aufmerksamkeit daher als nächstes dem Studium des Charakterelements zuwenden.

REZENSIONSFRAGEN

1. Wie kann in der Erzählung am besten Einheit erreicht werden?

2. Unterscheiden Sie zwischen analytischen und synthetischen Konstruktionsmethoden.

3. Unterscheiden Sie zwischen positiven und negativen Ereignissen.

4. Erklären Sie das Muster der Schelmenromantik.

5. Was sind die wesentlichen Phasen einer Handlung?

6. Erklären Sie die Bedeutung von *nouement* und *dénouement*.

7. Muss eine Geschichte immer der chronologischen Reihenfolge folgen?

8. An welcher Stelle in der Darstellung einer Handlung findet sich am häufigsten der Hauptknoten? Was ist der logische Grund für diese übliche Position?

VORGESCHLAGENE LITERATUR

ROBERT LOUIS STEVENSON : „Eine bescheidene Remonstranz."

BLISS PERRY : „Eine Studie über Prosaliteratur " – Kapitel VI, über „Die Handlung".

O. HENRY : „Roads of Destiny " — Die Handlung dieser Geschichte veranschaulicht in der Praxis die meisten wichtigen Punkte, die in diesem Kapitel dargelegt werden.

KAPITEL V

FIGUREN

Charaktere sollten es wert sein, kennengelernt zu werden —Die persönliche Gleichung des Publikums—Die universelle Anziehungskraft großer fiktiver Charaktere—Typische Merkmale—Individuelle Eigenschaften—Der Mangel an Allegorie—Der Mangel an Karikatur—Statische und kinetische Charaktere— Direkte und indirekte Abgrenzung – Unterteilungen beider Methoden – I. Direkte Abgrenzung: 1. Durch Darstellung; 2. Nach Beschreibung; [Schrittweise Darstellung]; 3. Durch psychologische Analyse; 4. Durch Berichte von anderen Charakteren—II. Indirekte Abgrenzung: 1. Durch Sprache; 2. Durch Aktion; 3. Durch Wirkung auf andere Charaktere; 4. Nach Umgebung.

Charaktere sollten es wert sein, kennengelernt zu werden. — Bevor wir uns mit dem Studium der technischen Methoden zur Beschreibung von Charakteren befassen, müssen wir uns fragen, was einen Charakter ausmacht, der es wert ist, beschrieben zu werden. Ein Romanautor ist, bildlich gesprochen, der soziale Sponsor seiner eigenen fiktiven Figuren; und er begeht gewissermaßen eine soziale Indiskretion, wenn er seine Leser auffordert, fiktive Menschen zu treffen, deren Bekanntschaft weder wertvoll noch interessant ist. Da er darauf abzielt, seine Leser mit seinen Charakteren vertraut zu machen, muss er zunächst darauf achten, dass seine Charaktere es wert sind, genau kennengelernt zu werden. Die meisten von uns sind im wirklichen Leben daran gewöhnt, Menschen, die es wert sind, von Menschen zu unterscheiden, die es nicht wert sind; und diejenigen von uns, die mit Bedacht leben, sind es gewohnt, sich vor Menschen zu schützen, die uns allein durch die Tatsache, was sie sind, nicht für den Aufwand an Zeit und Energie entschädigen können, den wir aufwenden müssten, um sie kennenzulernen. Und wenn uns ein Freund bewusst darum bittet, einen anderen seiner Freunde zu treffen, gehen wir davon aus, dass unser Freund Grund zu der Annahme hat, dass die Bekanntschaft für beide von Nutzen oder Interesse sein wird . Nun steht der Romancier in der Position eines Freundes, der uns einlädt, bestimmte Leute zu treffen, die er kennt; und er läuft Gefahr, dass wir das Vertrauen in sein Urteil verlieren, wenn wir nicht finden, dass sein Volk sich lohnt. Allein durch die Tatsache, dass wir uns die Mühe machen, einen Roman zu lesen, und damit Zeit verschwenden, die wir sonst vielleicht in Gesellschaft von echten Menschen verbringen würden, geben wir uns alle Mühe, die Charaktere kennenzulernen, die uns der Romanautor vorstellen möchte. Er schuldet uns daher die Zusicherung, dass sie für uns noch wertvoller sein werden als der durchschnittliche Mensch.

Das soll nicht heißen, dass sie unbedingt besser sein sollten; Sie können natürlich schlimmer sein, aber sie sollten bestimmte interessante Elemente der menschlichen Natur klarer beschreiben und bestimmte Phasen des menschlichen Lebens besser darstellen, die wir gut lernen und kennen lernen sollten.

Die persönliche Gleichung des Publikums. — Bei der Entscheidung über die Art von Charakteren, die seinen Lesern gefallen werden, muss sich der Romanautor natürlich von der Art des Publikums beeinflussen lassen, für das er schreibt. Die Charaktere von „Little Women" mögen für Kinder lohnenswert sein; und es ist keine negative Kritik an Louisa M. Alcott, zu sagen, dass sie für reife Männer und Frauen nicht die Mühe wert sind. Ebenso ist es keine negative Kritik an bestimmten Romanautoren aus dem Kontinent, wenn sie sagen, dass ihre Charaktere entschieden ungeeignete Begleiter für heranwachsende Mädchen seien. Unser Urteil über die Charaktere in einem Roman sollte immer von unserem Gespür für die Art von Lesern abhängen, an die sich der Roman richtet. Henry James schrieb in seinen späteren Jahren hauptsächlich für die Superzivilisierten; und seine Charaktere sollten nach anderen Maßstäben beurteilt werden als die Piraten von „Treasure Island " – einer Geschichte, die für junge und alte Jungen geschrieben wurde. Der eine mag von Piraten gelangweilt sein, der andere von supersubtilen Kosmopoliten; und jeder Leser hat das Privileg , die Gesellschaft der Charaktere zu meiden, die ihn ermüden .

Die universelle Anziehungskraft großartiger fiktiver Charaktere. — Aber die allergrößten Romanfiguren sind jedermanns Mühe wert; und sicherlich hätten die Meister keine Bedenken gehabt, jemanden zu einem Treffen mit Sancho Panza , Robinson Crusoe, Henry Esmond, Jean Valjean oder Terence Mulvaney einzuladen. Tatsächlich ist das Erstaunlichste an einer großartigen fiktiven Figur die Vielzahl sehr unterschiedlicher Menschen, die die Figur interessant machen kann. Oftmals verlassen wir freiwillig die reale Gesellschaft, um einen Abend in Gesellschaft einer fiktiven Persönlichkeit aus einer Klasse zu verbringen, mit der wir im wirklichen Leben nie etwas zu tun haben. Vielleicht würden wir uns in der realen Welt nie die Mühe machen, uns mit Analphabeten aus der Provinz zu unterhalten; Und doch empfinden wir es vielleicht nicht als Zeit- und Energieverschwendung, ihnen auf den Seiten von „Middlemarch" zu begegnen. Ich für meinen Teil habe es im wirklichen Leben immer vermieden, die Art von Menschen zu treffen, die in Thackerays „Vanity Fair" vorkommen; und doch finde ich es nicht nur interessant, sondern auch gewinnbringend, mich über den gesamten Umfang eines ziemlich langen Romans mit ihnen auseinanderzusetzen. Warum ist ein Leser, der, obwohl er schon viele Male den Ozean überquert hat, nie die Lust hatte, den Maschinenraum eines Kreuzfahrtschiffes zu betreten, dennoch bereit, Mr.

Kiplings Ingenieur, Mac Andrew, auf intime Weise kennenzulernen? Und warum sollten Frauen, die in der realen Gesellschaft auf ihre Bekanntschaft achten, dennoch während eines Romans mit der Sapho von Daudet in Verbindung treten? Was ist der Grund, warum diese fiktiven Charaktere für fast jeden Leser wertvoller erscheinen sollten als die gleichen Menschen im wirklichen Leben?

Typische Merkmale. — Der Grund dafür ist, dass große fiktive Charaktere typisch für ihre Klasse sind, und zwar in einem Ausmaß, das bei keinem tatsächlichen Mitglied der Klasse, die sie verkörpern, auffällt. Sie „enthalten eine Vielzahl", um Whitmans Ausdruck aufzugreifen . Alle idealistischen Visionäre sind in Don Quijote verkörpert, alle Geizhals in Harpagon , alle Heuchler in Tartufe , alle Egoisten in Sir Willoughby Patterne , alle klugen, listigen Frauen in Becky Sharp, alle Sentimentalisten in Barries Tommy. Aber der durchschnittliche tatsächliche Mensch ist nicht groß genug, um eine Vielzahl anderer aufzunehmen; typische Merkmale fehlen ihm vergleichsweise; er veranschaulicht das Leben nicht so sehr, weil er nur in geringem Maße repräsentativ für seine Klasse ist. Natürlich gibt es im wirklichen Leben bestimmte Menschen von ungewöhnlicher Größe, die Emersons Titel „repräsentative Männer" rechtfertigen. Benjamin Franklin zum Beispiel ist so ein Mann. Er ist die einzige echte Person, die völlig typisch für das Amerika des 18. Jahrhunderts ist; und das ist der Hauptgrund, warum seine Autobiografie als Ausstellung von Charakteren ein ebenso lukratives Buch ist wie die Meisterwerke der Belletristik. Aber so repräsentative Männer sind im wirklichen Leben selten; und die Hauptaufgabe der Belletristik besteht daher darin, sie zu liefern.

Individuelle Eigenschaften. — Vor allem durch die Befriedigung dieses Bedarfs an repräsentativen Männern und Frauen kann der Romanautor seine Figuren für jeden Leser lohnenswert machen. Aber nachdem er sie zum Inbegriff einer Klasse gemacht hat, muss er darauf achten, sie auch zu individualisieren. Wenn er sie nicht mit bestimmten persönlichen Eigenschaften ausstattet, die sie von allen anderen Vertretern oder Mitgliedern ihrer Klasse unterscheiden, ob real oder fiktiv, wird es ihm nicht gelingen, ihnen die Illusion der Realität zu vermitteln. Jede große Romanfigur muss daher eine innige Kombination typischer und individueller Merkmale aufweisen. Nur dadurch, dass er typisch ist, ist der Charakter wahr; Gerade durch seine Individualität überzeugt der Charakter.

Der Mangel der Allegorie. — Der Grund, warum die meisten allegorischen Figuren wirkungslos sind, liegt darin, dass sie zwar typisch, aber nicht gleichzeitig individuell sind. Sie sind abstrakt repräsentativ für eine Klasse; Sie sind jedoch nicht konkret von anderen Vertretern oder Mitgliedern der Klasse zu unterscheiden. Wir kennen sie daher nicht als Personen, sondern lediglich als Ideen. Heutzutage empfinden wir nur noch sehr wenig menschliches Interesse daran, die alten Moralstücke zu lesen, deren Charaktere lediglich allegorische Abstraktionen sind. Aber wenn wir sie kritisieren, müssen wir bedenken, dass sie nicht so sehr dazu gedacht waren, gelesen zu werden, sondern vielmehr dazu, auf der Bühne aufgeführt zu werden; und dass die Schauspieler, die ihre abstrakten und lediglich typischen Charaktere darstellten, ihnen zwangsläufig Konkretheit und Individualität verliehen haben müssen. Obwohl eine Figur in einem dieser allegorischen Stücke „Jedermann" genannt werden könnte, war es ein bestimmter Mann, der auf den Brettern ging und redete; und er erweckte Sympathie weniger für den Typ als vielmehr für das Individuum. Aber eine Allegorie, die zum Lesen geschrieben wurde, erzeugt weniger wahrscheinlich die Illusion der Realität; und nur wenn allegorische Charaktere praktisch als Individuen und nicht als bloße Abstraktionen aufgefasst werden, berühren sie das Herz. Christian ist in Bunyans „Pilgrim's Progress" so konzipiert. Er ist ein vollkommener Vertreter des Christentums des 17. Jahrhunderts; In gewisser Weise sind er alle Männer aus Bunyans Zeit und Bunyans Religion; Aber er ist auch ein einziger Mann, und wir könnten ihn in unseren Gedanken niemals mit einer anderen Figur in oder außerhalb der Fiktion verwechseln.

Der Mangel der Karikatur. — Aber ebenso wie ein Charakter unwirksam sein kann, weil er nur typisch ist, so kann ein Charakter auch unbedeutend sein, weil er nur individuell ist. Die Nebenfiguren in Ben Jonsons „Komödien des Humors" sind bloße Personifizierungen übertriebener individueller Eigenschaften. Es sind eher Karikaturen als Charaktere. Dickens begeht häufig den Fehler, Figuren ohne repräsentative Merkmale auszustellen. Tommy Traddles zeichnet sich durch die Tatsache aus, dass ihm ständig die Haare zu Berge stehen; aber er zeigt keine wesentliche Wahrheit der menschlichen Natur. Barkis , der es immer ist willin ' und Micawber, der immer darauf wartet, dass etwas auftaucht, unterscheiden sich nachdrücklich von allen anderen in oder außerhalb der Fiktion; aber ihnen fehlt die große Realität repräsentativer Charaktere. Es sind Individualitäten statt Individuen. Sie weisen keine Ansammlung vieler verschiedener, aber konsistenter Merkmale auf, die durch ein dominantes und prägendes Merkmal wie Ehrgeiz bei Macbeth, Senilität bei Lear oder Unentschlossenheit bei Hamlet vereint und einheitlich gemacht werden. Eine großartige fiktive Figur muss gleichzeitig generisch und spezifisch sein; es muss einer abstrakten Idee konkreten Ausdruck verleihen; es muss eine individualisierte Darstellung der typischen Eigenschaften einer Klasse sein. Nur Figuren dieser Art sind in der Fiktion letztlich lohnenswert – für den Leser mehr als der durchschnittliche echte Mann.

Statische und kinetische Charaktere. —Aber es gibt noch einen weiteren Grund, warum es für den Leser oft wertvoller ist, fiktive Charaktere zu treffen, als Menschen derselben Klasse im wirklichen Leben zu treffen; Und das liegt daran, dass er in den ein oder zwei Tagen, die er braucht, um einen Roman zu lesen, möglicherweise die wichtigsten Ereignisse vieler Jahre Revue passieren lässt und so eine fiktive Figur in kurzer Zeit vollständiger kennenlernt, als er sie kennenlernen könnte , wenn der Charakter real wäre, in mehreren Jahren ununterbrochener Bekanntschaft. Auf den Seiten der Romanautoren begegnen wir zwei Arten von Charakteren: Charakteren, die man als statisch bezeichnen kann, und Charakteren, die man als kinetisch bezeichnen kann. Die ersten bleiben im Laufe der Geschichte unverändert, die zweiten wachsen je nach Fall durch den Einfluss der Umstände, ihres eigenen Willens oder des Willens anderer Menschen nach oben oder unten. Die wiederkehrenden Charaktere in Mr. Kiplings frühen Erzählungen, wie Mrs. Hauksbee , Strickland, Mulvaney, Ortheris und Learoyd , sind statische Figuren. Obwohl sie in verschiedenen Geschichten unterschiedliche Dinge tun, bleiben ihre Charaktere immer dieselben . Aber Don Quijote und Sancho Pansa sind kinetische Figuren; sie wachsen und verändern sich im Laufe des Romans; Sie sind, jeder auf seine Art, größere und weisere Menschen, wenn wir sie verlassen, als sie es waren, als wir sie zum ersten Mal trafen. Eine Figur zu zeigen, die sich unter Stress entwickelt oder unter wohltuenden Einflüssen leicht heranreift, ist eine der großartigsten Möglichkeiten der Fiktion. Und den allmählichen Zerfall einer Figur zu zeigen, wie es George Eliot im Fall von Tito Melema tut , bedeutet, uns mehr über die Tragödie des Lebens zu lehren, als wir in vielen Jahren tatsächlicher Erfahrung lernen könnten.

Direkte und indirekte Abgrenzung. — Erst wenn der Schöpfungsprozess abgeschlossen ist und eine Figur im Kopf des Romanautors lebendig ist, muss er die verschiedenen technischen Mittel in Betracht ziehen, die eingesetzt werden können, um dem Leser die Figur als persönliche Präsenz bewusst zu machen. Es gibt viele technische Hilfsmittel; Sie können jedoch alle als Phasen der einen oder anderen der beiden gegensätzlichen Methoden zur Charakterbeschreibung gruppiert werden, die der Einfachheit halber direkt und indirekt genannt werden können. Nach der ersten Methode werden Charaktereigenschaften dem Leser direkt durch eine Art Aussage des Autors der Geschichte vermittelt; nach der zweiten Methode werden Charaktereigenschaften dem Leser indirekt durch eine notwendige Schlussfolgerung seinerseits vermittelt die Erzählung selbst. Bei der Anwendung der ersten oder direkten Methode steht der Autor (entweder in seiner eigenen Person oder in der einer Figur, die er annimmt) zwischen dem Leser und der Figur, die er darstellt, in der Haltung, die er mehr oder weniger offen zugibt Schausteller oder Aussteller. Indem der Autor die zweite oder indirekte Methode anwendet, versucht er, sich selbst so weit wie möglich aus dem Bewusstsein des Lesers zu verdrängen; und nachdem er den Leser von Angesicht zu Angesicht mit der Figur konfrontiert hat, die er darstellen möchte, bleibt es dem Leser überlassen, seine eigene Bekanntschaft mit der

Figur zu machen. Die indirekte Methode ist natürlich schwieriger und bei erfolgreicher Anwendung künstlerischer als die direkte Methode. Aber selten wird das eine unter Ausschluss des anderen genutzt; und es wäre möglich, durch aufeinanderfolgende Zitate aus jedem erstklassigen Roman, wie zum Beispiel „Der Egoist", zu veranschaulichen, wie dieselben Merkmale zuerst durch die eine und dann durch die andere Methode dargestellt werden.

Unterteilungen beider Methoden. — Jede der beiden Methoden zeigt sich in vielen verschiedenen Phasen. Es gibt verschiedene Möglichkeiten, den Charakter direkt abzugrenzen, und auch verschiedene Möglichkeiten der indirekten Abgrenzung. Für die Zwecke des Studiums ist es vielleicht nützlich, sie einigermaßen scharf voneinander zu unterscheiden; Aber es muss immer daran erinnert werden, dass die Meister der Belletristik normalerweise sie alle vermischen, ohne sich einer kritischen Unterscheidung zwischen ihnen bewusst zu sein. Vor diesem Hintergrund wollen wir uns an eine kritische Untersuchung einiger der am häufigsten wiederkehrenden Phasen wagen, erstens der direkten und zweitens der indirekten Methode.

I. Direkte Abgrenzung: 1. Durch Darstellung. — Das naheliegendste und zugleich elementarste Mittel der direkten Darstellung ist die bewusste Darlegung der Hauptmerkmale der darzustellenden Figur. So legt der Autor zu Beginn von „Der Vikar von Wakefield" in der Person des Vikars die Charakterzüge von Mrs. Primrose dar:—

„Ich war immer der Meinung, dass der ehrliche Mann, der heiratete und eine große Familie großzog, mehr leistete als derjenige, der ledig blieb und nur von der Bevölkerung sprach. Aus diesem Grund hatte ich ein Jahr kaum Bestellungen entgegengenommen, als ich begann, ernsthaft über die Ehe nachzudenken, und wählte meine Frau wie ihr Hochzeitskleid, nicht wegen einer fein glänzenden Oberfläche, sondern wegen der Eigenschaften, die sich gut tragen ließen. Um ihrer Gerechtigkeit gerecht zu werden , war sie eine gutmütige, bemerkenswerte Frau; und was die Zucht anbelangt, gab es nur wenige Landdamen, die mehr vorweisen konnten. Sie konnte jedes englische Buch ohne viel Rechtschreibung lesen; aber im Einlegen, Konservieren und Kochen konnte niemand sie übertreffen. Sie war auch stolz darauf, eine hervorragende Handwerkerin im Haushalt zu sein; obwohl ich nie feststellen konnte, dass wir durch all ihre Erfindungen reicher geworden wären."

Dieses elementare Darstellungsmittel hat den offensichtlichen Vorteil der Prägnanz. Dem Leser wird sofort und mit einem angemessenen Maß an Vollständigkeit mitgeteilt, was er über die betreffende Figur denken soll. Aus diesem Grund ist das Hilfsmittel zu Beginn einer Geschichte äußerst nützlich. Ein so hervorragender Künstler wie Stevenson begann in „New Arabian Nights" jede Geschichte der Sammlung mit einem Absatz, in dem er die Hauptmerkmale der Hauptfigur darlegte. Das Hilfsmittel hat aber auch mehrere Nachteile. Erstens ist es, da es erläuternd ist, nicht erzählerisch angelegt; es schmeckt eher nach dem Essay als nach der Geschichte; und wenn es nicht zu Beginn, sondern im Verlauf einer Erzählung verwendet wird, stoppt es den Fortgang der Handlung. Zweitens ist es eher abstrakt als konkret; es bringt den Leser nicht in die Gegenwart einer Figur, sondern lediglich in die Gegenwart einer Erklärung; und es lässt den Leser in einer Haltung zurück, die genau der entspricht, die er gegenüber bestimmten echten Menschen einnimmt, über die ihm von ihren Freunden viel erzählt wurde, die er aber selbst nie getroffen hat. Das gesamte erste Kapitel von „The Vicar of Wakefield" besteht aus einer Reihe kleiner Essays über die verschiedenen Mitglieder der Primrose-Familie. In dem Kapitel passiert nichts; Die Charaktere treten nie körperlich ins Blickfeld; und am Ende haben wir das Gefühl, dass wir viel über Menschen gesprochen haben, die wir gerne treffen würden, die wir aber noch nicht gesehen haben.

2. Nach Beschreibung. — Daher ist es in gewisser Weise zufriedenstellender, den Charakter direkt durch eine beschreibende und nicht durch eine erläuternde Aussage darzustellen. So wird uns im zweiten Kapitel von „Martin Chuzzlewit " von Herrn Pecksniff erzählt:—

„Seine Kehle war moralisch. Du hast viel davon gesehen. Sie schauten über einen sehr niedrigen Zaun aus weißer Krawatte (die Krawatte hatte noch nie ein Mensch gesehen, denn er befestigte sie hinten), und da lag sie, ein Tal zwischen zwei hervorstehenden Kragenhöhen, ruhig und bartlos vor Ihnen. Von Seiten Mr. Pecksniffs schien es zu sagen: „Es gibt keine Täuschung, meine Damen und Herren, alles ist Frieden, eine heilige Ruhe durchdringt mich." Dasselbe galt für sein Haar, das nur von einem Eisengrau ergraut war, das ganz von seiner Stirn gestrichen war und das kerzengerade aufrecht stand oder leicht herabhing, ähnlich wie seine schweren Augenlider. Dasselbe galt für seinen Körper, der schlank, aber frei von Korpulenz war. Dasselbe galt für seine Art, die weich und ölig war. Mit einem Wort, selbst sein schlichter schwarzer Anzug, sein Status als Witwer und seine herabhängende Doppelbrille dienten alle dem gleichen Zweck und riefen laut: ‚Seht, der moralische Pecksniff!'"

Diese Aussage, die im Wesentlichen konkret beschreibend und nicht abstrakt darlegend ist, stellt uns der Figur gegenüber und sagt uns gleichzeitig, was wir von ihr halten sollen. Und während wir das Gefühl haben, nur von Mrs. Primrose gehört zu haben, haben wir das Gefühl, Mr. Pecksniff wirklich gesehen zu haben.

[Schrittweise Darstellung .] — Es war die Sitte von Sir Walter Scott, dem Leser bei der Einführung einer Figur eine ausführliche, teils erläuternde, teils beschreibende Darstellung der Merkmale und Merkmale der Figur zu liefern; und diese erste direkte Aussage im weiteren Verlauf des Romans wirksam werden zu lassen. Das Problem bei diesem spontanen Hilfsmittel besteht darin, dass der Leser unweigerlich die festgelegte Aussage des Autors vergisst, bevor die Erzählung sehr weit fortgeschritten ist. Daher ist es effektiver , eine direkte Darstellung des Charakters, sei es erläuternd oder beschreibend, nach und nach vorzunehmen , anstatt alles in einem Klumpen zusammenzufassen. und dem Leser zu jedem Zeitpunkt nur solche Merkmale oder Merkmale zu präsentieren, an die er erinnert werden muss, um die Szene vor ihm zu würdigen. So erhaschen wir in Mr. Kiplings Meisterwerk mit dem Titel „They" diesen ersten Blick auf Miss Florence:—

„Die Gartentür – schweres Eichenholz, das tief in die Dicke der Mauer eingelassen war – öffnete sich weiter: Eine Frau mit einem großen Gartenhut setzte ihren Fuß langsam auf die von der Zeit ausgehöhlte Steinstufe und ging ebenso langsam über den Rasen. Ich war gerade dabei, mich zu entschuldigen, als sie ihren Kopf hob und ich sah, dass sie blind war.

„,Ich habe dich gehört', sagte sie. ,Ist das nicht ein Auto?'"

Und erst nach fünf Seiten Erzählung hält es der Autor für den richtigen Zeitpunkt, hinzuzufügen :—

„Sie stand da und sah mich mit offenen blauen Augen an, in denen nichts zu sehen war, und ich sah zum ersten Mal, dass sie schön war."

3. Durch psychologische Analyse. — Der Punkt, dass eine direkte Angabe von Merkmalen dem Leser vorzugsweise nach und nach und nicht in einem Satz vermittelt werden sollte, ist besonders offensichtlich, wenn die Aussage nicht wie die bereits zitierten äußerlich und objektiv, sondern innerlich und subjektiv ist. In einer bestimmten Art von Belletristik, die allgemein als „psychologischer Roman" bezeichnet wird, ist das übliche Mittel zur Charakterbeschreibung eine teils erzählerische und teils darlegende Aussage darüber, was im Kopf der fiktiven Person geschieht, basierend auf einer Analyse ihrer Person Gedanken und seine Gefühle in wichtigen Momenten der Geschichte. Dieses Mittel zur Charakterdarstellung durch mentale Analyse ist George Eliots liebstes technisches Mittel. Hier ist eine typische Passage aus „The Mill on the Floss", Kapitel V:—

„Maggie dachte bald, sie hätte Stunden auf dem Dachboden verbracht, und es musste Teezeit sein, und sie tranken alle ihren Tee und dachten nicht an sie. Nun, dann würde sie dort oben bleiben und verhungern – sich hinter der Wanne verstecken und die ganze Nacht dort bleiben; und dann würden sie alle Angst haben und es würde Tom leid tun. So dachte Maggie im Stolz ihres Herzens, als sie hinter die Wanne kroch; Doch plötzlich fing sie wieder an zu weinen, als sie dachte, dass es ihnen nichts ausmachte, dass sie da war. Wenn sie jetzt noch einmal zu Tom hinuntergehen würde – würde er ihr verzeihen? –, wäre vielleicht ihr Vater da und würde sich ihrer anschließen.

Aber dann wollte sie, dass Tom ihr vergibt, weil er sie liebte, nicht weil sein Vater es ihm sagte. Nein, sie würde niemals hinuntergehen, wenn Tom sie nicht abholen würde. Dieser Vorsatz hielt in großer Intensität fünf dunkle Minuten lang hinter der Wanne an; Doch dann begann das Bedürfnis, geliebt zu werden, das stärkste Bedürfnis in der Natur der armen Maggie, mit ihrem Stolz zu kämpfen und ließ ihn bald zunichtemachen. Sie kroch hinter ihrer Wanne hervor in das Zwielicht des langen Dachbodens, doch in diesem Moment hörte sie einen schnellen Schritt auf der Treppe.

„Tom war zu sehr an seinem Gespräch mit Luke interessiert gewesen, daran, durch das Gelände zu schlendern, ein- und auszugehen, wo es ihm gefiel, und ohne besonderen Grund, außer dass er in der Schule keine Stöcke schnitzte, Stöcke zu schnitzen, um darüber nachzudenken von Maggie und der Wirkung, die sein Zorn auf sie hervorgerufen hatte. Er hatte vor, sie zu bestrafen, und nachdem er dieses Geschäft erledigt hatte, beschäftigte er sich wie ein praktischer Mensch mit anderen Dingen .

Und so weiter. Erst nach vierhundert weiteren Wörtern dieser Art von Analyse sagt uns der Autor: „Es waren also Toms Schritte, die Maggie auf der Treppe hörte." Auf diese Weise porträtiert George Eliot die Charaktere zweier Kinder, die sich gestritten haben.

Vieles spricht für dieses Mittel, den Charakter durch Analyse darzustellen. Es ist das einzige Mittel, mit dem der Leser direkt über die Gedanken und Gefühle einer Figur informiert werden kann, die die Triebfedern seiner Handlungen sind. Und da wir nicht das Gefühl haben können, einen Menschen genau zu kennen, wenn wir nicht die Funktionsweise seines Geistes in charakteristischen Momenten verstehen, ziehen wir einen großen Vorteil aus dieser unmittelbaren Darstellung seiner mentalen Prozesse. Andererseits zerstört die Verwendung des Hilfsmittels die sehr wünschenswerte Illusion, dass der Leser ein Beobachter ist, der die Handlung tatsächlich betrachtet, da die dargestellten Details nicht dem Auge, sondern dem analytischen Verständnis widerfahren. Das Mittel hat den Nachteil, dass es äußerst abstrakt ist und Ereignisse aufhält, während der Autor uns erzählt, warum sie passiert sind. Es ist zum Beispiel sicherlich bedauerlich, dass Tom eine ganze lange Seite braucht, um zu Maggie zu gelangen, nachdem sie seine „ *schnellen* Schritte auf der Treppe" gehört hat. Darüber hinaus neigt dieses Mittel dazu, die Illusion der Realität zu zerstören, indem es den Leser in eine Geisteshaltung zwingt, die er selten einnimmt, wenn er das wirkliche Leben betrachtet. Bei tatsächlichen Vorkommnissen halten die Menschen fast nie inne, um sich gegenseitig zu analysieren, und analysieren sich selbst nur selten. Sie handeln und beobachten andere Menschen beim Handeln, ohne einen mikroskopischen Einblick in die Motive zu haben. Und sicherlich sollte der Zweck einer Erzählung darin bestehen, Ereignisse so darzustellen, wie sie sich tatsächlich zu ereignen scheinen, und nicht darin, eine Dissertation über ihre Ursachen im Stil eines Essays zu präsentieren.

Ein wichtiger Punkt muss jedoch noch berücksichtigt werden. Es gibt zwei Arten von Ereignissen: externe und interne. Dinge passieren sowohl subjektiv als auch objektiv: und bei der Darstellung der Art von Ereignissen, die nur im Geist einer Person stattfinden, ist das Hilfsmittel der Analyse bei weitem das nützlichste Mittel, um die Charakterelemente klarzustellen, die dazu beitragen. Wenn jedoch dasselbe Mittel auch bei der Darstellung äußerer Ereignisse regelmäßig verwendet wird, entsteht wahrscheinlich der Eindruck einer ungerechtfertigten Vivisektion. Es liegt eine gewisse Stimmungsverfälschung darin , einem objektiven Ereignis eine subjektive Wiedergabe zu geben.

4. Durch Berichte von anderen Charakteren. — Wenn man also eine Figur durch einen direkten Kommentar zu ihren Handlungen oder ihrer Persönlichkeit darstellen möchte, ist es von großem Vorteil, den Kommentar von einer der anderen Figuren in der Geschichte und nicht vom Autor abgeben zu lassen sich selbst in einer Haltung vermeintlicher Allwissenheit. Jane Austen stellt diese subtilere Phase des Hilfsmittels in vielen bewundernswerten Passagen geschickt dar. Zum Beispiel unterhält sich Frau Elton in Kapitel XXXIII von „Emma" mit Emma Woodhouse:—

„'Jane Fairfax ist absolut charmant, Miss Woodhouse. Ich schwärme wirklich von Jane Fairfax – einem süßen, interessanten Wesen. So sanft und damenhaft – und mit solchen Talenten! Ich versichere Ihnen, dass ich glaube, dass sie über ganz außergewöhnliche Talente verfügt. Ich habe keine Bedenken zu sagen, dass sie extrem gut spielt. Ich kenne mich gut genug mit Musik aus, um mich entschieden zu diesem Punkt zu äußern. Oh! sie ist absolut bezaubernd! Sie werden über meine Herzlichkeit lachen – aber auf mein Wort, ich spreche nur von Jane Fairfax.'"

In Kapitel XXI wurde dieselbe Figur von Emma Woodhouse und Mr. Knightley kommentiert. Emma spricht zuerst:—

„'Miss Fairfax ist reserviert.'

„'Ich habe dir immer gesagt, dass sie – ein bisschen; aber Sie werden bald all den Teil ihrer Zurückhaltung überwinden, der überwunden werden sollte, alles, was auf Misstrauen beruht. Was aus Diskretion entsteht, muss gewürdigt werden.'"

„'Du hältst sie für schüchtern. Ich sehe es nicht.'"

Diese Passagen dienen nicht nur dazu, mehr oder weniger direkt die Persönlichkeit von Jane Fairfax darzustellen, sondern dienen gleichzeitig auch dazu, indirekt die Persönlichkeiten der Menschen darzustellen, die über sie sprechen. Insbesondere Frau Elton wird sehr deutlich zur Schau gestellt. Und dieser Punkt führt uns zu einer Untersuchung eines der wirksamsten Mittel der indirekten Abgrenzung.

II. Indirekte Abgrenzung: 1. Durch Sprache. — Wenn die bloße Rede einer fiktiven Figur mit ausreichender Wahrheitstreue wiedergegeben wird, ist es allein durch dieses Mittel möglich, ein sehr lebendiges Gefühl für den Charakter zu vermitteln. Betrachten Sie die folgenden Gesprächsthemen :—

„„Du bist kein Scharfschütze? Es tut mir leid. Ich hätte dich überraschen können. Abgesehen von meiner Waffe ist meine Geschichte nicht viel wert. Ich danke Ihnen, aber ich konsumiere keinen Tabak, den Sie wahrscheinlich bei sich tragen würden ... Bull Durham? *Bull Durham!* Ich nehme alles zurück – jedes letzte Wort. Bull Durham – hier! Wenn Sie jemals Akron, Ohio, angreifen, wenn dieser Narrenkrieg vorbei ist, denken Sie daran, dass Sie Laughton O. Zigler in Ihrer Westentasche haben. Einschließlich der Stadt Akron. Wir haben dort einen kleinen Club... Hölle! Was hat es für einen Sinn, ohne Hosen über Akron zu reden?'

„„Habe ich geredet? Ich verabscheue Übertreibungen – die weder amerikanisch noch wissenschaftlich sind –, aber so wahr ich hier sitze wie ein Blaukopfpavian in einer Höhle, Teddy Roosevelts Westerntour war im Vergleich zu meiner Werbearbeit ein Mädchenseufzer.

„'Aber der General war der Pfirsich. Ich gehe davon aus, dass Sie mit der durchschnittlichen Karriere britischer Generäle vertraut sind, aber das war mein erster. Ich saß zu seiner Linken und er redete wie – wie das *Ladies' Home Journal* . Habe ich die Zeitung jemals gelesen? Es ist raffiniert, Sir – und harmlos und voller vernickelter Gefühle, die garantiert den Geist verbessern. Er war es. Er begann mit einem herzlichen Gespräch mit Lydia Pinkham über meine Gesundheit und hoffte, dass die Jungs es mir gut gemacht hätten und dass ich meinen Aufenthalt in ihrer Mitte genieße.'"

Diese Passagen stammen aus Mr. Kiplings Geschichte mit dem Titel „The Captive". Die Handlung ist während des Südafrikakrieges angesiedelt. Muss man hinzufügen, dass es sich bei dem Redner um einen amerikanischen Waffenerfinder handelt, der auf der Seite der Buren gekämpft hat und von den Briten gefangen genommen wurde?

Ein Punkt muss sorgfältig bedacht werden. Die Kunst dieser Passagen liegt vor allem darin, dass wir indirekt, aus seiner Art zu reden, mehr über Zigler erfahren als direkt aus dem, was er uns über sich selbst erzählt. Seine Aussage, dass er aus Akron, Ohio, stammt, ist weniger aussagekräftig als seine Vorliebe für Bull Durham. Jede direkte Aussage einer Figur über sich selbst hat keinen größeren künstlerischen Wert, als wenn sie vom Autor über sie gemacht würde, es sei denn, die Art und Weise, sie zu machen, liefert gleichzeitig einen indirekten Beweis für seine Natur .

Die subtilste Phase der indirekten Beschreibung durch Sprache besteht darin, dem Leser durch die Bemerkungen einer Figur über sich selbst ein Gefühl von ihr zu vermitteln, das sich von dem unterscheidet, was seine Aussage buchstäblich zum Ausdruck bringt. Sir Willoughby Patterne spricht in „The Egoist" häufig und ausführlich über sich selbst; Aber der Leser lernt bald anhand des Tons und der Art seiner Äußerung, die hohe Wertschätzung, die er sich selbst entgegenbringt, geringzuschätzen. Indem der Egoist etwas direkt sagt, vermittelt er dem Leser indirekt etwas anderes und anderes.

2. Durch Aktion. — Aber in der Fiktion, wie im Leben, sagen Taten mehr als Worte: und die überzeugendste Art, einen Charakter indirekt zu beschreiben, besteht darin, eine Person bei der Ausführung einer charakteristischen Handlung darzustellen. Wenn die Handlung mit ausreichender Klarheit visualisiert wird und ihre dominanten Details dem Leser mit ausreichender Betonung präsentiert werden, wird ein lebendigerer Charaktereindruck vermittelt als durch irgendeine direkte Aussage des Autors. Betrachten wir als Beispiel einer rein handlungsorientierten Charakterisierung ohne Kommentar oder direkte Darstellung die folgende Passage aus der Duellszene von „Der Meister von Ballantrae ". Zwei Brüder, Mr. Henry und der Meister, hassen einander; es kommt zu einer Auseinandersetzung wegen eines Kartenspiels; und die Szene wird von Mackellar, einem Diener von Mr. Henry, erzählt:—

"Herr. Henry legte seine Karten nieder. Er erhob sich ganz sanft und wirkte die ganze Zeit über wie jemand, der tief in Gedanken versunken ist. 'Du Feigling!' sagte er sanft, wie zu sich selbst. Und dann, ohne Eile oder besondere Gewalt, schlug er dem Meister in den Mund.

„Der Meister sprang auf wie jemand, der verklärt wurde; Ich hatte den Mann noch nie so schön gesehen. 'Ein Schlag!' er weinte. „Ich würde keinen Schlag von Gott, dem Allmächtigen, einstecken."

„„Senken Sie Ihre Stimme', sagte Mr. Henry. „Möchtest du, dass mein Vater sich noch einmal für dich einmischt?"

„'Meine Herren, meine Herren.' Ich weinte und versuchte, mich zwischen sie zu stellen.

„Der Meister packte mich an der Schulter, hielt mich auf Armeslänge von sich und wandte sich immer noch an seinen Bruder: ‚Weißt du, was das bedeutet?' sagte er.

„„Es war die bewussteste Tat meines Lebens', sagt Mr. Henry.

„„Ich muss Blut haben, dafür muss ich Blut haben', sagt der Meister.

„‚Bitte Gott, es soll dir gehören‘, sagte Mr. Henry; Und er ging zur Wand und nahm ein Paar Schwerter herunter, die dort nackt bei anderen hingen. Diese legte er dem Meister nach Punkten vor. „Macellar wird dafür sorgen, dass wir fair spielen“, sagte Mr. Henry. „Ich halte es für sehr notwendig.“

„‚Du brauchst mich nicht mehr zu beleidigen‘, sagte der Meister und nahm wahllos eines der Schwerter. „Ich habe dich mein ganzes Leben lang gehasst.“

„‚Mein Vater ist gerade erst zu Bett gegangen‘, sagte Mr. Henry. „Wir müssen irgendwo außerhalb des Hauses hingehen.“

„‚Es gibt einen ausgezeichneten Platz im langen Gebüsch‘, sagte der Meister.

„‚Meine Herren‘, sagte ich, ‚Schande über euch beide! Söhne derselben Mutter, würdet ihr euch gegen das Leben wenden, das sie euch geschenkt hat?‘

„‚Trotzdem, Mackellar‘, sagte Mr. Henry mit der gleichen vollkommenen Ruhe, die er die ganze Zeit über an den Tag gelegt hatte.“

Mackellar muss uns nicht sagen, dass Mr. Henry phlegmatisch und bedächtig ist, der Meister jedoch impulsiv und launenhaft. Es ist für ihn nicht notwendig, den Versuch zu unternehmen, die Emotionen und Gedanken der Hauptfiguren zu analysieren, da diese aus dem, was sie tun und sagen, hinreichend deutlich werden . Die Handlung geschieht mit Auge und Ohr, ohne die Interpretation eines analytischen Intellekts; aber der Leser ist tatsächlich am Tatort anwesend und kann ihn selbst sehen und beurteilen. Die Methode ist absolut narrativ und überhaupt nicht erläuternd, sondern völlig objektiv und konkret. Sicherlich ist dies die künstlerischste Art und Weise, die Elemente eines Charakters darzustellen, die zu äußeren oder objektiven Ereignissen beitragen: Und selbst das, was im Kopf eines Charakters vorgeht, kann durch eine konkrete Beschreibung seines Aussehens und seiner Persönlichkeit oft noch eindringlicher zum Ausdruck gebracht werden Dies geschieht nicht durch eine abstrakte analytische Darstellung der Bewegungen seines Geistes. Als Hepzibah Pyncheon ihr Geschäft im Haus mit den sieben Giebeln eröffnet, wird ihr Gefühlszustand indirekt durch das, was sie tut und wie sie es tut, deutlich.

3. Durch Wirkung auf andere Charaktere. — Das vielleicht heikelste Mittel der indirekten Beschreibung besteht darin, die Persönlichkeit einer Figur dadurch zu suggerieren, dass man ihre Wirkung auf bestimmte andere Personen in der Geschichte zeigt. Im dritten Buch der „Ilias“ herrscht in den Ebenen Trojas ein vorübergehender Waffenstillstand; und bestimmte Älteste der Stadt blicken vom Turm der Scæan -Tore hervor und meditieren über die zehn langen Jahre des Konflikts und des Blutbads, in denen so viele ihrer Söhne gestorben sind. Auf sie zu geht die weißarmige Helena, weiß gekleidet

und verschleiert; und wenn sie ihre Annäherung bemerken , sagen sie
zueinander (so alt und weise und erschöpft von Kummer sie auch sein
mögen):—

„'Es liegt bei ihnen, dass sie nur wenig dafür verantwortlich machen, wenn
sowohl die trojanischen Ritter als auch
die Achaier mit den dreisten Panzern um dieser einen Frau willen so lange
so viele Übel ertragen haben .'"

—(Bryants Version.)

Das vielleicht bemerkenswerteste Beispiel in der modernen Literatur für die
Verwendung dieses Mittels ist Mr. Kiplings Geschichte von „Mrs. Bathurst."
Die Geschichte dreht sich alles um die Frau, von der sie ihren Titel hat; Sie
erscheint jedoch keinen Augenblick am Schauplatz des Geschehens und wird
ausschließlich durch ihre Wirkung auf verschiedene Männer dargestellt. Hier
ist ein kleines Gespräch über sie. Beachten Sie ihre Wirkung auf den
humorvollen und nicht besonders sensiblen Pyecroft .—

„Sagte Pyecroft plötzlich:--

„„Mit wie vielen Frauen auf der ganzen Welt warst du intim, Pritch ?'

„Pritchard errötete pflaumenfarben in den kurzen Härchen seines fünfzehn
Zentimeter langen Halses.

Undreds " , sagte Pyecroft . „ Ich auch . An wie viele von ihnen kannst du
dich im Geiste erinnern, abgesehen von dem ersten – und vielleicht dem
letzten – *und einem weiteren* ?"

„„Wenige, wunderbare wenige, jetzt überfordere ich mich', sagte Sergeant
Pritchard erleichtert.

„'Und wie oft waren Sie wohl schon in Aukland ?'

„„Eins – zwei', begann er. „Ich schaffe es nicht mehr als dreimal in zehn
Jahren." Aber ich kann mich an jedes Mal erinnern, als ich Frau B. jemals
gesehen habe.

„Das kann ich auch – und ich war erst zweimal in Aukland – wie sie stand
und was sie sagte und wie sie aussah. Das ist das Geheimnis. „ Es geht
sozusagen nicht um Schönheit und auch nicht unbedingt um gutes Reden."
Es ist einfach so. Manche Frauen werden einem Mann im Gedächtnis
bleiben, wenn sie einmal eine Straße entlanggegangen sind, aber mit den
meisten von ihnen kann man einen Monat lang leben, und beim nächsten
Mal bekommt man den Auftrag, zu bescheinigen, ob sie im Schlaf geredet
haben oder auch nicht, wie man sagen könnte.'"

4. Nach Umgebung. — Ein weiteres sehr heikles Hilfsmittel besteht darin, eine Figur durch eine sorgfältige Darstellung seiner gewohnten Umgebung vorzuschlagen. Wir erfahren viel über Roderick Usher aus der melancholischen Seite seines Hauses. Es ist möglich, ein Wohnzimmer so zu beschreiben, dass man dem Bewohner schon vor dem Betreten ein ganz klares Gefühl vermittelt. Beachten Sie zum Beispiel, wie viel wir aus dieser beschreibenden Passage von Kapitel V von „Unser gemeinsamer Freund" über Herrn und Frau Boffin (insbesondere Letzteren) erfahren. Silas Wegg ist gekommen, um seiner Verpflichtung nachzukommen und ihnen den „Untergang und Untergang des Römischen Reiches " vorzulesen: —

„Es war das seltsamste aller Zimmer, das eher wie ein luxuriöser Amateur-Schankraum ausgestattet und eingerichtet war als alles andere im Bekanntenkreis von Silas Wegg . Neben dem Feuer standen zwei Holztische, jeweils einer auf jeder Seite, und vor jedem stand ein entsprechender Tisch. Auf einem dieser Tische lagen die acht Bände flach in einer Reihe wie eine galvanische Batterie; auf der anderen Seite schienen bestimmte gedrungene Flaschen von einladendem Aussehen auf den Zehenspitzen zu stehen, um über einer ersten Reihe von Bechergläsern und einer Schüssel mit weißem Zucker Blicke mit Mr. Wegg auszutauschen . Auf dem Herd dampfte ein Wasserkocher; Auf dem Herd ruhte eine Katze. Gegenüber dem Feuer zwischen den Sesseln bildeten ein Sofa, ein Fußschemel und ein kleiner Tisch den Mittelpunkt, der Mrs. Boffin gewidmet war . Sie waren in Geschmack und Farbe grell, aber es handelte sich um teure Salonmöbel, die neben den Sesseln und dem flackernden Gaslicht von der Decke ein sehr seltsames Aussehen hatten. Auf dem Boden lag ein Blumenteppich; Doch anstatt bis zum Kamin zu reichen , blieb die leuchtende Vegetation kurz vor Mrs. Boffins Fußschemel stehen und machte einem Bereich aus Sand und Sägemehl Platz. Herr Wegg bemerkte auch mit bewundernden Augen, dass, während das Blumenland hohle Ornamente wie ausgestopfte Vögel und Wachsfrüchte unter Glasschirmen zeigte, es in dem Gebiet, in dem die Vegetation aufhörte, Ausgleichsregale gab, auf denen der größte Teil eines Ein großer Kuchen und ebenfalls ein kalter Braten waren unter anderen Feststoffen deutlich zu erkennen. Der Raum selbst war groß, wenn auch niedrig; und die schweren Rahmen seiner altmodischen Fenster und die schweren Balken in seiner schiefen Decke schienen darauf hinzuweisen, dass es einst ein bedeutendes Haus gewesen war, das allein auf dem Land stand."

Weder Boffin noch Mrs. Boffin erscheinen in diesem beschreibenden Absatz; Doch viele der Eigenheiten jedes einzelnen werden durch die Anhäufung queerer Besitztümer, die sie um sich versammelt haben, angedeutet.

Der Student der Belletristik kann eine nützliche Übung darin finden, die verschiedenen Arten der Charakterdarstellung, die in diesem Kapitel dargestellt wurden, getrennt zu üben ; aber wie eingangs gesagt wurde, sollte er immer bedenken, dass diese Mittel von den großen Künstlern selten einzeln verwendet werden, sondern im Allgemeinen dazu dienen, einander zu ergänzen und zu einem zentralen Eindruck beizutragen. Der Charakter von Becky Sharp zum Beispiel wird indirekt durch ihre Sprache, ihre Handlungen, ihre Umgebung und ihre Wirkung auf andere Menschen beschrieben, und gleichzeitig wird sie direkt durch Kommentare beschrieben, die die Autorin und andere Figuren in ihr über sie machen die Geschichte, durch die Analyse ihrer Gedanken und Gefühle, durch erläuternde Aussagen über ihre Eigenschaften und durch gelegentliche Beschreibungen von ihr. Auf all diese Arten bemüht sich Thackeray, der Welt das Selbstvertrauen einer Frau zu geben.

Es wäre jedoch äußerst schwer vorstellbar, dass Becky Sharp von ihrem Umfeld der Londoner High Society losgelöst wäre. Sie ist ein Teil ihrer Umgebung, und ihre Umgebung ist ein Teil von ihr. Wir haben gerade im Fall dieses seltsamen Zimmers der Boffins bemerkt , wie die bloße Darstellung der Umgebung zur Beschreibung des Charakters beitragen kann. Aber die Einstellung ist auch in vielerlei Hinsicht wichtig; und auf eine besondere Betrachtung dieses Elements der Erzählung müssen wir als nächstes unsere Aufmerksamkeit richten.

REZENSIONSFRAGEN

1. Welche Kombination von Eigenschaften macht einen Charakter wissenswert?

2. Unterscheiden Sie zwischen der Methode der Allegorie und der Methode der Karikatur.

3. Stellen Sie sich eine fiktive Person vor; und nachdem Sie mit dieser imaginären Figur ausreichend vertraut geworden sind, schreiben Sie acht verschiedene Themen auf, in denen jeweils dieselbe Figur gemäß einer anderen Darstellungsmethode projiziert wird :— 1. Durch Darstellung, 2. Durch Beschreibung, 3. Durch psychologische Analyse, 4. Durch Berichte von anderen Charakteren, 5. Durch Sprache, 6. Durch Handlung, 7. Durch Wirkung auf andere Charaktere und 8. Durch Umgebung.

VORGESCHLAGENE LITERATUR

BLISS PERRY : „Eine Studie über Prosaliteratur " – Kapitel V, über „Die Charaktere".

Lesen Sie ausführlicher die Passagen berühmter Belletristik, aus denen die in diesem Kapitel zitierten illustrativen Zitate ausgewählt wurden.

KAPITEL VI

EINSTELLUNG

Entwicklung des Hintergrunds in der Geschichte der Malerei – – Die erste Stufe – – Die zweite Stufe – – Die dritte Stufe – – Ähnliche Entwicklung des Schauplatzes in der Geschichte der Fiktion: Die erste Stufe – Die zweite Stufe – Die dritte Stufe: 1 . Einstellung als Handlungshilfe—2. Setting als Hilfsmittel zur Charakterisierung —Emotionale Harmonie im Setting —Der pathetische Trugschluss —Emotionaler Kontrast im Setting —Ironie im Setting —Künstlerische und philosophische Beschäftigung—1. Einstellung als Handlungsmotiv—2. Die Kulisse als Einfluss auf die Figur —Die Kulisse als Held der Erzählung —Die Verwendung des Wetters—Romantische und realistische Kulissen—Eine romantische Kulisse von Edgar Allan Poe— Eine realistische Kulisse von George Eliot—Die Qualität der Atmosphäre , oder Lokalkolorit – Reprise.

Entwicklung des Hintergrunds in der Geschichte der Malerei: Die erste Stufe. — In der Geschichte der Figurenmalerei ist es interessant, die Entwicklung des Hintergrundelements zu untersuchen. Dieses Element ist in den frühesten Beispielen der Bildkunst nicht vorhanden. Die Figuren in pompejanischen Fresken sind auf einer leeren, hellen Wand abgebildet, die meist tiefrot ist. Der Vater der italienischen Malerei, Cimabue, zeichnete seine Figuren nach dem Brauch der byzantinischen Mosaikmaler , deren Werke er zweifellos in Ravenna studiert hatte, vor einem Hintergrund ohne Distanz, Perspektive und Detail; und selbst im Werk seines größeren und natürlicheren Schülers Giotto bleibt das Element des Hintergrunds vergleichsweise unbedeutend. Was uns an Giottos Werk in Padua und Assisi interessiert, ist erstens die Geschichte, die er zu erzählen hat, und zweitens die menschliche Qualität der Charaktere, die er darstellt. Sein Gespür für die Umgebung ist äußerst gering; und die banalen Details, die er präsentiert, um Zeit , Ort und Umstände seiner Handlung anzudeuten , sind sehr grob dargestellt. Seine Fresken stehen alle im Vordergrund. Es sind die Figuren im Vordergrund seiner Bilder, die unseren Blick fesseln. Seine Gebäude und Landschaften sind konventionalisiert und haben keinen wirklichen Bezug zu seinem Volk. Dies sind Beispiele für die erste Stufe der Evolution – die Stufe, in der das Hintergrundelement keinen wesentlichen Bezug zum Hauptinhalt des Bildes hat.

Die zweite Stufe. — Im zweiten Schritt wird der Hintergrund in eine künstlerische bzw. dekorative Beziehung zu den Figuren im Vordergrund gebracht. Diese Phase zeigt die italienische Malerei in ihrer Reifezeit. Die großen Florentiner zeichneten ihre Figuren vor einem Hintergrund aus dekorativen Linien, die großen Venezianer vor einem Hintergrund aus dekorativen Farben. Aber selbst in den Werken der größten unter ihnen besteht der Hintergrund meist darin, einen lediglich dekorativen Zweck zu erfüllen, einen Zweck mit unmittelbarem Bezug zur Kunst, aber ohne unmittelbaren Bezug zum Leben. Es gibt im Hinblick auf das Leben selbst keinen wirklichen Grund, warum die „Mona Lisa" von Leonardo uns vor einem Hintergrund aus zerklüfteten Felsen und bewölktem Himmel unergründlich anlächeln sollte; und die Vorhänge in Raffaels „Sixtinischer Madonna" werden lediglich als Detail der Komposition vorgestellt und sind nicht als wörtliche Aussage gedacht, dass an einer Stange aufgehängte Vorhänge im Himmel existieren.

Die dritte Stufe. — Im dritten Stadium, das die spätere Malerei zeigt, wird der Hintergrund in eine lebendige Beziehung mit den Figuren des Vordergrunds gebracht – eine Beziehung, die nicht nur durch die Erfordernisse der Kunst, sondern vielmehr durch die Bedingungen des Lebens selbst nahegelegt wird. So zeigen die großen niederländischen *Genremaler* wie die jüngeren Teniers ihre Charaktere in unmittelbarer menschlicher Beziehung zu einem sorgfältig detaillierten Interieur; oder wenn sie sie, wie Adrian van Ostade , ins Freie mitnehmen, dann, um sie in einer gewohnten Landschaft ganz zu Hause zu zeigen.

Diese Phase in ihrer modernen Entwicklung weist eine absolut wesentliche Beziehung zwischen Vordergrund und Hintergrund – den Figuren und der Umgebung – auf, so dass man sich keines von beiden ohne die Anwesenheit des anderen genau so vorstellen könnte, wie es ist. Eine solche wesentliche Harmonie zeigt sich im „Angelus" von Jean-François Millet. Die Menschen existieren, um der Landschaft einen Sinn zu geben; und die Landschaft existiert, um den Menschen einen Sinn zu geben. Der „Angelus" ist weder bloße Figuren- noch Landschaftsmalerei; Es ist beides.

Ähnliche Entwicklung des Schauplatzes in der Geschichte der Belletristik: Die erste Phase. — In der Geschichte der Fiktion können wir eine ähnliche Entwicklung im Element des Setting beobachten. Die frühesten Volksmärchen jeder Nation ereignen sich „Es war einmal" und ohne eindeutige Lokalisierung. In der „ Gesta Romanorum", dieser mittelalterlichen Sammlung gesammelter Erzählungen, ist das Element des Schauplatzes nahezu ebenso nicht vorhanden wie das Element des Hintergrunds in den Fresken von Pompeji. Selbst im „Decameron" von Boccaccio sind die Geschichten selten lokalisiert: Sie passieren fast überall und fast jederzeit. Das Interesse an Boccaccios Erzählung konzentriert sich ebenso wie das Interesse an Giottos Malerei zunächst auf das Element der

Handlung und zweitens auf das Element des Charakters. Aber seine Geschichten stehen alle im Vordergrund. Wenn die Szene im Freien spielt, ist sie vage in einer konventionellen Landschaft angesiedelt; wenn sie drinnen spielt, ist sie vage in einem konventionellen Palast angesiedelt. Aus diesem Grund mangelt es seiner Erzählung an visueller Anziehungskraft. Die meisten seiner *Romane* lesen sich wie Zusammenfassungen von Romanen und bieten eher eine abstrakte Zusammenfassung der Handlung als eine konkrete Darstellung davon. Er *sagt* Ihnen, was passiert, anstatt es vor dem Auge Ihrer Fantasie geschehen *zu lassen* . Seine Charaktere sind lediglich in Umrissen gezeichnet, anstatt lebendig in Bezug auf eine bestimmte Umgebung projiziert zu werden. Der Mangel seiner Erzählung ist, wie der Mangel von Giottos Malerei, hauptsächlich das Fehlen von Hintergrundinformationen.

Die zweite Stufe. — Etwas später in der Geschichte der Fiktion, wie auch in der Geschichte der Figurenmalerei, finden wir Fälle, in denen das Element der Kulisse zu dekorativen Zwecken genutzt und in eine künstlerische Beziehung mit den Elementen der Handlung und des Charakters gebracht wird. Eine solche Verwendung der Landschaft findet beispielsweise im „Orlando Furioso" von Ariosto und in der „Faerie Queene " von Spenser statt. Die von diesen Erzähldichtern dargestellten Schauplätze sind im Wesentlichen bildhafter Natur und dienen als dekorativer Hintergrund für die Handlung und nicht als integraler Bestandteil davon. Wenn wir ein Beispiel eher in der Prosa als in der Poesie suchen, brauchen wir uns nur dem „Arcadia" von Sir Philip Sidney zuzuwenden. Auch hier ist die Kulisse wunderschön gestaltet, dient jedoch lediglich dekorativen Zwecken. Der Hintergrund der pastoralen Landschaft steht in keinem notwendigen Zusammenhang mit den Figuren im Vordergrund. Es existiert eher für die Kunst als für das Leben. Diese Verwendung des Elements der Inszenierung für einen im Wesentlichen bildlichen Zweck besteht in vielen späteren Romanwerken, wie „Paul und Virginia" von Bernardin de Saint-Pierre. Dabei ist die Kulisse um ihrer eigenen sentimentalen Schönheit willen komponiert und gemalt und wird sogar auf Kosten der wichtigeren Elemente des Charakters und der Handlung in den Hintergrund gedrängt. Die Geschichte ist sozusagen lediglich ein Motiv für eine dekorative Komposition.

Die dritte Stufe: 1. Einstellung als Handlungshilfe . — Nur in der Fiktion eines moderneren Geistes wurde das Element des Schauplatzes in einen lebendigen Zusammenhang mit der Handlung und den Charakteren gebracht; und erst im letzten Jahrhundert wurden die intimsten Möglichkeiten einer solchen Beziehung erkannt und genutzt. Natürlich besteht das einfachste Mittel, um den Schauplatz zu „einem integralen Bestandteil der Geschichte" zu machen, darin, ihn als nützlichen Zusatz zur Handlung einzusetzen. Vorausgesetzt, dass bestimmte Ereignisse passieren, sind bestimmte Szenen und Eigenschaften nützlich, im Roman genauso wie im Theater; und wenn diese mit Bedacht bereitgestellt werden, wird die Kulisse sozusagen ein Teil des Geschehens, anstatt nur ein dekorativer Hintergrund für die Ereignisse zu bleiben. Der erste englische Autor, der diese utilitaristische Beziehung zwischen Schauplatz und Handlung fest etablierte, war Daniel Defoe. Defoe war von Beruf Journalist; und die charakteristischste Eigenschaft seines Geistes war eine gewohnheitsmäßige Sachlichkeit. Plausibilität war das, was er in seinen Fiktionen am meisten wünschte; und er erkannte instinktiv, dass das einfachste Mittel, eine Geschichte plausibel zu machen, darin bestand, die physischen Begleiterscheinungen der Handlung mit völliger Konkretheit und großer Fülle an spezifischen Details darzustellen. Die vielfältigen Besonderheiten von Crusoes Insel werden dem Leser daher Stück für Stück konkret dargelegt, da Crusoe sie nacheinander in seinem Tun nutzt.

2. Einstellung als Hilfsmittel zur Charakterisierung. — Aber obwohl bei Defoe das Element des Schauplatzes mit dem Element der Handlung verschmolzen ist, wird es nicht in enge Beziehung mit dem Element des Charakters gebracht. Die Insel ist ein Teil dessen, was Crusoe tut, und nicht ein Teil dessen, was er ist. Aber der Wohnraum der Boffins , der in dem am Ende des vorhergehenden Kapitels zitierten Absatz aus „Unser gemeinsamer Freund" beschrieben wurde, ist eher Teil dessen, was die Boffins sind, als dessen, was sie tun. Im letzteren Fall wird die Einstellung als Ergänzung zum Charakterelement anstelle des Handlungselements verwendet. Fielding und seine Zeitgenossen waren die ersten englischen Romanautoren, die den Schauplatz auf diese Weise sowohl repräsentativ für die Persönlichkeit als auch nützlich für die Handlung gestalteten; Die feineren Möglichkeiten der Beziehung zwischen Schauplatz und Charakter wurden jedoch erst im 19. Jahrhundert vollständig ausgeschöpft. Soweit die Autoren des 18. Jahrhunderts das Element des Schauplatzes ausgearbeitet haben , scheinen sie dies hauptsächlich aus Gründen der größeren Anschaulichkeit getan zu haben. Da es sich bei dem Schauplatz um einen visuellen Reiz handelt, wurde das Element eingesetzt, um die Handlung zu veranschaulichen und die Charaktere für das Auge klar erkennbar zu machen. Indem eine Geschichte konkreter wurde, machte ein bestimmter Schauplatz sie glaubwürdiger. Dies erkannten die Romanciers des 18. Jahrhunderts; Doch erst mit dem Aufkommen der Romantik wurde das Element für subtilere Zwecke genutzt.

Emotionale Harmonie in der Umgebung. — Eine neue und sehr interessante Einstellung zur Landschaftsgestaltung wurde von Rousseau in der „Nouvelle Héloise " offenbart und von seinen zahlreichen Anhängern in der Romantik des frühen 19. Jahrhunderts entwickelt. Die Autoren, die eine „Rückkehr zur Natur" befürworteten, schrieben die Natur mit einem großen N und betrachteten sie normalerweise als eine anthropomorphe Präsenz. Als

Ergebnis dessen entwickelten sie einen natürlichen Hintergrund für ihre Geschichten, stellten einen sympathischen Stimmungsaustausch zwischen den Figuren und der Landschaft her und stellten sich (um den berühmten Ausdruck von Leibnitz zu verwenden) eine „vorher festgelegte Harmonie" zwischen den Figuren vor wechselnde Stimmungen der Natur und des Menschen. Somit diente das Setting nicht mehr nur dazu, Handlungsbedürfnissen zu genügen oder dem visuellen Reiz mehr Lebendigkeit zu verleihen, sondern vielmehr dazu, die menschlichen Emotionen zu symbolisieren und darzustellen, die in den Charakteren in wichtigen Momenten der Handlung hervorgerufen wurden. Als der Held vor Traurigkeit litt, war der Himmel mit schweren Wolken bedeckt; Und als sein Geist von einem Funken Hoffnung erleuchtet wurde, brach die Sonne durch einen Wolkenriss und warf Licht über das Land.

Dickens stellt sich besonders gerne eine emotionale Harmonie zwischen seinen Schauplätzen und seinen Ereignissen vor. Denken Sie einen Moment über die folgende bekannte Passage aus der Beerdigung von Little Nell („The Old Curiosity Shop", Kapitel LXXII) nach:—

„Auf dem überfüllten Weg trugen sie sie jetzt; rein wie der frisch gefallene Schnee, der es bedeckte; dessen Tag auf Erden ebenso flüchtig gewesen war. Unter der Veranda, wo sie gesessen hatte, als der Himmel sie in seiner Gnade an diesen friedlichen Ort gebracht hatte, ging sie erneut vorbei; und die alte Kirche empfing sie in ihrem stillen Schatten.

„Sie trugen sie in eine alte Ecke, wo sie viele, viele Male nachdenklich gesessen hatte, und legten ihre Last sanft auf das Pflaster. Das Licht strömte durch das farbige Fenster hinein – ein Fenster, in dem im Sommer immer die Äste der Bäume raschelten und in dem die Vögel den ganzen Tag lang süß sangen. Mit jedem Lufthauch, der sich zwischen diesen Zweigen im Sonnenschein bewegte, fiel ein zitterndes, wechselndes Licht auf ihr Grab ...

„Sie sahen, wie das Gewölbe abgedeckt und der Stein befestigt wurde. Dann, als die Abenddämmerung hereinbrach und kein Laut die heilige Stille des Ortes störte – als der helle Mond sein Licht auf Grab und Denkmal, auf Säule, Mauer und Bogen und vor allem auf alles ergoss (es schien ihnen) auf ihrem stillen Grab – in dieser ruhigen Zeit, in der äußere Dinge und innere Gedanken von Zusicherungen der Unsterblichkeit wimmeln und weltliche Hoffnungen und Ängste vor ihnen im Staub versunken sind – dann, mit ruhigen und unterwürfigen Herzen, Sie wandten sich ab und überließen das Kind Gott."

Hier wird die Stimmung der Szene fast ausschließlich durch das Element der Kulisse ausgedrückt; und die menschliche Emotion der Trauernden wird durch den Aspekt des Kirchhofs verwirklicht und dargestellt.

Der erbärmliche Irrtum. — Der übermäßige Gebrauch dieses Hilfsmittels wird von John Ruskin in einem Kapitel von „Modern Painters" mit dem Titel „The Pathetic Fallacy" beklagt. Sein Punkt ist, dass es einen Verstoß gegen die künstlerische Wahrheit darstellt, ihnen solche Emotionen zuzuschreiben, da konkrete Objekte tatsächlich keine menschlichen Emotionen erfahren. Aber andererseits ist es zweifellos wahr, dass Menschen ihre eigenen abstrakten Gefühle gewöhnlich in die konkreten Begriffe ihrer Umgebung übersetzen; und daher besteht, zumindest im subjektiven Sinne, häufig eine emotionale Harmonie zwischen der Stimmung eines Menschen und dem Aspekt seiner Umgebung. Derselbe Ort kann für einen melancholischen Menschen gleichzeitig düster und für einen fröhlichen Menschen fröhlich aussehen; und es liegt daher eine gewisse menschliche Eignung darin, es als düster oder heiter zu beschreiben, je nach dem Gefühl der Figur, die es beobachtet. Zweifellos mag für einen Menschen, der große Trauer erlitten hat, selbst der Regen wie ein Weinen des Himmels erscheinen; und sicherlich gibt es Zeiten, in denen es subjektiv zutiefst wahr ist, zu sagen, dass die Morgensterne alle zusammen singen. Was wir als emotionale Ähnlichkeit des Settings bezeichnen könnten, ist daher nicht unbedingt ein Trugschluss. Selbst wenn es das Tatsächliche untergräbt, wie in der Fabel von den Morgensternen, kann es doch repräsentativ für die Realität sein. In seinen allgemeineren und weniger übertriebenen Phasen ist es für Anregungszwecke sehr nützlich; und nur wenn es durch Missbrauch offensichtlich wird, kann man sagen, dass es den Gesetzen des Lebens widerspricht.

Emotionaler Kontrast in der Umgebung. — Häufig ist jedoch eine emotionale Ähnlichkeit zwischen dem Schauplatz und den Charakteren aus Gründen der Betonung weniger nützlich als ein emotionaler Kontrast. In der folgenden Passage aus Mr. Kiplings „Without Benefit of Clergy" wird das heitere und vollkommene Glück von Holden und Ameera im Kontrast zum nächtlichen Aspekt der von der Pest heimgesuchten Stadt hervorgehoben:—

„Mein Herr und meine Liebe, es soll kein törichtes Gerede mehr darüber geben, wegzugehen. Wo du bist, bin ich. Es reicht.' Sie legte einen Arm um seinen Hals und eine Hand auf seinen Mund.

„Es gibt nicht viele Glückseligkeiten , die so vollkommen sind wie die, die im Schatten des Schwertes entrissen werden. Sie saßen zusammen und lachten und riefen einander offen mit jedem Kosenamen an, der den Zorn der Götter erregen konnte. Die Stadt unter ihnen war in ihren eigenen Qualen gefangen. In den Straßen loderten Schwefelfeuer; Die Muscheln in den Hindu-Tempeln schrien und brüllten, denn die Götter waren damals unaufmerksam. Im großen mahomedanischen Schrein fand ein Gottesdienst statt, und der Gebetsruf von den Minaretten war fast unaufhörlich. Sie hörten das Wehklagen in den Häusern der Toten und einmal den Schrei einer Mutter, die ein Kind verloren hatte und nach seiner Rückkehr rief. Im grauen Morgengrauen sahen sie, wie die Toten durch die Stadttore hinausgetragen wurden, jede Sänfte mit ihrer eigenen kleinen Trauergruppe. Deshalb küssten sie einander und zitterten.

Ironie im Setting. — Ein solcher emotionaler Kontrast zwischen der Stimmung der Charaktere und der Stimmung des Schauplatzes kann bis zur Ironie getrieben werden. In einer Geschichte von Alphonse Daudet mit dem Titel „Das Elixier des ehrwürdigen Pater Gaucher" wird ein bestimmtes Kloster durch den Verkauf eines Likörs, den Pater Gaucher erfunden und destilliert hat, vor dem finanziellen Ruin gerettet. Aber die Notwendigkeit, den Likör während des Herstellungsprozesses häufig zu probieren, führt dazu, dass der ehrwürdige Vater schließlich zu einem Gewohnheitstrinker wird. Und gegen Ende der Geschichte wird ein ironischer Kontrast zwischen dem feierlichen Kloster, in dem Gesänge und Gebete murmeln, und Pater Gaucher in seiner Brennerei hergestellt, der urkomisch ein anzügliches Trinklied singt.

Künstlerische und philosophische Beschäftigung. — Die bisher betrachteten Einsatzmöglichkeiten des Setting waren eher künstlerischer als philosophischer Natur; Aber neuere Autoren verwenden das Element nicht nur, um Charakter und Handlung zu veranschaulichen, sondern auch, um sie zu bestimmen. Die Soziologen des 19. Jahrhunderts sind dazu übergegangen, die Umstände als Hauptmotiv für Handlungen und die Umwelt als Haupteinfluss auf den Charakter zu betrachten; und neuere Autoren haben diese philosophische These bei der Verwendung des Elements der Umgebung angewendet.

1. Einstellung als Handlungsmotiv . — Die Art und Weise, in der das Setting die Handlung suggerieren kann, wird von Stevenson in seinem „Gossip on Romance" diskutiert:—

„Drama ist die Poesie des Verhaltens, Romantik die Poesie der Umstände." Die Freude, die wir am Leben haben, ist von zweierlei Art – der aktiven und der passiven. Jetzt sind wir uns einer großen Kontrolle über unser Schicksal bewusst; Bald werden wir von den Umständen wie von einer brechenden Welle emporgehoben und, wir wissen nicht wie, in die Zukunft geschleudert. Jetzt freuen wir uns über unser Verhalten, bald nur noch über unsere Umgebung. Es wäre schwer zu sagen, welche dieser Arten der Befriedigung die wirksamere ist, aber die letztere ist sicherlich die beständigere....

„Eine Sache im Leben erfordert eine andere; Es gibt eine Fitness in Veranstaltungen und Orten. Der Anblick einer schönen Laube weckt in uns die Lust, dort zu sitzen. Ein Ort deutet auf Arbeit hin, ein anderer auf Müßiggang, ein dritter auf frühes Aufstehen und lange Spaziergänge im Tau. Die Wirkung der Nacht, jedes fließenden Wassers, erleuchteter Städte, der Anblick des Tages, von Schiffen, des offenen Ozeans ruft im Geist eine Armee anonymer Wünsche und Freuden hervor. Wir haben das Gefühl, dass etwas passieren sollte; Wir wissen nicht was, aber wir machen uns auf die Suche danach. Und viele der glücklichsten Stunden unseres Lebens vergehen in dieser vergeblichen Aufmerksamkeit für die Genialität des Ortes und Augenblicks. So quälen und erfreuen mich besonders junge Tannenwälder und niedrige Felsen, die in tiefe Tiefen reichen. An solchen Orten muss etwas passiert sein, vielleicht vor langer Zeit, mit Angehörigen meiner Rasse; und als ich ein Kind war , habe ich vergeblich versucht, passende Spiele für sie zu erfinden, und genauso vergeblich versuche ich immer noch, ihnen die richtige Geschichte zu verpassen. Manche Orte sprechen deutlich. Bestimmte feuchte Gärten schreien laut nach einem Mord; bestimmte alte Häuser verlangen nach Spuk; Bestimmte Küsten sind für Schiffbruch vorgesehen. Andere Orte scheinen wiederum ihrem Schicksal zu folgen, suggestiv und undurchdringlich, „ verwandt“ . mallecho .' Das Gasthaus an der Burford Bridge mit seinen Lauben , dem grünen Garten und dem stillen, wirbelnden Fluss – obwohl es bereits als der Ort bekannt ist, an dem Keats einige seiner „Endymion“ schrieb und Nelson sich von seiner Emma trennte – scheint immer noch auf seine Ankunft zu warten der entsprechenden Legende. Innerhalb dieser efeubewachsenen Mauern, hinter diesen alten grünen Fensterläden schwebt ein weiteres Geschäft , das auf seine Stunde wartet. Das alte Hawes Inn an der Queen's Ferry weckt in mir einen ähnlichen Reiz. Dort steht es, abseits der Stadt, neben dem Pier, in einem ganz eigenen Klima, halb im Landesinneren, halb auf dem Meer – vor ihm, die Fähre, die von der Flut brodelt, und das Wachschiff, das vor Anker schwingt; dahinter der alte Garten mit den Bäumen. Amerikaner suchen es bereits wegen Lovel und Oldbuck , die dort zu Beginn des „Antiquary“ speisten. Aber Sie brauchen es mir nicht zu sagen – das ist noch nicht alles; Es gibt eine Geschichte, die noch nicht aufgezeichnet oder noch nicht abgeschlossen ist, die die Bedeutung dieses Gasthauses besser zum Ausdruck bringen muss ... Ich habe sowohl im Hawes als auch im Burford in ständiger Aufregung gelebt, wie es schien, auf den Fersen eines Abenteuers das sollte den Ort rechtfertigen; Aber obwohl mich dieses Gefühl nachts ins Bett brachte und mich am Morgen in einer ununterbrochenen Runde von Vergnügen und Spannung wieder zu sich rief, fiel mir keine nennenswerte Bemerkung ein. Der Mann oder die Stunde war noch nicht gekommen; Aber eines Tages, glaube ich, wird ein Boot von der Fähre der Königin ablegen, beladen mit einer kostbaren Ladung, und in einer frostigen Nacht wird ein

Reiter, der einen tragischen Auftrag erledigt, mit seiner Peitsche an den grünen Fensterläden des Gasthauses in Burford rasseln.

Auf diese Weise kann der Schauplatz in vielen Fällen als Ausgangselement der Erzählung existieren und eine für ihn angemessene Handlung nahelegen. Aber es kann mehr als das bewirken. In bestimmten besonderen Fällen kann die Umgebung die Handlung nicht nur vorschlagen, sondern sogar verursachen und der entscheidende Faktor für die Bestimmung ihres Verlaufs bleiben. Dies ist zum Beispiel in Herrn Kiplings Geschichte „Am Ende der Passage" der Fall, die wie folgt beginnt:—

„Vier Männer, von denen jeder Anspruch auf ‚Leben, Freiheit und das Streben nach Glück' hatte, saßen an einem Tisch und spielten Whist. Das Thermometer zeigte für sie einhundertein Grad Hitze an. Der Raum war so abgedunkelt, dass man gerade noch die Augen der Karten und die sehr weißen Gesichter der Spieler erkennen konnte. Ein zerfetzter, verfaulter Punkah aus weiß getünchtem Kattun wirbelte durch die heiße Luft und jammerte bei jedem Schlag kläglich. Draußen lag die Dunkelheit eines Novembertages in London. Es gab weder Himmel noch Sonne noch Horizont – nichts als einen braun-violetten Hitzeschleier. Es war, als würde die Erde an einem Schlaganfall sterben.

„Von Zeit zu Zeit stiegen ohne Wind oder Vorwarnung Wolken gelbbraunen Staubs vom Boden auf, warfen sich tischdeckenweise zwischen die Wipfel der ausgedörrten Bäume und fielen wieder herab. Dann huschte ein wirbelnder Staubteufel ein paar Meilen über die Ebene, brach zusammen und fiel nach draußen, obwohl es nichts gab, das seinen Flug aufhielt, außer einer langen, niedrigen Reihe aufgestapelter Eisenbahnschwellen, weiß vom Staub, und einer Ansammmlung von Hütten aus Lehm, abgerissenen Schienen und Segeltuch, und der eine gedrungene Bungalow mit vier Zimmern, der dem stellvertretenden Ingenieur gehörte, der für einen Abschnitt der Gaudhari State Line verantwortlich war, der sich damals im Bau befand."

Die schreckliche Geschichte, die folgt, konnte nur aufgrund der schrecklichen Einsamkeit und vor allem der wahnsinnigen Hitze eines solchen Ortes entstehen, wie in diesen ersten Absätzen beschrieben. Der Schauplatz dieser Geschichte bedingt und bestimmt die Handlung.

2. Setting als Einfluss auf den Charakter. — Aber in vielen anderen Erzählungen neuerer Autoren dient der Schauplatz nicht so sehr dazu, die Handlung zu bestimmen, sondern vielmehr, um die Charaktere zu beeinflussen und zu formen; und wenn es zu diesem Zweck eingesetzt wird, wird es zum Ausdruck einer der bedeutsamsten Wahrheiten des menschlichen Lebens. Denn was ein Mensch zu jedem Zeitpunkt seiner Existenz *ist,* ist größtenteils das Ergebnis des Zusammenwirkens zweier Kräfte – nämlich der angeborenen Tendenzen seiner Natur und der gestaltenden Kraft seiner Umgebung. George Meredith und insbesondere Thomas Hardy widmen dem Setting als Einfluss auf den Charakter große Aufmerksamkeit. Betrachten Sie zum Beispiel die folgende kurze Passage aus Mr. Hardys „Tess of the D'Ubervilles ":—

„Inmitten der triefenden Fettigkeit und der warmen Fermente von Froom Vale, zu einer Jahreszeit, in der das Rauschen der Säfte fast unter dem Zischen der Befruchtung zu hören war, war es unmöglich, dass die fantasievollste Liebe nicht leidenschaftlich werden sollte. Die dort vorhandenen bereitwilligen Herzen wurden von ihrer Umgebung imprägniert."

Zola stellt in seinem Aufsatz über „Der experimentelle Roman" fest, dass die eigentliche Funktion des Schauplatzes darin besteht, „die Umgebung zu zeigen, die den Menschen bestimmt und vervollständigt"; und die philosophische Untersuchung der Umwelt, die auf den Charakter reagiert, ist eines der Hauptmerkmale seiner eigenen monumentalen Romanreihe, die der Familie Rougon-Macquart gewidmet ist . Seinem Beispiel sind zahlreiche neuere Autoren gefolgt; und eine neue Schule der Belletristik ist entstanden, deren Hauptzweck darin besteht, den Einfluss bestimmter sorgfältig untersuchter sozialer, natürlicher, geschäftlicher oder beruflicher Bedingungen auf die Art von Menschen aufzuzeigen, die unter ihnen leben und arbeiten.

Dieser Anreiz wurde von Romanautoren wie Mrs. Mary E. Wilkins Freeman, Mr. George W. Cable, Mr. Hamlin Garland, Mrs. Edith Wharton, Frank Norris, Jack London, Mr. Booth Tarkington entwickelt, um in Amerika Vorteile zu zeigen. und Herr Stewart Edward White. Jeder dieser Autoren — und viele andere könnten erwähnt werden — hat eine besondere Bedeutung erlangt, indem er die Wirkung einer bestimmten Umgebung auf beeindruckbare Charaktere eingehend untersucht hat . Die vielfältige Vielfalt des Lebens in den vielen verschiedenen Bezirken der Vereinigten Staaten bietet unseren Romanautoren eine prädestinierte Gelegenheit, sich darum zu bemühen, die Nation mit sich selbst bekannt zu machen.

Einstellung als Held der Erzählung. — Wenn der Schauplatz sowohl zur Bestimmung der Handlung als auch zur Gestaltung der Charaktere genutzt wird, kann er als das wichtigste der drei Elemente der Erzählung hervortreten. In Victor Hugos „Notre Dame de Paris" ist die Kathedrale der Hauptfaktor der Geschichte. Claude Frollo wäre ein ganz anderer Mensch, wenn es die Kirche nicht gäbe; und viele der Hauptereignisse, wie zum Beispiel die ultimative tragische Szene, als Quasimodo Frollo von der Turmspitze schleudert, könnten an keinem anderen Ort stattfinden. In Mr. Kiplings sehr subtiler Geschichte mit dem Titel „ An Habitation Enforced", die in seinen „Actions and Reactions" enthalten ist, ist der Schauplatz in

Wirklichkeit der Held der Erzählung. Ein amerikanischer Millionär und seine Frau, deren Vorfahren Engländer waren, begnügen sich mit einem kurzen Urlaub in der Grafschaft England, aus der die Familie der Frau ursprünglich stammte. Allmählich erobern sie das alte Haus und die englische Landschaft; die Gefühle der Vorfahren dominieren sie; und sie bleiben für immer in der Zwangssiedlung auf dem alten Boden.

Verwendung des Wetters. — Alles, was bisher über die Umgebung im Allgemeinen gesagt wurde, gilt natürlich auch für eines der interessantesten ihrer Elemente, nämlich das Wetter. In einfachen Geschichten wie dem üblichen Kindermärchen kann es sein, dass das Wetter nicht existiert. Oder es dient hauptsächlich einem dekorativen Zweck, wie die häufigen goldenen orientalischen Morgendämmerungen in Spensers Gedicht oder die großartigen und farbenfrohen Symphonien von Himmel und Meer in Pierre Lotis „Iceland Fisherman". Es kann als nützliche Ergänzung zur Handlung verwendet werden: Am Ende von „The Mill on the Floss", wie wir bereits bemerkt haben, sinkt der Regen und die Flut kommt nur zu dem Zweck, Tom und Maggie zu ertränken. Oder es kann verwendet werden, um eine Figur zu illustrieren: Von Clara Middleton wird uns in „The Egoist" erzählt, dass sie die „Kunst besitzt, sich passend zur Jahreszeit und zum Himmel zu kleiden"; und daher trägt die Atmosphäre zu jeder Tageszeit dazu bei, uns ein Gefühl für ihr Aussehen zu vermitteln. Etwas künstlerischer kann das Wetter in vorher festgelegter Harmonie mit der Stimmung der Charaktere geplant werden: Dieses Hilfsmittel kommt in den wilden und windgepeitschten Geschichten von Fiona MacLeod wunderbar zum Einsatz. Andererseits steht das Wetter möglicherweise im emotionalen Kontrast zu den Charakteren: Der Meister von Ballantrae und Mr. Henry liefern sich ihr Duell in einer Nacht absoluter Stille und drückender Kälte. Auch hier kann das Wetter zur Bestimmung der Handlung herangezogen werden: In Mr. Kiplings früher Geschichte mit dem Titel „False Dawn" veranlasst der blendende Sandsturm Saumarez , dem falschen Mädchen einen Heiratsantrag zu machen. Oder es kann als kontrollierender Einfluss auf den Charakter eingesetzt werden: Der gewaltige Sturm gegen Ende von „Richard Feverel " im Kapitel mit dem Titel „Nature Speaks" bestimmt die Rückkehr des Helden zu seiner Frau. In manchen Fällen kann sogar das Wetter selbst der wahre Held der Erzählung sein: Der große Ausbruch des Vesuvs in „Die letzten Tage von Pompeji" dominiert das Ende der Geschichte.

Obwohl das Wetter in aller Munde ist, gibt es nur sehr wenige Menschen, die in der Lage sind, mit Intelligenz und Kunst darüber zu sprechen. Nur sehr wenige Romanautoren – und fast alle von ihnen sind neu – haben eine Beherrschung des Wetters an den Tag gelegt – eine Beherrschung, die gleichzeitig auf einer detaillierten und genauen Beobachtung natürlicher Phänomene und einem philosophischen Gespür für die Beziehung zwischen diesen Phänomenen beruht und die Anliegen der Menschen. Vielleicht beweist Robert Louis Stevenson in keinem anderen handwerklichen Detail seine Meisterschaft so deutlich wie in seiner stets anschaulichen und wahrheitsgemäßen Beschreibung des Wetters, um einem Zweck zu dienen, der stets zu seinen Fiktionen passt.

Romantische und realistische Settings. — Betrachten wir als nächstes den Hauptunterschied zwischen den Vorzügen einer guten romantischen und einer guten realistischen Kulisse. Da der Realist uns zum Verständnis seiner Wahrheit durch eine sorgfältige Nachahmung der Realität führt, ist in einem realistischen Umfeld die Treue zu den Tatsachen am meisten wünschenswert; und dies kann nur durch genaue Beobachtung erreicht werden. Aber da der Romantiker nicht verpflichtet ist, das Tatsächliche nachzuahmen, und seine Investitur nur deshalb fabriziert, um seine Wahrheit klar und konsequent zum Ausdruck zu bringen, ist in einer romantischen Umgebung vor allem die fantasievolle Anpassung an die Handlung und die Charaktere zu wünschen; und dies kann manchmal allein durch künstlerischen Erfindungsreichtum erreicht werden, ohne die Beobachtung des Tatsächlichen zur Schau zu stellen. Natürlich ist die Wahrhaftigkeit der größte Vorzug beider Arten von Vertonungen; aber während die Wahrhaftigkeit beim Realisten in der Ähnlichkeit mit der Realität liegt, liegt die Wahrhaftigkeit beim Romantiker eher in der künstlerischen Eignung. Der Unterschied lässt sich vielleicht am besten in den historischen Romanen der einen und der anderen Schule beobachten. Bei realistischen historischen Romanen wie George Eliots „ Romola “ und Flauberts „ Salammbô “ strebten die Autoren vor allem nach der Genauigkeit der Details; Aber in romantischen historischen Romanen wie denen von Scott und Dumas père strebten die Autoren eher nach einer fantasievollen Eignung des Schauplatzes. Die Realisten sind dem Buchstaben und die Romantiker dem Geist anderer Zeiten und Länder gefolgt.

Eine romantische Kulisse von Edgar Allan Poe. — Als Beispiel für ein rein romantisches Setting, weit entfernt von der Realität und dennoch absolut wahrheitsgetreu in der künstlerischen Anpassung an die Handlung und die Charaktere, können wir nichts Besseres tun, als den oft zitierten Anfang von Poes „Fall of the House of Usher“ zu untersuchen ”:—

„Während eines ganzen trüben, dunklen und lautlosen Tages im Herbst des Jahres, als die Wolken drückend tief am Himmel hingen, war ich allein zu Pferd durch ein besonders trostloses Stück Land gezogen; und schließlich befand ich mich, als die Schatten des Abends hereinbrachen, in Sichtweite des melancholischen Hauses Usher. Ich weiß nicht, wie es war – aber als ich das Gebäude zum ersten Mal erblickte, überkam mich ein Gefühl unerträglicher Düsternis. Ich sage unerträglich; denn das Gefühl wurde durch nichts von dem halb angenehmen, weil poetischen Gefühl gemildert, mit dem der Geist normalerweise selbst die strengsten natürlichen Bilder des Trostlosen oder Schrecklichen aufnimmt. Ich blickte auf die Szene vor mir – auf das bloße Haus und die einfachen Landschaftsmerkmale des Anwesens, auf die kahlen Wände, auf die leeren, augenähnlichen Fenster, auf ein paar wuchernde Seggen und auf ein paar weiße, verfallene Stämme Bäume – mit einer völligen Niedergeschlagenheit der Seele, die ich mit keinem irdischen Gefühl besser vergleichen kann als mit dem Nachtraum des Opiumtrinkers: dem bitteren Absturz in den Alltag, dem abscheulichen Abfallen des Schleiers. Es herrschte eine Kälte, ein Sinken, eine Übelkeit im Herzen, eine unerlöste Tristesse der Gedanken, die keine Anspornung der Fantasie in irgendetwas Erhabenes treiben konnte ... Es war möglich, überlegte ich, dass eine bloße andere Anordnung der Einzelheiten der Szene, der Einzelheiten des Bildes würden ausreichen, um seine Fähigkeit, einen traurigen Eindruck zu hinterlassen, zu verändern oder vielleicht zu vernichten; und dieser Idee folgend, zügelte ich mein Pferd an den steilen Rand eines schwarzen und grellen Teiches, der in ungetrübtem Glanz neben der Behausung lag, und blickte – allerdings mit einem Schauder, der noch erregender war als zuvor – auf das Umgestaltete und Umgedrehte hinab Bilder der grauen Segge und der gespenstischen Baumstämme und der leeren, augenähnlichen Fenster."

Sicherlich hat diese Einstellung sehr wenig Ähnlichkeit mit der Realität; Aber ebenso sicher verleiht ihm seine künstlerische Eignung für die Schreckensgeschichte , die es vorspielt, eine fantasievolle Wahrhaftigkeit.

Eine realistische Kulisse von George Eliot. — Als Beispiel für eine realistische Szenerie, die die Realität genau nachahmt, wollen wir uns die folgende Passage aus „Adam Bede" (Kapitel XVIII) ansehen:—

„Sie hätten vielleicht gewusst, dass es Sonntag ist, wenn Sie nur auf dem Hof aufgewacht wären. Die Hähne und Hühner schienen es zu wissen und machten nur gedämpfte Sirnengeräusche; Die Bulldogge selbst sah weniger wild aus, als wäre sie mit einem kleineren Bissen als gewöhnlich zufrieden gewesen. Der Sonnenschein schien alle Dinge zur Ruhe und nicht zur Arbeit zu rufen; es schlief selbst auf dem moosbewachsenen Kuhstall; auf der Gruppe weißer Enten, die sich aneinanderschmiegen und ihre Schnäbel unter ihre Flügel stecken; auf der alten schwarzen Sau, die träge auf dem Stroh lag, während ihr größtes Junges auf den dicken Rippen seiner Mutter ein hervorragendes Sprungbrett fand; auf Alick , den Hirten, in seinem neuen Kittel, der eine unruhige Siesta hält, halb sitzend, halb stehend auf den Stufen des Getreidespeichers."

In dieser Passage ist keine offensichtliche Vorstellungskraft erkennbar, da die Hauptfiguren in dem Kapitel, in dem sie vorkommt , zu einer Beerdigung gehen; Aufgrund der genauen Beobachtung der Details des Lebens im ländlichen England durch den Autor ist es jedoch von außerordentlicher Wahrhaftigkeit.

Die Qualität der Atmosphäre oder Lokalkolorit . — Diese beiden Passagen weichen sehr stark voneinander ab. In einer Sache, und zwar nur in einer Sache, sind sie gleich. Jeder von ihnen weist die subtile Qualität auf, die „Atmosphäre" genannt wird. Diese Qualität ist sehr schwer zu definieren, obwohl man ihr Vorhandensein in jedem grafischen Werk, etwa einem Gemälde oder einer Beschreibung, instinktiv erkennen kann. Ohne zu versuchen, es zu definieren, können wir die technische Grundlage für sein Vorhandensein entdecken, wenn wir nach dem einzigen bewussten Mittel suchen, mit dem diese beiden Passagen, so unterschiedlich sie auch in allen anderen Merkmalen sind , eins sind. Es wird auffallen, dass in jedem von ihnen die für die Präsentation ausgewählten Details ausschließlich wegen einer ihnen innewohnenden gemeinsamen Qualität ausgewählt wurden – der Qualität der Düsterkeit und Düsterkeit im einen Fall und der Qualität der Sabbatruhe im anderen —und dass sie so zusammengestellt wurden, dass sie ein umfassendes Gefühl für diese zentrale und allgegenwärtige Qualität vermitteln. Es wird allgemein angenommen, dass das, was in einer Beschreibung als „Atmosphäre" bezeichnet wird, von der Darlegung einer Vielzahl von Details abhängt; aber diese populäre Vorstellung ist ein Trugschluss. „Atmosphäre" beruht vielmehr auf einer strengen Auswahl von Details, die von einer gemeinsamen Qualität durchdrungen sind, einer rigorosen Ablehnung aller anderen, die in der Stimmung dissonant sind, und einer Anordnung der ausgewählten Details mit dem Ziel, ihre gemeinsame Qualität als den durchdringenden Geist des Ganzen zur Schau zu stellen Szene.

Dies ist offensichtlich die technische Grundlage für die „Atmosphäre" einer rein imaginären Kulisse wie der des melancholischen House of Usher. Der Effekt entsteht unbestreitbar durch die Unterdrückung aller Details, die nicht zum zentralen Gefühl der Düsterkeit beitragen. Aber derselbe Trick liegt (wenn auch weniger offensichtlich) allen Beschreibungen tatsächlicher Orte zugrunde, die reich an „Atmosphäre" sind. Was „Lokalfarbe " genannt wird – das eigentliche Aussehen und der Ton eines bestimmten Ortes – wird nicht durch die fotografische Vielfalt an Details erzeugt, sondern durch die Zusammenstellung sorgfältig ausgewählter Materialien, um den zentralen Geist des abzubildenden Ortes zu suggerieren. Die Kamera besiegt sich häufig selbst, indem sie Details hervorhebt, die im Widerspruch zum informativen Geist der Szene stehen, die sie wiedergeben möchte. Das gilt auch für den Autor, der sein Bild mit mannigfaltigen Details überfüllt, so wahr sie auch sein mögen. Die wahren Triumphe der „lokalen Färbung" wurden von Männern vollbracht, die das Herz und den Geist eines Ortes getroffen haben – seinen Ton und sein Timbre erfasst haben, wie George Du Maurier es mit dem *Quartier Latin* geschafft hat – und nur solche Details dargelegt haben als prickelte dieser spirituelle Ton.

Reprise. — Wir haben die vielfältigen Verwendungsmöglichkeiten des Elements Schauplatz untersucht und festgestellt, dass es in der am besten entwickelten Fiktion völlig mit den Elementen Charakter und Handlung koordiniert ist. Romanautoren sind zu der Ansicht gelangt, dass eine bestimmte Geschichte nur unter bestimmten Umständen stattfinden kann und dass bei einer Änderung des Schauplatzes auch die Handlung geändert und die Charaktere anders gezeichnet werden müssen. Daher ist es in der besten Belletristik der Gegenwart unmöglich, den Schauplatz getrennt von den anderen Elementen der Erzählung zu betrachten. Gewiss, es gab eine Zeit, in der die Beschreibung um ihrer selbst willen im Roman existierte und die Handlung unterbrochen wurde, um die Einführung von Bildpassagen zu ermöglichen, die keinen notwendigen Bezug zum Inhalt der Geschichte hatten – „ Szenarioblöcke“. , sozusagen, die ohne Beeinträchtigung des Fortgangs der Erzählung entfernt werden könnten. Aber die Praxis der besten zeitgenössischen Romanautoren wird von Henry James in diesem eindringlichen Satz aus seinem Aufsatz über „Die Kunst der Fiktion“ zusammengefasst und ausgedrückt : „Ich kann mir keine Komposition vorstellen, die in einer Reihe von Blöcken existiert, und ich kann mir auch keine vorstellen.“ Es handelt sich um einen überhaupt diskussionswürdigen Roman mit einer Beschreibungspassage, die in ihrer Absicht nicht erzählerisch ist.“

REZENSIONSFRAGEN

1. Erklären und veranschaulichen Sie die drei historischen Phasen in der Entwicklung des Setting-Elements.

2. Was meinte Ruskin mit „dem erbärmlichen Trugschluss“?

3. Was sind die modernen Verwendungszwecke des Elements der Umgebung?

4. Erklären Sie den Prozess, Atmosphäre oder Lokalkolorit zu erreichen.

5. Bringen Sie originelle Beispiele emotionaler Harmonie, emotionalen Kontrasts und Ironie in die Umgebung ein.

VORGESCHLAGENE LITERATUR

ROBERT LOUIS STEVENSON : „Ein Klatsch über Romantik.“

BLISS PERRY : „Eine Studie über Prosaliteratur “ – Kapitel VII, über „Die Kulisse“.

Lesen Sie ausführlicher die Passagen berühmter Belletristik, aus denen die in diesem Kapitel zitierten illustrativen Zitate ausgewählt wurden.

Kapitel VII

Der Gesichtspunkt der Erzählung

Die Bedeutung des Standpunkts – zwei Klassen, die innere und die äußere – I. Unterteilungen der ersten Klasse: 1. Der Standpunkt des Hauptdarstellers; 2. Der Standpunkt eines Nebenakteurs; 3. Die Standpunkte verschiedener Akteure; 4. Der epistolische Standpunkt.— II. Unterteilungen der zweiten Klasse:— 1. Der allwissende Standpunkt; 2. Der begrenzte Standpunkt; 3. Der streng eingeschränkte Standpunkt – zwei Erzähltöne , unpersönlich und persönlich: 1. Der unpersönliche Ton; 2. Der persönliche Ton – Der Standpunkt als Konstruktionsfaktor – Der Standpunkt als Held der Erzählung.

Die Bedeutung des Standpunkts . — Wir haben nun die Elemente der Erzählung im Detail untersucht und müssen als nächstes die verschiedenen Gesichtspunkte betrachten, aus denen sie gesehen und folglich dargestellt werden können. Unter der Voraussetzung, dass eine bestimmte Reihe von Ereignissen dargelegt werden soll, hängen die Struktur der Handlung, die Mittel zur Charakterbeschreibung, die Verwendung des Schauplatzes, der gesamte Ton und Tenor der Erzählung direkt von der Antwort auf die Frage ab: „ Wer soll? " erzähl die Geschichte?

Denn je nach dem Standpunkt, von dem aus man ihn betrachtet, wird eine gegebene Reihe von Ereignissen unterschiedlich gesehen und beurteilt. Die Beweise in den meisten wichtigen Mordprozessen bestehen hauptsächlich aus aufeinanderfolgenden Erzählungen verschiedener Zeugen; und es ist sehr interessant, beim Vergleich zu bemerken, wie unterschiedlich Ton und Tenor demselben Ereignis von jedem der Beobachter gegeben werden, die es erzählen. Es bleibt der Jury überlassen, nach Möglichkeit anhand eines Vergleichs der verschiedenen Ansichten der verschiedenen Zeugen festzustellen, was tatsächlich passiert ist. Dies ist jedoch in vielen Fällen äußerst schwierig. Ein Zeuge sah die Aktion auf eine Art, ein anderer auf eine andere; der eine urteilte eindeutig über den Charakter des Angeklagten, der andere urteilte völlig anders; Jeder hat sein eigenes Verständnis für den Kausalzusammenhang, der in der Tat gipfelte; der Angeklagte selbst würde allen Zeugen widersprechen, wenn er tatsächlich in der Lage wäre, die Tatsachen ohne bewusste oder unbewusste Selbsttäuschung zu beurteilen; und wir können sicher sein, dass ein unfehlbarer, allwissender Geist, der alle verborgenen Motive kennt, die Sache noch anders sehen würde. Die Aufgabe der Jury besteht im Wesentlichen darin, aus all diesen tragischen Widersprüchen einen absoluten Blick auf die wahre Wahrheit zu gewinnen, die den Tatsachen zugrunde liegt, die so unterschiedlich gesehen und so unterschiedlich beurteilt werden.

Eine solch absolute Sichtweise ist für den begrenzten Geist des Menschen kaum möglich; Und obwohl der Autor von Romanen dies oft beim Erzählen seiner Geschichte annimmt, kann es selten konsequent aufrechterhalten werden. Daher ist es sicherer anzuerkennen, dass die absolute Wahrheit einer Geschichte, ob tatsächlich oder fiktiv, niemals vollständig erzählt werden kann; dass die gleiche Abfolge von Vorfällen aus verschiedenen Blickwinkeln unterschiedlich aussieht; und dass daher die verschiedenen Gesichtspunkte, von denen aus eine Geschichte betrachtet werden kann, sorgfältig studiert werden sollten, um festzustellen, von welchem von ihnen aus man in einem bestimmten Fall am ehesten einer klaren Sicht auf die Wahrheit nahe kommen kann.

Zwei Klassen, die interne und die externe. — Die Blickwinkel, aus denen eine Geschichte gesehen und erzählt werden kann, sind vielfältig; aber sie können alle in zwei Klassen eingeteilt werden, die innere und die äußere. Eine intern gesehene Geschichte wird von einem ihrer Teilnehmer in der Ich-Perspektive erzählt; Eine äußerlich gesehene Geschichte wird in der dritten Person von einem Geist erzählt, der sich von den dargestellten Ereignissen distanziert. Natürlich gibt es viele Variationen, sowohl der inneren als auch der äußeren Sichtweise. Diese müssen wiederum untersucht werden , um die jeweiligen besonderen Vor- und Nachteile zu ermitteln.

I. Unterteilungen der ersten Klasse: 1. Der Standpunkt des Hauptdarstellers . — Zunächst kann eine Geschichte vom Hauptdarsteller in ihrer Reihe von Ereignissen erzählt werden – vom Helden, wie in „Henry Esmond", oder von der Heldin, wie in „Jane Eyre". Dieser Standpunkt ist von besonderem Wert in Erzählungen, in denen das Handlungselement vorherrscht. Die vielfältigen Abenteuer von Gil Blas klingen in der ersten Person lebendiger und plausibler als in der dritten Person. Wenn das, was getan wird, seltsam oder auffällig ist, lassen wir es lieber von dem Mann erzählen, der es getan hat. „Treasure Island" wird von Jim Hawkins erzählt, „Kidnapped" von David Balfour; und ein großer Teil der Lebendigkeit dieser aufregenden Geschichten hängt von der Tatsache ab, dass sie jeweils von einem Jungen erzählt werden, der stets im Vordergrund des Geschehens stand. Die Plausibilität von „Robinson Crusoe" wird durch die Konvention erhöht, dass der Held seine eigene persönliche Erfahrung erzählt: Tatsächlich zog Defoe es vor, in all seinen Fiktionen in der ersten Person zu schreiben, weil es ihm in erster Linie um die Plausibilität des Tons ging.

Dieser Standpunkt ist auch bei der Darstellung persönlicher Emotionen von großem Vorteil. Betrachten Sie für einen Moment den folgenden Absatz aus „Entführt" (Kapitel X): –

„Ich weiß nicht, ob ich das hatte, was Sie als Angst bezeichnen; aber mein Herz schlug wie das eines Vogels , schnell und langsam zugleich; Und vor meinen Augen entstand eine Trübung, die ich fortwährend wegrieb und die immer wieder zurückkehrte. Hoffnung hatte ich nicht; aber nur eine Dunkelheit der Verzweiflung und eine Art Zorn gegen die ganze Welt, die in mir den Wunsch weckte, mein Leben so teuer wie möglich zu verkaufen. Ich habe versucht zu beten, ich erinnere mich, aber die gleiche Eile meines Geistes, wie bei einem Mann, der rennt, ließ mich nicht über die Worte nachdenken ; und mein größter Wunsch war, dass die Sache beginnt und zu Ende ist.“

Lassen Sie uns nun versuchshalber die Passage durchgehen und das Pronomen „ich“ durch das Pronomen „er“ ersetzen. Daher:--

„Er hatte kaum das, was man als ängstlich bezeichnet; aber sein Herz schlug wie das eines Vogels , schnell und langsam zugleich; Und vor seinen Augen trat eine Trübung, die er fortwährend wegrieb und die immer wieder zurückkehrte. Was die Hoffnung anging, hatte er keine ...“ und so weiter. Beachten Sie, wie viel Lebendigkeit verloren geht, wie viel Unmittelbarkeit der Emotionen. Der Reiz und die Würze des Erlebnisses werden geopfert, weil der Leser gezwungen ist, abseits zu stehen und es aus der Ferne zu beobachten.

Die Sichtweise des Hauptdarstellers sorgt noch auf andere Weise für Anschaulichkeit. Es erfordert absolute Konkretheit und Objektivität bei der Darstellung der Nebencharaktere. Andererseits schließt es eine Analyse ihrer Gefühle und Gedanken aus. Der Held kann uns nur sagen, was sie sagten und taten, wie sie in Aktion und Sprache aussahen und was sie für ihn zu denken und zu fühlen schienen. Aber er kann nicht in ihre Gedanken eindringen und sich mit ihren Motiven befassen. Darüber hinaus kann er seine eigenen mentalen Prozesse nicht in größerem Umfang analysieren, ohne die Natürlichkeit der Stimmung zu opfern. Folglich ist es fast unmöglich, aus der Sicht des Helden eine Geschichte zu erzählen, in der die Hauptereignisse mentaler oder subjektiver Natur sind. Wir können uns George Eliot kaum vorstellen, in der ersten Person zu schreiben: Der „psychologische Roman“ erfordert die dritte Person.

Die Hauptschwierigkeit beim Erzählen einer Geschichte aus der Sicht des Hauptdarstellers liegt jedoch in der Charakterisierung des Erzählers. Alle Möglichkeiten der direkten Abgrenzung werden ihm genommen. Er kann keine Aufsätze über seine Verdienste oder seine Fehler schreiben; er kann sich selbst weder beschreiben noch analysieren; er kann sich selbst nicht so sehen, wie andere ihn sehen. Wir müssen unser Gefühl dafür, wer und was er ist, ausschließlich aus den Dingen ableiten , die er tut und sagt, und aus der Art und Weise, wie er uns davon erzählt. Und obwohl es in einem kurzen

Rahmen nicht besonders schwierig ist, eine Figur anhand ihrer Art, Dinge zu erzählen, zu beschreiben [siehe Laughton O. Zigler in Mr. Kiplings „Der Gefangene", dessen Rede in einem früheren Kapitel untersucht wurde], Es ist äußerst schwierig, dieses Mittel während eines langen Romans konsequent beizubehalten.

Darüber hinaus kann eine ausführliche Geschichte nur von einer Person mit einem ausgeprägten Erzählsinn erzählt werden; und es ist oft schwer, dem Helden die erzählerische Fähigkeit zuzugestehen, die er an den Tag legt. Wie kommt es, fragen wir uns vielleicht, dass Jim Hawkins zu einer so meisterhaften Beschreibung wie der des „braunen alten Seemanns mit dem Säbelhieb" im zweiten Absatz von „Die Schatzinsel" fähig ist ? Wie kommt es, dass David Balfour, ein ungebildeter Junge, in der Lage ist, die rhythmische Prosa von Robert Louis Stevenson, dem Meister des Stils, zu schreiben? Und in vielen Fällen ist es auch schwierig, dem Helden ein adäquates Motiv für das Erzählen seiner eigenen Geschichte zuzugestehen. Warum sollte David Balfour in der Fortsetzung von „Kidnapped" alle intimen Details seiner Liebe zu Catriona niederschreiben? Und wie ist es vorstellbar, dass Jane Eyre irgendjemandem und am allerwenigsten der Öffentlichkeit von den tiefen Gefühlen erzählen sollte, die ihre Beziehung zu Mr. Rochester hervorrief?

Die Antwort ist natürlich, dass solche Verstöße gegen die harten Bedingungen der Realität durch literarische Konventionen gerechtfertigt sind; und wenn der Gewinn an Lebendigkeit groß genug ist, wird der Leser bereit sein, erstens zuzugeben, dass die Geschichte vom Hauptdarsteller erzählt wird, unabhängig vom Motiv, und zweitens, dass ihm die erforderliche Beherrschung der Erzählung verliehen wird. Aber Tatsache bleibt, dass es für den Helden sehr schwierig ist, seinen eigenen Charakter außer in Umrissen zu zeichnen; und wenn der Schwerpunkt daher weniger auf dem liegt, was er tut , als auf der Art von Person, die er ist, wird das Mittel wirkungslos sein.

Der strukturelle Hauptvorteil des Erzählens der Geschichte durch die Person des Helden besteht darin, dass seine Anwesenheit als zentrale Figur in jedem erzählten Ereignis für Kohärenz sorgt und der Geschichte Einheit verleiht. Die damit verbundenen Nachteile bestehen jedoch darin, dass es oft schwierig ist, die Präsenz des Helden in jeder Szene zu erklären, dass er kein Augenzeuge von Ereignissen sein kann, die sich zur gleichen Zeit an verschiedenen Orten abspielen, und dass es schwierig ist, seinen Wissensstand zu erklären in Bezug auf die Details der Handlung, die keinen unmittelbaren Einfluss auf ihn haben. Es erscheint immer etwas lahm zu sagen, da Helden, die ihre eigenen Geschichten erzählen, häufig dazu gezwungen werden: „Diese Dinge wusste ich damals nicht und habe sie erst später herausgefunden; aber ich füge sie hier ein, weil sie an dieser Stelle der Handlung hingehören.“

2. Der Standpunkt eines Nebenakteurs . — Viele dieser Nachteile können dadurch überwunden werden, dass man die Geschichte nicht aus der Sicht des Hauptdarstellers, sondern aus der Sicht einer Nebenfigur der Geschichte erzählt. Auch in diesem Fall ist eine Charakteranalyse ausgeschlossen; Der Erzähler kann den Hauptdarsteller jedoch direkt durch beschreibende und erläuternde Kommentare beschreiben. In Geschichten, in denen der Held eine außergewöhnliche Person ist und nicht ohne Unbescheidenheit auf seine eigenen ungewöhnlichen Fähigkeiten zurückgreifen kann, ist es von offensichtlichem Vorteil, ihn aus der Sicht eines bewundernden Freundes darzustellen. Als Poe also die Detektivgeschichte erfand, beschloss er klugerweise, die außergewöhnliche analytische Fähigkeit von Dupin durch eine Erzählung zu demonstrieren, die nicht vom Detektiv selbst, sondern von einem Mann erzählt wurde, der ihn gut kannte; und Sir Arthur Conan Doyle ist in seine Fußstapfen getreten und hat Dr. Watson erfunden, um die Geschichten von Sherlock Holmes zu erzählen.

Das konkrete Beispiel von Boswell und Johnson untermauert die Möglichkeit, dass ein kleiner Schauspieler alle Phasen des Lebens und Charakters eines Helden genau kennt. Und da der Standpunkt der Nebenfigur genauso in den Ereignissen selbst verankert ist wie der des Hauptdarstellers, kann die Geschichte mit einer Unmittelbarkeit, einer Lebendigkeit und einer Plausibilität erzählt werden, die der Wirkung einer von ihm erzählten Erzählung sehr nahe kommt der Held. Und es ist jetzt weniger schwierig, die Kenntnis des Erzählers über alle Einzelheiten der Handlung zu erklären. Er kann kleinere notwendige Szenen miterleben, bei denen der Held nicht anwesend ist; er kann Dinge wissen (und sie dem Leser erzählen), die der Held damals nicht wusste; und wenn seine Anwesenheit bei einem wichtigen Vorfall verweigert wird, kann der Held ihm später davon erzählen.

Dennoch ist es oft sehr schwierig, über eine lange Geschichte hinweg den Standpunkt eines Nebendarstellers der Handlung beizubehalten. Thackeray scheitert völlig an seinem Versuch, „The Newcomes “ aus der Sicht von Arthur Pendennis, dem Helden eines früheren Romans, zu erzählen. Stevenson weist Mackellar die Aufgabe zu, „Der Meister von Ballantrae “ zu erzählen: Doch als der Meister verschwindet und Mackellar bei Mr. Henry zu Hause bleibt, muss der Autor eine zweite Person erfinden, den Chevalier de Burke, um das zu erzählen Geschichte der Wanderungen des Meisters.

3. Die Standpunkte verschiedener Akteure. — Dieser letzte Fall führt uns dazu, über die Möglichkeit nachzudenken, verschiedene Abschnitte der

Geschichte aus der Sicht verschiedener Charaktere zu erzählen und jedem die besondere Phase der Erzählung zuzuordnen, die er besonders gut erzählen kann. Drei Viertel des „Seltsamen Falles von Doktor Jekyll und Mr. Hyde" werden äußerlich in der dritten Person erzählt; Aber die letzte intime Lebendigkeit des Grauens wird dadurch erreicht, dass man sich in den beiden abschließenden Kapiteln zu einem inneren Standpunkt verlagert – das erste wurde von Dr. Lanyon geschrieben und das letzte von Jekyll selbst. Mr. Kipling hat sich zu einem sehr subtilen Mittel entwickelt, eine Geschichte aus der Sicht eines Erzählers zu eröffnen, der einfach „Ich" genannt wird und in keiner Weise charakterisiert ist, und ihm dann die eigentliche Geschichte erzählen zu lassen Dieser unpersönliche Erzähler besteht aus mehreren Charakteren, die durch ihre Sprache und durch die Rollen, die sie in der Geschichte, die sie erzählen, gespielt haben, klar abgegrenzt sind. Dieses Gerät wird in fast allen Geschichten der „Soldiers Three" verwendet. Der Erzähler trifft unter bestimmten Umständen Mulvaney, Ortheris und Learoyd und sammelt von ihnen nach und nach die verschiedenen Merkmale der Geschichte, wobei ein Detail von einem der Schauspieler beigesteuert wird, ein anderes von einem anderen, bis aus den aufeinanderfolgenden Fragmenten das Geschichte ist aufgebaut. Auf diese Weise wird dem Leser auch, wie bereits erwähnt, die Geschichte von Mrs. Bathurst präsentiert.

4. Der epistolische Standpunkt . — Eine bequeme Möglichkeit, die Last der Erzählung an einer beliebigen Stelle auf eine bestimmte Sonderfigur zu verlagern, besteht darin, einen Brief vorzustellen, den diese Figur an eine der anderen Personen in der Handlung geschrieben hat. Dieses Mittel wird von George Meredith in „Evan Harrington" mit außergewöhnlicher Cleverness eingesetzt. Der größte Teil der Geschichte wird extern erzählt; Doch hin und wieder schreibt die kluge und witzige Gräfin de Saldar einen Brief, in dem ein wichtiger Vorfall aus ihrer persönlichen Sicht beleuchtet wird.

Seit den Tagen von Richardson wird häufig das Mittel verwendet, eine ganze Geschichte durch eine Reihe von Briefen zu erzählen, die zwischen den Charakteren ausgetauscht werden. Der Hauptvorteil dieser Methode ist der ständige Wechsel des Blickwinkels, der es dem Leser ermöglicht, jeden wichtigen Vorfall nacheinander mit den Augen jedes einzelnen Charakters zu sehen. Darüber hinaus ist es vergleichsweise einfach, in der ersten Person zu charakterisieren , wenn das Geschriebene so intim und persönlich ist wie ein Brief. Der Nachteil des Mittels liegt jedoch darin, dass es zur Inkohärenz in der Struktur der Erzählung neigt. Es fällt dem Autor schwer, in jedem Moment bei der Sache zu bleiben, ohne den lockeren und diskursiven Ton zu verletzen, den der Briefstil erfordert.

Natürlich kann eine gewisse Einheitlichkeit erreicht werden, wenn die verwendeten Buchstaben alle mit einem einzigen Zeichen geschrieben werden. Der Hauptvorteil dieser Methode gegenüber einer direkten

Erzählung, die von einem der Schauspieler geschrieben wird, ist das zusätzliche Motiv für die Enthüllung intimer Angelegenheiten, das dadurch entsteht, dass der Erzähler nicht für die breite Öffentlichkeit, sondern nur für den Freund schreibt oder Freunde, an die die Briefe gerichtet sind. Aber eine Reihe von Briefen, die nur von einer Person geschrieben werden, wird sehr wahrscheinlich eintönig; und normalerweise wird mehr gewonnen als verloren, wenn die Briefrolle nacheinander verschiedenen Charakteren zugewiesen wird.

II. Unterteilungen der zweiten Klasse. — Wir haben gesehen, dass die Verwendung einer inneren Sichtweise zwar einer Erzählung Lebendigkeit der Handlung, Objektivität der Beobachtung, Unmittelbarkeit der Emotionen und Plausibilität des Tons verleiht, sie jedoch mit mehreren Schwierigkeiten bei der Abgrenzung der Charaktere und der Charaktere einhergeht Bau des Grundstücks. Daher ist es für den Autor in vielen Fällen ratsamer, die Erzählung von außen zu betrachten und sie in der dritten Person zu schreiben. Es gibt jedoch verschiedene Möglichkeiten, dies zu tun. Denn obwohl eine äußerlich betrachtete Geschichte in jedem Fall von einem Geist erzählt wird, der sich von dem irgendeiner der Figuren unterscheidet, gibt es viele verschiedene Stationen, in denen sich dieser Geist befinden kann, und viele verschiedene Stimmungen, in denen er die Geschichte erzählen kann.

1. Der allwissende Standpunkt . — Zunächst einmal (um mit einer Phase zu beginnen, die am weitesten vom inneren Standpunkt abweicht) kann sich der äußere Geist von allen Charakteren in gleichem Abstand halten und ihnen gegenüber eine Haltung absoluter Allwissenheit einnehmen. Die Geschichte wird in einem solchen Fall von einer Art Gott erzählt , der sich der Vergangenheit und Zukunft der Handlung bewusst ist, während er die Gegenwart betrachtet, und der gleichzeitig in die Gedanken und Herzen aller Charaktere blickt versteht sie besser als sie selbst.

Der wichtigste praktische Vorteil der Annahme des gottähnlichen Standpunkts besteht darin, dass der Erzähler niemals gezwungen ist, Rechenschaft über seinen Besitz vertraulicher Informationen abzulegen. Er kann Ereignisse beobachten, die gleichzeitig an weit voneinander entfernten Orten stattfinden. Die Dunkelheit kann seine Augen nicht trüben; verschlossene Türen können ihn nicht ausschließen. Er kann mit einem Charakter zusammen sein, wenn dieser am alleinigsten ist. Er kann uns die Gedanken klar machen, die nicht in Worte fassen, die Emotionen, die ins Stocken geraten und in Untätigkeit versinken. Er kann wissen und uns vermitteln, wie viel von den wahren Gedanken einer Person durch die Sprache, die sie verwendet, zum Ausdruck kommt und wie viel verborgen bleibt. Und der Leser sucht nicht nach einem Grund, warum der Erzähler die persönlichen Geheimnisse der Charaktere preisgibt.

Der allwissende Standpunkt ist der einzige, der die Darstellung des Charakters durch mentale Analyse in großem Maßstab ermöglicht. Daher wird es üblicherweise im „psychologischen Roman" verwendet. Es wurde immer von George Eliot eingesetzt und fast immer von George Meredith ausgewählt. Es ist natürlich von unschätzbarem Wert für das Erzählen einer Geschichte, deren Hauptereignisse mentaler oder subjektiver Natur sind. Eine spirituelle Erfahrung, die sich nicht in konkrete Handlungen umsetzt, kann nur aus der gottähnlichen Sicht angemessen betrachtet werden. Aber wenn es bei der Erzählung objektiver Ereignisse eingesetzt wird, läuft der Autor Gefahr, übermäßig abstrakt zu sein. Eine gewisse Lebendigkeit – eine gewisse Unmittelbarkeit der Beobachtung – geht wahrscheinlich verloren, weil der Geist, der sie sieht, sich von den Charakteren distanziert.

Dieser Standpunkt ist gleichzeitig der einfachste und schwierigste, den der Autor vertreten kann. Technisch gesehen ist es das einfachste, da der Autor in der Auswahl und der Strukturierung seiner Erzählmaterialien völlig frei ist; aber menschlich gesehen ist es das Schwierigste, denn es fällt jedem Menschen schwer, konsequent den Gott zu spielen, selbst gegenüber seinen eigenen fiktiven Geschöpfen. Obwohl George Eliot von Daniel Derondas Allwissenheit ausgeht, sind sich Männer mit gesundem Urteilsvermögen darin einig, dass sie ihren Helden nicht wirklich kennt. Deronda ist in Wahrheit ein geringerer Mensch, als sie denkt; und ihre Annahme der Allwissenheit bricht zusammen. Tatsächlich ist es so, dass ein Autor, sofern er nicht mit der gottgleichen Weisheit von George Meredith ausgestattet ist, mit ziemlicher Sicherheit scheitern wird, wenn er versucht, die allwissende Haltung in einem komplizierten Roman konsequent aufrechtzuerhalten.

2. Der begrenzte Standpunkt . — Daher ist es für den Autor normalerweise klüger, einen Kompromiss einzugehen und seiner eigenen Allwissenheit bestimmte Grenzen zu setzen, wenn er einen Standpunkt einnimmt, der außerhalb der Charaktere liegt. Während er also das Vorrecht behält, jederzeit in die Gedanken einer oder mehrerer seiner Figuren einzudringen, kann er seine Beobachtung der anderen auf das beschränken, was diejenigen, über deren Gedanken er allwissend ist, tatsächlich von ihnen gesehen und gehört haben. In einem solchen Fall erzählt der Autor die Geschichte zwar in der dritten Person, sieht die Geschichte jedoch praktisch aus der Sicht eines bestimmten Schauspielers oder bestimmter Schauspieler darin. Die einzige Phase dieses Geräts, die wir untersuchen müssen, ist die, in der die Allwissenheit des Romanautors auf eine einzige Figur beschränkt ist.

Diese besondere Sichtweise wird von Jane Austen mit vollendeter Kunst umgesetzt. In „Emma" zum Beispiel schildert sie jedes intime Detail der

Gedanken und Gefühle der Heldin, indem sie nach Belieben in Emmas Geist eindringt oder sie von außen mit allwissenden Augen betrachtet. Doch im Umgang mit den anderen Charakteren beschränkt die Autorin ihr eigenes Wissen auf das, was Emma über sie wusste, und sieht sie konsequent mit den Augen der Heldin. Daher wird die Geschichte, obwohl sie von Jane Austen in der dritten Person geschrieben wurde, von Emma Woodhouse in Wirklichkeit in der ersten Person gesehen und gedacht. Auch in „Stolz und Vorurteil" ist Elizabeth Bennet die einzige Figur, die die Autorin ausführlich zu analysieren erlaubt: Die anderen werden objektiv gesehen, lediglich so, wie Elizabeth sie sah. Der Leser wird mit jedem Schritt der allmählichen Veränderung der Gefühle der Heldin gegenüber Mr. Darcy vertraut gemacht; Aber von der Veränderung in Darcys Gedanken und Gefühlen gegenüber Elizabeth wird dem Leser nichts erzählt, bis sie es selbst entdeckt.

Natürlich ist es dem Autor bei der Anwendung dieses Mittels an bestimmten Stellen der Erzählung möglich, seine begrenzte Allwissenheit von einer der Figuren auf eine andere zu verlagern. In einem solchen Fall wird die Geschichte zwar durchgehend in der dritten Person erzählt, eine Szene kann jedoch aus der Sicht einer der Figuren betrachtet werden, eine andere aus der einer anderen Figur und so weiter.

Stellen Sie sich für einen Moment zwei benachbarte Räume vor, zwischen denen sich eine einzige Tür befindet, die verschlossen ist. Und stellen Sie sich vor, dass in jedem Zimmer eine Figur allein ist und jede Person an die andere denkt. Nun könnte uns ein Autor, der von absoluter Allwissenheit ausgeht, sagen, was jeder von ihnen im selben Moment dachte: Die verschlossene Tür wäre für ihn kein Hindernis. Aber ein Autor, der die Geschichte aus der Haltung begrenzter Allwissenheit erzählt, könnte uns nur sagen, was einer von ihnen dachte, und wäre nicht in der Lage, über die Tür hinauszuschauen. Ob er frei wählen konnte, welchen Raum er kennen sollte, hing natürlich davon ab, ob er während der gesamten Geschichte den gleichen Standpunkt beibehielt oder ihn für jede Szene neu wählte . Im ersten Fall stünde im Voraus fest, welche Figur er sehen könnte, im anderen Fall müsste er entscheiden, aus der Sicht welcher von ihnen diese besondere Szene wirkungsvoller dargestellt werden könnte.

Die Haltung einer begrenzten Allwissenheit ist leichter aufrechtzuerhalten als die eines gottähnlichen Geistes, der alle Charaktere gleichzeitig genau kennt; und darüber hinaus ist es wahrscheinlicher, dass die Verwendung einer eingeschränkteren Sichtweise die Illusion des Lebens hervorruft. In der tatsächlichen Erfahrung sehen wir innerlich nur einen Geist – unseren eigenen; alle anderen Menschen, auf die wir äußerlich blicken: Und eine Geschichte, die uns einen einzigen Geist offenbart, ist mehr im Einklang mit dem Leben selbst als eine Geschichte, in der viele Geister von einem allsehenden Auge durchsucht werden. Außerdem genießt eine Geschichte, die in der dritten Person aus der Perspektive erzählt wird, die in Jane Austens Romanen illustriert wurde, fast alle Vorteile einer Erzählung, die in der ersten Person vom Hauptdarsteller erzählt wird, ohne dass sie mit einigen der auffälligsten Nachteile belastet wird.

3. Der streng eingeschränkte Standpunkt . — Der Konkretheit halber ist es jedoch für den in der dritten Person schreibenden Autor oft ratsam, seinen Standpunkt noch weiter einzuschränken und sich unter völligem Verzicht auf das Vorrecht der Allwissenheit auf eine bloß beobachtende und völlige Haltung zu beschränken außerhalb aller Charaktere. In einem solchen Fall trägt der Autor sozusagen eine unsichtbare Mütze wie die des Fortunatus , die es ihm ermöglicht, sich unbemerkt zwischen seinen Figuren zu bewegen; und er berichtet uns äußerlich über ihr Aussehen, ihre Handlungen und ihre Sprache, ohne jemals die Fähigkeit anzunehmen, in ihre Gedanken einzutauchen. Diese streng äußere Sichtweise wird von Guy de Maupassant häufig in seinen kürzeren Romanen verwendet; Aber obwohl es in der Kurzgeschichte besonders wertvoll ist, ist es äußerst schwierig, es im umfangreichen Umfang eines Romans aufrechtzuerhalten. Der Hauptvorteil dieser Sichtweise besteht darin, dass sie vom Autor eine stets visuelle und nicht intellektuelle Haltung gegenüber seiner Geschichte erfordert. Er liefert keine vorgefertigte Interpretation seiner Vorfälle, sondern projiziert sie lediglich vor die Augen seiner Leser und gewährt jedem das Privileg, sie für sich selbst zu interpretieren. Aber andererseits verliert der Leser den Vorteil der überlegenen Kenntnis des Romanautors über seine Geschöpfe und kann, außer in dramatischen Momenten, in denen die Motive aus der Handlung offensichtlich werden, den menschlichen Inhalt der Szene übersehen.

Zwei Erzähltöne , unpersönlich und persönlich: 1. Der unpersönliche Ton. — Bei der Verwendung aller Phasen des externen Standpunkts außer der zuletzt besprochenen steht es dem Autor frei, zwischen zwei sehr unterschiedlichen Erzähltönen zu wählen – der unpersönlichen und der persönlichen. Er kann seine eigene Persönlichkeit als Faktor in der Geschichte entweder auslöschen oder betonen. Die großen Epen und Volksmärchen wurden alle unpersönlich erzählt. Was für ein Mensch Homer auch gewesen sein mag, er drängt sich nie in seine Erzählung ein; und wir können sowohl die „Ilias" als auch die „Odyssee" lesen, ohne einen klareren Eindruck von seiner Persönlichkeit zu gewinnen, als sich aus den Hinweisen ergibt, die uns die Dinge geben, über die er weiß. Niemand kennt den Autor von „Beowulf" oder dem „Nibelungenlied". Diese Geschichten scheinen sich von selbst zu erzählen. Sie werden aus der Sicht von niemandem oder aus der Sicht von irgendjemandem betrachtet – wie auch immer wir es ausdrücken möchten. Viele moderne Autoren, wie Sir Walter Scott, nehmen instinktiv die epische Haltung gegenüber ihren Charakteren und Ereignissen ein: Sie betrachten sie mit einer großen Unbewusstheit ihrer selbst und stellen sie so dar, wie jeder sie sehen würde. Andere Autoren, wie William Dean Howells, bemühen sich bewusst, die persönliche Note aus ihren Geschichten herauszuhalten: Selbstbewusst triumphieren sie über sich selbst in dem Bemühen, ihre Charaktere in Ruhe zu lassen.

2. Der persönliche Ton. — Aber Romanciers einer anderen Klasse geben dem Leser lieber offen zu, dass der Erzähler, der sich von allen Charakteren abhebt und in der dritten Person über sie schreibt, der Autor selbst ist. Sie verleihen der Erzählung eine persönliche Note; Sie behaupten ihre eigenen Besonderheiten in Bezug auf Geschmack und Urteilsvermögen und lassen Sie nie vergessen, dass sie, und zwar nur sie, die Geschichte erzählen. Der Leser muss es mit seinen Augen sehen. Auf diese Weise stellt Thackeray zum Beispiel seine Geschichten dar – er hat Mitleid mit seinen Figuren, bewundert sie, macht sich über sie lustig oder liebt sie und lässt sich keine Gelegenheit entgehen, mit seinen Lesern über die Angelegenheit zu plaudern.

Mr. Howells äußert sich in Abschnitt Die Wahrheit der Kunst liegt darin"; und in einem weiteren Satz verurteilt er ihn als „einen Schriftsteller, der über so wenig künstlerisches Gespür verfügte, dass er bei keiner Gelegenheit, ob groß oder klein, zögerte, einen Streifzug durch seine Charaktere zu machen und sie einzuholen, um sie dem Leser zu zeigen." Sag ihm, wie schön oder hässlich sie waren; und schreien über ihre erstaunlichen Eigenschaften." Diese pauschale Verurteilung der Erzählhaltung eines der beliebtesten großen Meister klingt ein wenig bigott. Es stimmt natürlich, dass die strengsten Künstler der Belletristik wie Guy de Maupassant es vorziehen, ihre Geschichten unpersönlich zu erzählen: Sie lassen ihre Charaktere strikt in Ruhe und erlauben dem Leser, sie zu sehen, ohne durch die Persönlichkeit des Autors zu blicken. Aber es gibt eine Art von Literatur, bei der der größte Reiz für den Leser darin liegt, dass er die Dinge durch die Gedanken des Autors sehen kann. Wenn wir Charles Lambs Aufsatz über „Das Südseehaus" lesen, lesen wir ihn nicht so sehr, um das verlassene und denkwürdige Gebäude zu betrachten, sondern um Elia zu sehen, wie er es betrachtet. Ebenso kehren viele Leser immer wieder zu „The Newcomes " zurück, nicht so sehr aus dem Vergnügen, die Londoner High Society zu sehen, sondern aus dem Vergnügen, Thackeray dabei zuzusehen. Der Wert oder Mangel der Methode hängt in jedem Fall nicht von Regeln und Vorschriften ab, sondern vom Ton und der Qualität des Geistes des Autors. Ob er sich gefahrlos in seine Fiktionen einmischen kann oder nicht, hängt ganz davon ab, wer er ist. Das ist mehr eine Frage der Persönlichkeit als der Kunst: und was für einen Autor unerträglich sein könnte, kann für einen anderen als größtes Verdienst gelten. Der größte Reiz der Romane von Sir James Barrie liegt beispielsweise in der Gewohnheit des Autors, die persönliche Beziehung zwischen ihm und seinen Figuren zu betonen. Die vielseitige Haltung des Autors gegenüber dem sentimentalen Tommy ist ebenso von menschlichem Interesse wie alles, was Tommy selbst empfindet.

Lassen Sie uns also entgegen Mr. Howells zugeben, dass der Autor von Romanen das Recht hat, sich als Erzähler zu behaupten, vorausgesetzt, er ist eine interessante und charmante Person. Es bleibt uns überlassen, die verschiedenen Stimmungen zu berücksichtigen, in denen der Autor in einem solchen Fall seine Geschichte betrachten kann. Der sich selbst auslöschende Autor ist bestrebt, seine eigene Meinung über die Charaktere zu verbergen, um die Unabhängigkeit des Lesers bei der Beurteilung dieser Charaktere nicht zu beeinträchtigen; Aber der Autor, der persönlich schreibt, scheut sich nicht, seine Bewunderung für die Verdienste einer Figur oder seine Ablehnung der Mängel einer Figur zu offenbaren oder auch nur direkt zum Ausdruck zu bringen. Sie werden beim Studium der fiktiven Personen von Guy de Maupassant vergeblich nach Hinweisen suchen, ob der Autor sie gutheißt oder ablehnt; und in dieser absoluten Gleichgültigkeit der Kunst liegt etwas sehr Bewundernswertes. Aber auf der anderen Seite strahlt ein Autor eine gewisse heilsame Menschlichkeit aus, der seine Figuren genauso liebt oder hasst, wie er die gleichen Menschen im wirklichen Leben lieben oder hassen würde, und der mit dem Glanz persönlicher Emotionen über sie schreibt. Sir James Barrie missbilligt Tommy oft; manchmal fühlt er sich gezwungen, ihn zu schelten; aber er liebt ihn aus diesem Grund: und wir spüren instinktiv, dass der Held umso wahrheitsgemäßer dargestellt wird, je mehr er von einem Freund dargestellt wird.

Der Standpunkt als Faktor im Bauwesen. — Aus der vorangegangenen Diskussion der verschiedenen Standpunkte in der Erzählung geht hervor, dass keiner von ihnen absolut besser als die anderen ausgesprochen werden kann. Aber so viel kann man dogmatisch sagen: Es gibt immer einen besten Standpunkt, von dem aus man eine Kurzgeschichte erzählen kann; und obwohl der Autor bei der Planung eines Romans mit weitaus weniger technischen Einschränkungen arbeitet, gibt es fast immer einen besten Standpunkt, aus dem er einen bestimmten Roman erzählen kann. Daher ist es für den Autor ratsam, so früh wie möglich durch sorgfältige Betrachtung seiner Materialien zu bestimmen, aus welcher Perspektive er die von ihm geplante Geschichte am besten erzählen kann, und anschließend seine Erzählung von diesem Standpunkt aus zu betrachten das nur. Darüber hinaus erfordert das Interesse der Kunst, dass der gewählte Standpunkt möglichst konsequent während der gesamten Erzählung beibehalten wird. Dies ist jedoch eine sehr schwierige Angelegenheit; und erst in den letzten Jahren haben selbst die besten Schriftsteller es geschafft, es zu beherrschen. Es gibt nur sehr wenige Romane, die ohne einen einzigen Verstoß gegen dieses Prinzip erzählt wurden. Es bleibt jedoch die Tatsache, dass jeder ungerechtfertigte Zusammenbruch des gewählten Standpunkts unwirtschaftlich ist die Aufmerksamkeit des Lesers. Es ist zum Beispiel bedauerlich, dass Thomas Bailey Aldrich es in „Marjorie Daw " für notwendig hielt, nachdem er fast die gesamte Geschichte in Briefen erzählt hatte, plötzlich zum äußeren Gesichtspunkt überzugehen und die Geschichte mit ein paar Seiten zu beenden der direkten Erzählung. Eine solche unerwartete Variation der Methode erschreckt und stört in gewissem Maße die Aufmerksamkeit des Lesers und beeinträchtigt dadurch die Wirkung der zu vermittelnden Sache.

Henry James und Mr. Kipling beweisen in vielerlei Hinsicht eine außerordentliche Meisterschaft in der Sichtweise; und ihre Werke können sehr gewinnbringend als Beispiele für diese besondere Phase der Erzählkunst untersucht werden. Schon der Titel von „What Maisie Knew" von Henry James verkündet den streng eingeschränkten Standpunkt, von dem aus das Erzählmaterial betrachtet wird. In Mr. Kiplings Erzählung „A Deal in Cotton", die in „Aktionen und Reaktionen" enthalten ist, beruht das Interesse hauptsächlich auf dem Trick, die Geschichte zweimal zu erzählen – zuerst aus der Sicht von Adam Strickland und dann das zweite Mal aus der Sicht von Adams einheimischem Leibdiener, der viele Dinge wusste, die seinem Herrn verborgen blieben.

Der Standpunkt als Held der Erzählung. — In bestimmten Sonderfällen wurde der Standpunkt sozusagen zum eigentlichen Helden der Geschichte gemacht. Vor einigen Jahren erfand Herr Brander Matthews in Zusammenarbeit mit dem verstorbenen HC Bunner eine sehr clevere Erzählung mit dem Titel „Die Dokumente im Fall". Es handelte sich lediglich um eine Reihe nummerierter Dokumente sehr unterschiedlicher Art, die von den Autoren weder eingeleitet noch kommentiert wurden. Die Serie enthielt Ausschnitte aus verschiedenen Zeitungen, persönliche Briefe, IOUs, Rennstreckenberichte, Pfandscheine, Briefköpfe, Telegramme, Theaterprogramme , Anzeigen, quittierte Rechnungen, Umschläge usw. Trotz der Vielfalt dieser Materialien Den Autoren gelang es, eine Erzählung zu erfinden, die völlig kohärent und in allen Punkten klar war. Das Hauptinteresse lag jedoch in der Neuheit und Klugheit des Standpunkts; Und obwohl solch ein übertriebenes technisches Mittel hin und wieder für eine besondere Art von Geschichte nützlich sein mag, hat es keinen allgemeinen Wert. Ein Standpunkt, der die Aufmerksamkeit auf sich zieht, lenkt zwangsläufig die Aufmerksamkeit von der dargestellten Geschichte ab; und in einer Erzählung von ernsthafter Bedeutung sollte das Hauptaugenmerk auf die Sache gelegt werden, die erzählt wird, und nicht auf die Art und Weise, wie man es erzählt.

REZENSIONSFRAGEN

1. Inwiefern hängt der Eindruck einer Erzählung von der vom Autor gewählten Sichtweise ab?

2. Stellen Sie sich ein fiktives Ereignis vor; Und nachdem Sie sich ausreichend mit diesem imaginären Vorfall vertraut gemacht haben, schreiben Sie sieben verschiedene Themen auf, in denen dieser Vorfall jeweils aus einem anderen Blickwinkel projiziert wird :— 1. Aus der Sicht des Hauptdarstellers; 2. Aus der Sicht eines Nebendarstellers; 3. Aus der Sicht verschiedener Schauspieler; 4. Wie in Briefen erzählt; 5. Aus allwissender Sicht; 6. Aus einer begrenzten Sicht; und 7. Aus streng eingeschränkter Sicht.

3. Stellen Sie sich ein fiktives Ereignis vor; und schreiben Sie zwei unterschiedliche Themen, von denen eines dieses Ereignis persönlich und das andere unpersönlich erzählt.

VORGESCHLAGENE LITERATUR

Lesen Sie die wichtigsten Belletristikwerke, die in diesem Kapitel erwähnt wurden.

KAPITEL VIII

Betonung der Erzählung

Wesentliche und beitragende Merkmale —Kunst unterscheidet zwischen beiden durch Betonung—Viele technische Geräte: 1. Betonung durch Endposition; 2. Betonung durch Ausgangsposition; 3. Hervorhebung durch Pause [Weitere Diskussion der Hervorhebung nach Position]; 4. Betonung durch direktes Verhältnis; 5. Betonung durch umgekehrtes Verhältnis; 6. Betonung durch Iteration; 7. Betonung durch Antithese; 8. Betonung durch Höhepunkt; 9. Betonung durch Überraschung; 10. Betonung durch Spannung; 11. Betonung durch nachahmende Bewegung.

Wesentliche und beitragende Funktionen. — Die Merkmale jedes Objekts, das wir betrachten, können mit intelligentem Urteilsvermögen in zwei Klassen eingeteilt werden, je nachdem, ob sie von Natur aus wesentlich sind oder lediglich dazu beitragen, dass dieses Objekt als individuelle Einheit existiert. Wenn eines seiner inhärent wesentlichen Merkmale verändert würde, würde dieses Objekt aufhören, es selbst zu sein, und zu einem anderen Objekt werden; aber wenn einige oder alle seiner lediglich beitragenden Merkmale geändert werden sollten, würde das Objekt immer noch seine Individualität behalten, wie sehr auch sein Aussehen verändert werden mag. Und im Allgemeinen kann man sagen, dass wir ein Objekt erst dann verstehen, wenn wir in der Lage sind, jedes Merkmal, das es unserer Aufmerksamkeit präsentiert, intelligent in die eine oder andere Gruppe einzuordnen.

Kunst unterscheidet zwischen beiden durch die Betonung. — Bei der Betrachtung natürlicher Objekte ist es oft schwierig, die Merkmale, die lediglich dazu beitragen, von denen zu unterscheiden, die von Natur aus wesentlich sind; aber es sollte nicht schwierig sein, dies zu tun, wenn man ein Kunstwerk betrachtet. Denn es ist dem Künstler möglich – und es ist sogar seine Pflicht –, dem Betrachter zu helfen, klar zwischen den wesentlichen und den beitragenden Details des von ihm geschaffenen Objekts zu unterscheiden . Durch den Einsatz bestimmter technischer Mittel bei der Ausstellung seiner Werke ist der Künstler in der Lage, dem Betrachter seine eigene intelligente Unterscheidung zwischen wichtigeren und weniger wichtigen Merkmalen zu vermitteln. Er tut dies, indem er den Schwerpunkt auf die notwendigen Details legt und die untergeordneten aus der Betonung herausholt.

Die Bedeutung des Betonungsprinzips ist in allen Künsten anerkannt; Denn nur durch die Anwendung dieses Prinzips kann der Künstler die untergeordneten Elemente seiner Arbeit im Hintergrund sammeln und gruppieren, während er diejenigen Elemente, die das Wesen dessen, was er zu sagen hat, verkörpern, lebendig hervorheben. Der Heiligenschein, mit dem die byzantinischen Mosaikkünstler die Gesichter ihrer Heiligen umgaben, die Herrlichkeit des goldenen Lichts, das in Tintorettos Dekorationen um die Gestalt Christi im Himmel schimmert, die leeren, hellen Wände des Dogenpalastes, die von dunklen und schattigen Arkaden untergraben werden, der Refrain von ein provenzalisches Lied, der scharfe Schatten unter dem Visier von Verrocchios Reiterstatue, das zum Nachdenken anregende Hell-Dunkel von Rembrandts Figurengemälden – all diese Hilfsmittel sollen die Aufmerksamkeit auf die wesentlichen Elemente eines Ganzen aus vielen Teilen lenken. Durch technische Mittel wie diese muss der Schwerpunkt auf die zentrale Wahrheit eines Kunstwerks gelegt werden, damit der Betrachter nicht stattdessen auf die bloßen Zufälle seiner Ausstattung blicken muss. Wo viele Elemente zusammenkommen, um eine Idee darzustellen, müssen einige von ihnen wichtiger sein als die anderen, weil sie von Natur aus stärker von ihr durchdrungen sind; und der Künstler wird sein Ziel nicht erreichen, wenn er nicht klar angibt, welche Elemente wesentlich und welche lediglich untergeordnet sind.

Viele technische Geräte. — Kaum ein anderes Kunstwerk, mit Ausnahme einer gotischen Kathedrale oder einer Theateraufführung, besteht aus vielfältigeren Elementen als denen einer fiktiven Erzählung. Die Einzelheiten eines Romans sind so zahlreich und vielfältig, dass der Autor jederzeit ein gutes Verständnis und eine sorgfältige Anwendung des Betonungsprinzips benötigt. Daher ist es ratsam, dass dieses Kapitel der Aufzählung und Veranschaulichung der verschiedenen technischen Mittel gewidmet wird, die von Künstlern in Erzählungen eingesetzt werden, um die notwendige Betonung auf die wesentlichen Merkmale ihrer Geschichten zu legen.

1. Betonung durch Endposition . — Zunächst einmal ist es offensichtlich einfach, nach Position hervorzuheben. In jeder Erzählung oder jedem Abschnitt einer Erzählung, der in einem Durchgang gelesen werden soll, sind die letzten Momente zwangsläufig betont, weil sie die letzten sind. Wenn der Leser die Erzählung beiseite legt, erinnert er sich am lebhaftesten an das Letzte, was ihm präsentiert wurde; und wenn er an die früheren Teile der Geschichte zurückdenkt, muss er dies tun, indem er die Schlusspassage durchdenkt. Daher ist es in der Kurzgeschichte notwendig und in den Kapiteln eines Romans ratsam, eines der inhärent wichtigsten Merkmale der Erzählung für die letzte Position zu reservieren; Denn sicherlich ist es eine schlechte Kunst, die natürliche Betonung einer Stellung dadurch zu verschwenden, dass man sie auf ein untergeordnetes Merkmal lenkt.

Die Bedeutung dieses einfachen Hilfsmittels wird leicht erkannt, wenn der Student hundert Kurzgeschichten von anerkannten Meistern zusammenträgt und jeweils den letzten Absatz untersucht. Denken Sie einen Moment an die letzten Sätze von „Markheim", die wir bereits in einem anderen Zusammenhang zitiert haben:—

„Er konfrontierte das Dienstmädchen auf der Schwelle mit so etwas wie einem Lächeln.

„‚Du solltest besser zur Polizei gehen', sagte er: ‚Ich habe deinen Herrn getötet.'"

Die gesamte Geschichte wird im Schlusssatz zusammengefasst; und der letzte Satz bleibt dem Leser für immer im Gedächtnis.

Hier ist, um ein neues Beispiel zu nennen, der Schluss von Poes „Die Maske des roten Todes ":—

„Und nun wurde die Anwesenheit des Roten Todes anerkannt. Er war wie ein Dieb in der Nacht gekommen. Und einer nach dem anderen ließen die Feiernden in den blutüberströmten Hallen ihres Festes fallen, und jeder starb in der verzweifelten Haltung seines Sturzes. Und das Leben der Ebenholzuhr erlosch mit dem des letzten Schwulen. Und die Flammen der Stative erloschen. Und Dunkelheit und Verfall und der Rote Tod hatten die grenzenlose Herrschaft über alles."

Das Gefühl des absoluten Ruins, das wir aus diesem beeindruckenden Absatz ziehen, ist zu einem erheblichen Teil auf die Betonung zurückzuführen, die er durch seine Endgültigkeit erhält. Die Wirkung würde zweifellos beeinträchtigt, wenn ein weiterer Absatz hinzugefügt würde und ihm die Bedeutung seiner Position entzogen würde.

Um aus der Endlage die größtmögliche Betonung zu ziehen, entwickelte der große Künstler Guy de Maupassant in seinen Kurzgeschichten eine periodische Struktur, mit der er die Lösung der Erzählung, wann immer möglich, bis zu den letzten Sätzen aufbehielt. Diese periodische Struktur wird beispielsweise in seiner bekannten Geschichte „Die Halskette" („ *La Parure* ") verwendet. Darin geht es um eine arme Frau, die eine Diamantkette verliert, die sie von einer reichen Freundin geliehen hat, um sie auf einem Ball zu tragen. Sie kauft ein anderes Exemplar, das genau gleich ist, und gibt dieses an seiner Stelle zurück. Zehn Jahre lang arbeiteten sie und ihr Mann Tag und Nacht daran, die Schulden zu begleichen, die sie für den Kauf der ersetzten Juwelen gemacht hatten. Nachdem alle Schulden beglichen sind, erzählt die Frau ihrer Freundin, was passiert ist. Dann folgt dieser letzte Satz der Geschichte:—

"Oh, meine arme Mathilde. Aber meine waren falsch. Sie waren höchstens fünfhundert Franken wert!'"

Das periodische Muster von Guy de Maupassant wurde von O. Henry gewissenhaft kopiert; Aber dieser beliebte Autor amerikanischer Zeitschriften ging sogar noch weiter als sein Meister und entwickelte eine doppelte Überraschung, die er am Ende der Erzählung plötzlich überbrachte. Ein typisches Beispiel seiner Arbeit ist „The Gift of the Magi", in dem ein unerwartetes Ergebnis sofort durch ein zweites, noch unerwarteteres Ergebnis gekrönt wird. Der Erfolg von O. Henry beim Lesepublikum kann hauptsächlich auf seine Klugheit zurückgeführt werden, mit der er das mächtige Hilfsmittel der Hervorhebung durch Endposition voll ausnutzte. Sein technisches Geschick lässt sich am besten studieren, wenn man die letzten Absätze von hunderten seiner Geschichten schnell liest . Er hatte die glückliche Fähigkeit, zuletzt das Beste und Klügste zu sagen, was er zu sagen hatte.

2. Betonung durch Ausgangsposition. — Neben der letzten Position ist natürlich die erste die eindringlichste Stelle in einer kurzen Erzählung oder einem Abschnitt einer Erzählung. Der Geist des Lesers nimmt alles, was ihm zu Beginn präsentiert wird, mit besonderer Lebendigkeit auf. Aus diesem Grund ist es in der Kurzgeschichte notwendig und in den Kapiteln eines Romans ratsam, mit Material zu beginnen, das nicht nur von Natur aus wesentlich ist, sondern auch den Grundton der folgenden Erzählung trifft. Edgar Allan Poe ist besonders künstlerisch darin, dieses Prinzip der Betonung durch die Ausgangsposition anzuwenden. Wir haben in einem anderen Zusammenhang bereits den feierlichen Beginn von „Der Untergang des Hauses Usher" zitiert, mit der Andeutung einer unnachahmlichen Düsterkeit des Schauplatzes als vorherrschender Ton der Erzählung. In „Das Fass des Amontillado", in dem das Element der Aktion hervorzuheben ist, beginnt Poe mit diesem Satz: „Die tausend Verletzungen von Fortunato hatte ich ertragen, so gut ich konnte; aber als er eine Beleidigung wagte , schwor ich Rache": und wir wissen bereits, dass die Geschichte einen Signalakt der Rache darstellen soll. In „The Tell-Tale Heart", einer Studie über mörderischen Wahnsinn, in der es hauptsächlich um das Element des Charakters geht, beginnt der Autor wie folgt:—

„ Stimmt! — — nervös — sehr, sehr furchtbar nervös war und bin ich; aber warum *sagst* du, dass ich verrückt bin? Die Krankheit hatte meine Sinne geschärft – nicht zerstört – nicht abgestumpft. Vor allem war der Hörsinn geschärft. Ich hörte alles im Himmel und auf der Erde. Ich habe in der Hölle viele Dinge gehört. Wieso bin ich dann verrückt? Hört zu! und beobachten Sie, wie gesund – wie ruhig ich Ihnen die ganze Geschichte erzählen kann."

3. Betonung durch Pause. — Im Allgemeinen kann man sagen, dass jede Pause in einer Erzählung durch ihre Position das hervorhebt, was ihr unmittelbar vorangeht, und auch (wenn auch in deutlich geringerem Maße) alles, was ihr unmittelbar folgt. Aus diesem Grund bauen viele Meister der Kurzgeschichte, wie Daudet und de Maupassant, ihre Erzählungen in Abschnitte auf, um die Zahl der End- und Anfangspositionen zu vervielfachen. Über die Seite aufgereihte Sternchen machen den Leser nicht nur darauf aufmerksam, dass ein wesentlicher Teil der Geschichte abgeschlossen ist, sondern lenken seine Aufmerksamkeit auch nachdrücklich auf das Letzte, was vor der Unterbrechung gesagt wurde. Der bei französischen Autoren so häufige Einsatz von *„Points de Suspension"* – einem Satzzeichen, das aus einer Reihe aufeinanderfolgender Punkte besteht ... – ist ein Mittel, mit dem ein Satz ausschließlich zum Zwecke der Hervorhebung durch eine Pause unterbrochen wird .

Weitere Diskussion der Schwerpunktsetzung nach Position. — Die Beispiele, die wir ausgewählt haben, um die Zweckmäßigkeit der Betonung nach Position zu veranschaulichen, wurden der Einfachheit halber aus Kurzgeschichten ausgewählt; Aber das gleiche Prinzip kann mit ähnlichem Erfolg auch beim Aufbau der Kapitel eines Romans angewendet werden . Bestimmte große, aber unkünstlerische Romanautoren, wie Sir Walter Scott, erweisen sich als außerordentlich stumpfsinnig und nutzen den Vorteil, nachdrückliches Material an einer nachdrücklichen Stelle zu platzieren. Scott achtet fast immer nicht auf die Enden seiner Kapitel: Er lässt die Abschnitte seiner Erzählung abdriften und ins Wanken geraten, anstatt sie zu einem nachdrücklichen Schluss zu bringen. Aber künstlerischere Romanautoren, wie zum Beispiel Victor Hugo, nutzen diese Endposition immer wieder aus. Denken Sie an den Abschluss von Buch XI, Kapitel II, von „Notre Dame de Paris". Das Zigeunermädchen Esmeralda wurde auf der Place de Grève gehängt . Der Bucklige Quasimodo hat den Erzdiakon Claude Frollo von der Turmspitze von Notre Dame geworfen. Dieser Absatz bildet dann den Abschluss des Kapitels:—

„Quasimodo richtete dann seinen Blick auf die Zigeunerin, deren Körper er, wie er am Galgen hing, in der Ferne unter ihrem weißen Gewand im letzten Zittern der Todesangst zitterte; dann übergab er es dem Erzdiakon, der am Fuße des Turms ausgestreckt lag und keine menschliche Gestalt mehr hatte; und er sagte mit einem Schluchzen, das seine tiefe Brust beben ließ: „Oh! alles, was ich geliebt habe!""

Ein Kapitelende kann künstlerisch geplant sein, um entweder (wie im vorangegangenen Fall) die erzählerische Leistung des Kapitels absolut abschließend zusammenzufassen oder um den Leser durch eine vage Vorahnung des weiteren Verlaufs der Geschichte zum Fortfahren zu verleiten. Der ältere Dumas besaß in bemerkenswertem Maße die Fähigkeit, ein Kapitel so zu beenden, dass der Leser zum unmittelbaren Beginn des nächsten verleitet wurde. Am häufigsten tat er dies, indem er in einer Phrase des Schlusssatzes einen neuen Erzählstrang einführte und dadurch die Neugier des Lesers weckte, den Faden weiterzuverfolgen.

Das Mittel der Hervorhebung durch End- und Anfangsposition kann natürlich nicht uneingeschränkt auf einen ganzen Roman angewendet werden. Das letzte Kapitel eines Romans mit einer komplizierten Handlung ist oft notwendigerweise dem Knüpfen oder Lösen kleinerer Knoten in den losen Fäden des Gesamtgeflechts gewidmet. Daher ist die eindringlichste Stelle in einer ausführlichen Erzählung nicht ganz am Ende, sondern eher am Ende des Kapitels, das den Höhepunkt darstellt. Auch wenn viele großartige Romane wie „Der Scharlachrote Buchstabe" an einem wichtigen Punkt der Handlung beginnen, beginnen viele andere langsam und bieten keinen wichtigen Stoff, bis die Erzählung in vollem Gange ist. „Der Talisman" von Scott, „Der Spion" von Fenimore Cooper und viele andere Liebesromane des frühen 19. Jahrhunderts begannen mit einem einsamen Reiter, dem der Leser mehrere Seiten lang folgen musste, bevor etwas geschah. In letzter Zeit haben Romanautoren jedoch von Kurzgeschichtenautoren die Kunst gelernt, mit Nachdruck mit für die Handlung wichtigem Material zu beginnen.

4. Betonung durch direktes Verhältnis. — Ein weiteres Mittel zur Betonung in der Erzählung ist die Proportionalität. Den wesentlichen Szenen sollte mehr Zeit und mehr Aufmerksamkeit gewidmet werden als den Angelegenheiten von untergeordnetem Interesse. Die wichtigsten Charaktere sollten am meisten zu sagen und zu tun haben; und die Aufmerksamkeit, die den anderen gewidmet wird, sollte im Verhältnis zu ihrer Bedeutung in der Handlung stehen. Becky Sharp hebt sich deutlich von den halben Hundert anderen Charakteren in „Vanity Fair" ab, weil ihr mehr Zeit gewidmet wird als allen anderen. In ähnlicher Weise wird in „Emma" und in „Stolz und Vorurteil", wie wir im vorherigen Kapitel festgestellt haben, die Heldin jeweils dadurch hervorgehoben, dass sie aus einer intimeren Perspektive dargestellt wird als die minderjährigen Personen in die Geschichte. Um die Proportionen hervorzuheben, ist es ratsam, die Hauptfiguren vollständiger und sorgfältiger zu zeichnen als die Nebenfiguren. und daher lässt sich aus diesem Grund viel zur Verteidigung von Dickens' Angewohnheit sagen, in seinen Romanen nur die Hauptfiguren menschlich zu zeichnen und die Nebendarsteller lediglich karikierend zu skizzieren.

5. Betonung durch umgekehrtes Verhältnis. — Manchmal ist es in besonderen Fällen möglich, ironisch im umgekehrten Verhältnis zu betonen. Ein Autor kann absichtlich mehrere Seiten hintereinander darauf verwenden, sich mit untergeordneten Themen zu befassen, nur um einen plötzlichen

Absatz oder Satz, in dem er sich dem zuwendet, was wirklich zählt, scharf hervorzuheben. Aber dieses ironische Mittel ist natürlich seltener nützlich als die Betonung durch direkte Proportionen.

6. Betonung durch Iteration. — Das einfachste Mittel, ein Detail einer Erzählung einzuprägen, besteht zweifellos darin, es immer wieder zu wiederholen. Betonung durch Iteration ist ein Lieblingsmittel von Dickens. Der Leser darf niemals das Schlagwort von Micawber oder den moralischen Blick von Pecksniff vergessen. In vielen Fällen wünscht sich der Leser zwar, der ständig wiederkehrenden Wiederholung zu entgehen; aber Dickens wendet das Mittel gelegentlich mit subtiler emotionaler Wirkung an. In „A Tale of Two Cities" beispielsweise tragen die wiederholten Verweise auf widerhallende Schritte und auf die Strickerei von Madame Defarge wesentlich zum Gefühl einer bevorstehenden Katastrophe bei.

Leitmotivs in den Musikdramen von Richard Wagner ähnelt . In den Wagner-Opern ist jeder Figur ein bestimmtes musikalisches Thema gewidmet, das bei jedem Auftreten der Figur in die Partitur eingeflochten wird. In ähnlicher Weise werden in den späteren Stücken von Henrik Ibsen bestimmte Phrasen häufig wiederholt, um die Wiederkehr bestimmter dramatischer Stimmungen anzuzeigen. So wird in „ Rosmersholm " immer dann auf das seltsame Symbol der „weißen Pferde" verwiesen, wenn die Stimmung der momentanen Szene den Doppelselbstmord ankündigt, der das Stück beenden soll. Schüler von „ Hedda Gabler " müssen nicht an die Betonung erinnert werden, die durch Iteration auf die Phrasen „Weinblätter in seinem Haar", „Das stellst du dir, Hedda!", „Die gewellte Thea", „Der eine Schwanz auf dem …" gelegt wird Geflügelstall" und „Menschen tun so etwas nicht!" Das gleiche Mittel kann in der Kurzgeschichte und im Roman gleichermaßen effektiv eingesetzt werden. Zur Veranschaulichung genügt ein einziges Beispiel. Beachten Sie bei der Untersuchung der beeindruckenden Rede des alten Lama in Mr. Kiplings „Kim", wie viel Wert auf die ständige Wiederkehr bestimmter Phrasen gelegt wird, wie „Suche nach dem Fluss", „Die Gerechtigkeit des Rades", „ Verdienste erwerben" und so weiter.

Ein erzählerisches Hilfsmittel, das sich in seiner Wirkung kaum von einer einfachen Iteration unterscheidet, ist das Mittel der Parallelität der Struktur. In Hawthornes Geschichte „The White Old Maid" zum Beispiel spielen sich die erste und die letzte Szene, obwohl sie zeitlich viele, viele Jahre voneinander entfernt sind, in derselben geräumigen Kammer ab, durch die die Mondstrahlen auf die gleiche Weise fallen zwei tiefe und schmale Fenster, während wehende Vorhänge den gleichen geisterhaften Ausdruck auf einem toten Gesicht erzeugen.

7. Betonung durch Antithese. — Die Betonung der Erzählung wird auch durch die Antithese erreicht,—ein Mittel, das in jeder Kunst verwendet wird.

In den meisten Geschichten ist es sinnvoll, die Charaktere so auszuwählen, dass sie sich gegenseitig hervorheben. In der großen Duellszene des „Meisters von Ballantrae ", aus der in einem früheren Kapitel eine Auswahl zitiert wurde, steht die phlegmatische Ruhe von Mr. Henry in scharfem Kontrast zur launenhaften Hitzköpfigkeit des Meisters; und jeder Charakter tritt durch seinen Gegensatz zum anderen lebendiger hervor. Von den beiden Frauen, die Tito Melema liebt , ist die eine, Tessa, einfach und kindisch, die andere, Romola , komplex und intellektuell. Die interessantesten Geschichten stellen einen ständigen Kontrast sich gegenseitig widersprechender Persönlichkeiten dar; Und wann immer sich Charaktere mit unterschiedlichen Ansichten und gegensätzlichen Zielen in einem Kampf, der sie von entscheidender Bedeutung ist, edel auseinandersetzen, wird die Spannung der Situation noch erhöht, wenn der Unterschied zwischen den Charakteren deutlich wird. Dieses Mittel ist daher im Drama von besonderer Bedeutung. Othello wirkt in der Gegenwart des kalten, intellektuellen Jago noch ergreifender und emotionaler. In „The School for Scandal" sind Charles und Joseph Surface zusammen viel effektiver, als jeder von ihnen alleine wäre. Die unbefangene und unbekümmerte Rücksichtslosigkeit des einen löst die sanfte und selbstgefällige Verstellung des anderen aus; Der erste gibt dem Spiel Licht, der zweite Schatten. Hamlets Witz wird durch die geschwätzige Stumpfheit von Polonius geschärft; Die traurige Weltweisheit von Paula Tanqueray wird durch die Unschuld von Ellean unterstrichen . Um ebenfalls auf den Roman als Beispiele zurückzukommen, brauchen wir nur den Kontrast im Kopf zwischen Sherlock Holmes und Dr. Watson, den Stimmungskontrast zwischen Claude Frollo und Phoebus de Châteaupers , den Idealkontrast zwischen Daniel Deronda und Gwendolen Grandcourt zu veranschaulichen .

Das Mittel der Antithese kommt auch bei der Ausgewogenheit von Szene zu Szene wirkungsvoll zum Einsatz. Der absoluten Trostlosigkeit, die „Die Maske des Roten Todes" beendet, geht „ein Maskenball von ungewöhnlichster Pracht" voraus. In Scotts „Kenilworth" gehen wir von den großartigen Festlichkeiten, die Leicester zu Ehren von Königin Elizabeth einrichtet, zu dem einsamen Gefängnis über, in dem Amy Robsart , seine verlassene Frau, schmachtet. Victor Hugo ist in der modernen Belletristik der größte Meister des Stimmungsgegensatzes zwischen Szene und Szene. Seine nachdrücklichsten Wirkungen erzielt er, wie in der gotischen Architektur, durch die Gegenüberstellung von Groteske und Erhabenem. Freilich übertreibt er oft den Gegensatz; und ganze Abschnitte seiner Erzählung bewegen sich wie der Balken einer Fähre und neigen sich mal nach dieser, mal nach jener Seite. Aber trotz seines übermäßigen Einsatzes dieses Geräts sollte seine Praxis sorgfältig studiert werden; denn im besten Fall veranschaulicht er überzeugender als jeder andere Autor die Wirksamkeit der Kontrastbetonung.

Die subtilste Art, dieses Mittel anzuwenden, besteht darin, innerhalb einer einzelnen Szene einen Stimmungsgegensatz zu präsentieren. Dame Quicklys Bericht über Falstaffs Tod berührt zugleich die Höhen des Humors und die Tiefen des Pathos. Am Ende von „Mrs. Bathurst" wird die tragische Erzählung durch eine Picknickgruppe unterbrochen, die ein leichtes Liebeslied singt. Shylock versinkt in seinem großartigen Dialog mit Tubal gleichzeitig in Melancholie über den Abfall seiner Tochter und errötet vor Triumph, weil er Antonio endlich in seinen Fängen hat. Jede Emotion scheint stärker zu sein, weil sie im Gegensatz zur anderen steht. In Mr. Kiplings „Love-o'-Women" wird die tragische Wirkung dadurch verstärkt, dass die Geschichte von dem humorvollen Mulvaney erzählt wird. Daher:--

„'Ein' jetzt?' sie schweigt und schaut ihn an; Und der rote Farbknospen liegt einsam auf dem weißen Gesicht ihres Gesichts wie ein Volltreffer auf einer Zielscheibe.

„Er hob den Blick, langsam und sehr langsam, und er sah sie lange, sehr lange an, und er zog seinen Mund Verdrehte seine Zähne mit einem Schraubenschlüssel, der ihn zum Schweigen brachte .

„Ich sterbe , Aigypt – sterbe '", sagt er; Ja, das waren seine Worte, denn ich erinnere mich an den Namen, mit dem er sie nannte. Er nahm die Todesfarbe an, aber seine Augen leuchteten nicht mehr ruderte . Sie waren auf sie gerichtet. Ohne ein Wort oder eine Warnung breitete sie ihre Arme voll aus und sagte: „Hier!" sie sez. (Oh, was für eine goldene Stimme das war.) „Hier sterben", sagte sie; Eine Love-o-Women sprang vor und stützte ihn, denn sie war eine schöne, große Frau.

8. Betonung durch Höhepunkt. — Ein weiteres rhetorisches Hilfsmittel, aus dem Betonung abgeleitet werden kann, ist natürlich die Verwendung des Höhepunkts. Die Materialien einer Kurzgeschichte oder eines Erzählkapitels sollten in fast allen Fällen in aufsteigender Reihenfolge ihrer Wichtigkeit zusammengestellt werden, wobei jeder Vorfall das Interesse auf eine höhere Ebene hebt als der vorhergehende. Das Gleiche gilt für die Struktur eines Romans vom Anfang bis zum Höhepunkt; Aber natürlich ist es im *Endergebnis selten möglich* , das Interesse über das Niveau zu heben, das es zum Zeitpunkt der größten Komplikation erreichte. Die klimakterische Progressivität der Struktur wird wirkungsvoll in Henry James' Mysteriums- und Schreckensgeschichte „The Turn of the Screw" veranschaulicht. Der Autor häuft sich auf dem Kopf des Horrors an, und zwar in einer stetig steigenden Skala. Aber andererseits wurden viele Geschichten durch die Einführung einer sehr auffälligen Szene zu früh in die Struktur getrübt, woraufhin zwangsläufig eine merkliche Verringerung des Interesses eintrat. Der Grund dafür, dass Fortsetzungen großer Romane selten erfolgreich waren, liegt darin, dass es dem Autor im zweiten Band unmöglich war, einen

Höhepunkt des Interesses gegenüber dem Niveau aufrechtzuerhalten, auf dem er im ersten Band aufgehört hatte.

9. Betonung durch Überraschung. — Ein weniger technisches und eher psychologisches Mittel zur Betonung als die bisher diskutierten ist das, das seinen Ursprung in der Überraschung hat. Was den Leser unerwartet trifft, wird ihn hart treffen. Am meisten wird ihn das beeindrucken, auf das er am wenigsten vorbereitet war. Kapitel XXXII von „Vanity Fair" findet in Brüssel während der Schlacht von Waterloo statt. Der Leser wird mit den Frauen der Geschichte in der Stadt festgehalten, während die Männer ein Dutzend Meilen entfernt auf dem Feld kämpfen. Den ganzen Tag rumpelt ein fernes Kanonendonner ans Ohr. Bei Einbruch der Dunkelheit hört der Lärm plötzlich auf. Dann, am Ende des Kapitels, wird dem Leser gesagt:—

„In Brüssel waren keine Schüsse mehr zu hören – die Verfolgung rollte meilenweit entfernt. Die Dunkelheit senkte sich über das Feld und die Stadt, und Amelia betete für George, der tot auf dem Gesicht lag und eine Kugel im Herzen hatte."

Diese Aussage zum Tod von George Osborne wird auf mehrere Arten gleichzeitig betont. Es wird durch die Position betont, da es ganz am Ende eines langen Kapitels steht; im umgekehrten Verhältnis, da es nach vielen Seiten, die weniger wichtigen Themen gewidmet waren, in einem einzigen Satz dargelegt wird; vor allem aber durch die Überraschung, mit der es den Leser überrascht. Ebenso ist der letzte Satz von de Maupassants „Die Halskette", der weiter oben in diesem Kapitel zitiert wurde, sowohl durch Überraschung als auch durch Position nachdrücklich; und das Gleiche gilt für den cleveren und unerwarteten Schluss von HC Bunners „A Sisterly Scheme", in vielerlei Hinsicht ein kleines Meisterwerk der Kunst.

In Mysteriengeschichten wird das Interesse hauptsächlich durch die geschickte Manipulation der Überraschung aufrechterhalten; Aber selbst in Romanen, in denen das Ziel, zu mystifizieren, weit davon entfernt ist, das Hauptanliegen des Autors zu sein, ist es oft klug, etwas vor dem Leser geheim zu halten, um die Überraschung hervorzuheben, die im Moment der Offenbarung entstehen kann. In „Our Mutual Friend" wird der Leser lange Zeit zu der Annahme verleitet, dass sich der Charakter von Mr. Boffin zum Schlechteren verändert; und sein Interesse wird deutlich geweckt, als er schließlich herausfindet, dass die scheinbare Degeneration nur ein Vorwand war.

In dem Drama muss dieses Mittel mit großer Vorsicht eingesetzt werden, denn ein plötzlicher und erschreckender Überraschungsschock kann die Aufmerksamkeit der Zuschauer zerstreuen und sie von der wahren Vorstellung der Szene abbringen. Wenn der Leser eines Romans überrascht feststellt, dass er über mehrere Seiten hinweg geschickt getäuscht wurde, hält er möglicherweise inne, um seine Vorstellung von der Erzählung zu rekonstruieren, und liest möglicherweise sogar die gesamte Passage noch einmal, in der ihm das Geheimnis vorenthalten wurde. Aber im Theater können die Zuschauer das Stück nicht unterbrechen, während sie im Nachhinein ihr Urteil über eine Situation rekonstruieren; und deshalb sollte im Drama ein Moment der Überraschung sorgfältig durch vorausschauende Suggestion herbeigeführt werden. Bevor gezeigt wird, wie Lady Macbeth im Schlaf wandelt, werden ihr Arzt und ihre Kellnerin losgeschickt, um dem Publikum von ihrer „schlafenden Aufregung" zu erzählen. Das ist hervorragende Theaterkunst; aber es wäre schlechte Kunst auf den Seiten eines Romans. In einer Geschichte, die zum Lesen geschrieben wurde, ist die Überraschung dann am effektivsten, wenn sie vollständig ist.

10. Betonung durch Spannung. — Eine noch interessantere Form der Betonung in der Erzählung ist die Betonung durch Spannung. Wilkie Collins wird zugeschrieben, dass er gesagt hat, dass das Geheimnis, die Aufmerksamkeit seiner Leser zu fesseln, in der Fähigkeit liege, drei Dinge zu tun: „Bring sie zum Lachen ; Bring sie zum Weinen; Lass sie warten." Bleibe immer noch bei diesen dreien; und das Größte ist das Letzte. Die Fähigkeit, den Leser über viele Seiten und manchmal über viele Kapitel hinweg warten zu lassen, ist ein sehr wertvolles Gut des Autors von Belletristik; Diese Fähigkeit kommt jedoch am besten zum Einsatz, wenn sie innerhalb bestimmter Grenzen ausgeübt wird. Erstens hat es keinen Sinn, den Leser warten zu lassen, wenn ihm nicht vorher eine Ahnung davon vermittelt wird, worauf er warten soll. Der Leser sollte fasziniert sein; man sollte ihn dazu bringen, sich nach der Frucht zu sehnen, die gerade außerhalb seiner Reichweite liegt; und er sollte nicht im Unwissen über die Natur der Frucht bleiben, damit er sich nicht halbherzig danach sehnt. Ein vages Gefühl von „etwas, das immer passieren wird" ist für den Leser weniger interessant als ein lebhaftes Gefühl für die unmittelbare Nähe eines bestimmten Ereignisses, das er unbedingt miterleben möchte. Das Mittel der Spannung ist am effektivsten, wenn eines von zwei und nur zwei Dingen, von denen sich der Leser beide im Voraus vorgestellt hat, gerade dabei ist, einzutreten, und der Leser, der das eine begehrt und sich vor dem anderen fürchtet, währenddessen warten muss die Waage zittert . Zweitens hat es selten Sinn, den Leser warten zu lassen, es sei denn, er erhält am Ende das, worauf er gewartet hat. Eine Kurzgeschichte kann gelegentlich eine Spannung erzeugen, die niemals erfüllt werden kann. Frank R. Stocktons berühmtes Märchen „Die Dame oder der Tiger?" endet mit einer Frage, die weder der Leser noch der Autor beantworten kann; und Bayard Taylors faszinierende Kurzgeschichte „Who Was She?" enthüllt nie das verführerische Geheimnis der Identität der Heldin. Aber in einer ausgedehnten Geschichte ist eine unbefriedigende Spannung oft weniger nachdrücklich als überhaupt keine Spannung, weil sich der Leser am Ende vom Autor betrogen fühlt, der ihn umsonst warten ließ. Es gibt natürlich Ausnahmen von dieser Aussage. In „Der Marmorfaun" hat Hawthorne zweifellos recht, wenn er niemals die Form von Donatellos Ohren preisgibt, obwohl der Leser die Offenbarung ständig erwartet; Aber im selben Roman ist schwer zu erkennen, welchen Nutzen es hat, wenn man den Leser vergeblich auf die Wahrheit über die dunkle Vergangenheit von Miriam warten lässt.

11. Betonung durch nachahmende Bewegung. — Die Betonung der Erzählung kann auch durch nachahmende Bewegung erreicht werden. Was auch immer sich schnell ereignet hat, sollte schnell, in wenigen Worten und in schnellem Rhythmus erzählt werden; und alles, was man sich vorstellt, dass es langsam passiert ist, sollte gemächlicher erzählt werden – manchmal in einer größeren Anzahl von Worten, als der Sinn allein unbedingt erfordert – wobei die Worte darüber hinaus in einem Rhythmus von spürbarer Trägheit angeordnet sind . In „Markheim" wird der Händler in einem einzigen plötzlichen Satz ermordet: „Der lange, spießartige Dolch blitzte auf und fiel." Aber später in der Geschichte braucht der Held einen ganzen Absatz mit nicht weniger als dreihundert Wörtern, um die vierundzwanzig Stufen zum ersten Stock des Hauses zu erklimmen. Beachten Sie in der folgenden Passage aus „Die Maske des roten Todes", wie viel von der Wirkung auf die nachahmende Bewegung in der Erzählung zurückzuführen ist:—

„Aber trotz einer gewissen namenlosen Ehrfurcht, mit der die verrückten Annahmen des Mummers die ganze Gruppe erfüllt hatten, fand sich niemand, der die Hand ausstreckte, um ihn zu ergreifen; so dass er ungehindert bis auf einen Meter an der Person des Prinzen vorbeikam; und während die riesige Versammlung wie mit einem Impuls von der Mitte der Räume zu den Wänden zurückwich, bahnte er sich ununterbrochen, aber mit demselben feierlichen und gemessenen Schritt, seinen Weg durch das blaue Zimmer, der ihn vom ersten Tag an ausgezeichnet hatte zum Purpur – durch das Purpur zum Grün – durch das Grün zum Orange – durch dieses wieder zum Weiß – und sogar von dort zum Violett, bevor eine entschiedene Bewegung unternommen wurde, um ihn festzuhalten. Dann jedoch stürmte Prinz Prospero, wahnsinnig vor Wut und der Scham seiner eigenen momentanen Feigheit, eilig durch die sechs Kammern, während ihm niemand folgte, weil ein tödlicher Schrecken alle erfasst hatte." Das Gespenst und der Prinz gehen nacheinander durch dieselbe Reihe von Räumen; aber die ersteren benötigen einundfünfzig Wörter, um die Strecke zurückzulegen, während die letzteren nur sechs Wörter benötigen.

In jeder künstlerisch gestalteten Geschichte werden die in diesem Kapitel aufgezählten Hervorhebungsmethoden kontinuierlich angewendet. Seine wesentlichen Merkmale werden durch Position (Ende oder Anfang), durch Pause, durch Proportion (direkt oder invers), durch Iteration oder Parallelität, durch Antithese, durch Höhepunkt, durch Überraschung, durch

Spannung, durch nachahmende Bewegung oder durch a hervorgehoben Kombination aus einigen oder allen davon. Die Notwendigkeit der Betonung ist allgegenwärtig; die Mittel zur Betonung sind einfach; und jeder Autor von Erzählungen, der seine Kunst beherrscht, wird sich bemühen, sie stets optimal einzusetzen.

REZENSIONSFRAGEN

1. Aus welchen Gründen ist das Prinzip der Betonung in der Kunst so wichtig?

2. Stellen Sie sich ein fiktives Ereignis ausreichender Komplexität vor; Wählen Sie das eine Detail aus, das Ihnen am wichtigsten erscheint; und schreiben Sie dann elf verschiedene Themen, in denen Sie denselben Vorfall erzählen und dieses Detail nacheinander hervorheben: 1. Nach Endposition; 2. Nach Ausgangsposition; 3. Durch Pause; 4. Durch direktes Verhältnis; 5. Durch umgekehrtes Verhältnis; 6. Durch Iteration; 7. Durch Antithese; 8. Durch Höhepunkt; 9. Durch Überraschung; 10. Durch Spannung und 11. Durch nachahmende Bewegung.

VORGESCHLAGENE LITERATUR

VICTOR HUGO : „Notre Dame de Paris .“ — Dies ist einer der größten Romane der Welt; und es veranschaulicht an vielen Stellen jedes technische Mittel zur Hervorhebung, das in diesem Kapitel dargelegt wurde.

KAPITEL IX

Das Epos, das Drama und der Roman

Fiktion ein allgemeiner Begriff – Erzählung in Versen und Erzählung in Prosa – Drei Stimmungen der Fiktion: I. Die epische Stimmung – II. Die dramatische Stimmung: 1. Einfluss des Schauspielers; 2. Einfluss des Theaters; 3. Einfluss des Publikums—[Dramatisierte Romane]— III. Die romanhafte Stimmung.

Fiktion ein allgemeiner Begriff. — Im gesamten vorliegenden Band wird das Wort „ *Fiktion* "mit einer sehr weitreichenden Bedeutung verwendet und umfasst jede Art von literarischer Komposition, deren Zweck darin besteht, bestimmte Wahrheiten des menschlichen Lebens in einer Reihe imaginärer Tatsachen zu verkörpern. Der Grund dafür liegt darin, dass die gleichen allgemeinen künstlerischen Methoden, mit sehr geringfügigen und offensichtlichen Modifikationen, auf jede Art von Erzählung anwendbar sind, die imaginäre Menschen in einer Reihe imaginärer Handlungen darstellt. Fast alle technischen Prinzipien, die in den sechs vorangegangenen Kapiteln dargelegt wurden, gelten nicht nur für den Roman und die Kurzgeschichte, sondern auch für das Epos und die kleinere Erzählung in Versen und auch (wenn auch mit gewissen offensichtlichen Einschränkungen) für die Theater. Die Materialien und Methoden der Belletristik können in den Werken von Homer, Shakespeare und sogar Browning sowie in den Werken von Balzac, Turgénieff und Mr. Kipling studiert werden. Die Natur der Erzählung ist notwendigerweise dieselbe, unabhängig von ihrer Stimmung oder ihrem Medium. Die Methoden zur Konstruktion von Handlungssträngen, zur Beschreibung von Charakteren und zur Verwendung von Schauplätzen unterscheiden sich nicht wesentlich davon, ob eine Erzählung in Versen oder in Prosa geschrieben wird; und in beiden Fällen sind die gleiche Wahl des Standpunkts und die gleiche Vielfalt an Schwerpunkten möglich. Daher wurde in diesem Band bisher kein Versuch unternommen, einen Typ fiktiver Erzählung von einem anderen zu unterscheiden.

Erzählung in Versen und Erzählung in Prosa. — Eine solche Unterscheidung sollte, wenn überhaupt versucht wird, nur im weitesten und allgemeinsten Sinne vorgenommen werden. Zunächst muss man zugeben, dass bei einer Untersuchung, die sich ausschließlich mit den Methoden der Fiktion befasst, keine technische Unterscheidung zwischen der Erzählung, die in Versen verfasst ist, und der Erzählung, die in Prosa verfasst ist, möglich ist. Die beiden unterscheiden sich in der Stimmung ihrer Materialien und dem Medium, durch das sie ausgedrückt werden; Sie unterscheiden sich jedoch nicht deutlich in der Bauweise. Was die Handlung, die Charaktere und das Setting betrifft, hat sich Sir Walter Scott an den Waverley-Romanen, die in Prosa verfasst sind, genauso an die Arbeit gemacht wie an „Marmion" und „Die Dame vom See". in Versen geschrieben. In seinen Versen sagte er Dinge mit der besseren Kunst, in seiner Prosa hatte er mehr zu sagen; aber in jedem Fall war sein Hauptzweck derselbe: und aus der kritischen Aussage, dass „Ivanhoe" Fiktion sei und „Marmion" nicht, könne nichts gewonnen werden. In der Geschichte jeder Nation wurden Belletristik zuerst in Versen und erst danach in Prosa geschrieben. Was wir grob als Roman bezeichnen, entstand spät in der Literatur, zu einer Zeit, nachdem die Prosa die Verse als natürliches Erzählmedium verdrängt hatte. Deshalb und nur deshalb betrachten wir den Roman als eine Art Prosaliteratur. Denn es gibt keinen inhärenten Grund, warum ein Roman nicht in Versform geschrieben werden sollte. In gewisser Weise können Mrs. Brownings „Aurora Leigh", Owen Merediths „Lucile" und Coventry Patmores „The Angel in the House", um nur Werke von sehr unterschiedlicher Qualität und Kaliber zu nennen , eher als Romane denn als Romane betrachtet werden Gedichte. Die Geschichte von „Maud" inspirierte Tennyson zu poetischen Äußerungen und er erzählte die Geschichte in einer Reihe exquisiter Texte; aber dieselbe Geschichte könnte von einem anderen Autor als Grundlage für einen Roman in Prosa verwendet worden sein . Das Thema „Evangeline" wurde Longfellow von Hawthorne vorgeschlagen; und wenn der große Prosadichter die Geschichte selbst geschrieben hätte, hätte sie sich weder im Material noch in der Strukturmethode wesentlich von der Erzählung unterschieden, wie wir sie durch das Medium des Versromantikers kennen. François Coppée hat sowohl in Versen als auch in Prosa bewundernswerte Kurzgeschichten verfasst. „Der Streik der Eisenarbeiter" („ *La Gréve des Forgerons* "), das in gereimten Alexandrinern geschrieben ist, unterscheidet sich in der Erzählweise nicht wesentlich von „The Substitute" („ *Le Remplaçant* "), das in Prosa geschrieben ist. Gewiss, Ersteres ist ein Gedicht und Letzteres nicht; aber nur ein sehr engstirniger Kritiker würde Letzteres als Kurzgeschichte bezeichnen, ohne denselben Begriff auch auf Ersteres anzuwenden. Daher hat die Frage, ob eine bestimmte fiktive Geschichte in Versen oder in Prosa erzählt werden sollte, in einer allgemeinen Diskussion über die Materialien und Methoden der Fiktion keinen Platz. Es ist lediglich eine Frage des Ausdrucks und muss in jedem Fall durch die temperamentvolle Haltung des Autors gegenüber seinem Thema entschieden werden.

Drei Stimmungen der Fiktion. — Wenn wir daher jeden Versuch einer kritischen Unterscheidung zwischen in Versen verfasster Fiktion und in Prosa verfasster Fiktion als nutzlos ausschließen, können wir dennoch einen gewissen Nutzen aus einer groben und allgemeinen Unterscheidung zwischen drei Hauptstimmungen der Fiktion ziehen ,—das Epos, das

Dramatische und das, was wir (in Ermangelung eines genaueren Begriffs) das Romanistische nennen könnten. Bestimmte Romane sind von Natur aus episch, dramatisch oder romanhaft. Außerdem kann ein Autor, je nach seiner geistigen Einstellung zum Leben und zum Thema seiner Romane, seine Geschichten entweder in die epische, dramatische oder romanhafte Stimmung bringen. Um diesen Unterschied zu verstehen, müssen wir die Natur des Epos und des Dramas untersuchen und dann den Roman im Vergleich zu diesen beiden älteren Arten der Fiktion studieren.

I. Die epische Stimmung. —Die großen Epen der Welt, ob sie, wie im Fall der nordischen Sagen und möglicherweise der homerischen Gedichte, eine allmähliche und unabsichtliche Ansammlung traditioneller Balladen waren , oder wie im Fall der „ Æneis " und „Paradise Lost", sie waren die bewusste Produktion eines einzelnen bewussten Künstlers, haben ihre Hauptbedeutung dadurch erlangt, dass sie den gesamten Beitrag einer bestimmten Rasse, einer bestimmten Nation, einer bestimmten Person zum menschlichen Fortschritt in sich zusammengefasst haben organisierte Religion. Die Herrlichkeit Griechenlands wird in der „Ilias " verkörpert und für immer besungen – die Größe Roms in der „ Äneis ". Alles, was das Mittelalter der Welt schenkte, ist in der „Göttlichen Komödie" von Dante zusammengefasst und ausgedrückt: Die gesamte mittelalterliche Geschichte, Wissenschaft, Philosophie, Gelehrsamkeit, Poesie und Religion kann aus einer richtigen Lektüre und einem vollständigen Verständnis dieses einzigen monumentalen Gedichts rekonstruiert werden . Wenn Sie Portugal in seinem großen Zeitalter der Entdeckungen, Eroberungen und der nationalen Expansion kennen lernen möchten, lesen Sie die „ Lusiaden " von Camoëns . Wenn Sie wissen möchten, dass das Christentum gegen die umkämpften Legionen der Sarazenen kämpft, lesen Sie „Jerusalem befreit" von Tasso. Wenn Sie wissen möchten, was die puritanische Religion einst für die größten Geister Englands bedeutete, lesen Sie „Das verlorene Paradies" von Milton.

Die großen Epen haben diese wiederaufgenommene und historische Bedeutung nur dadurch erlangt, dass sie einen riesigen und gemeinschaftlichen Kampf zum Gegenstand hatten, an dem eine ganze Rasse, eine ganze Nation, eine ganze organisierte Religion beteiligt war – ein Kampf, den man sich als so gewaltig vorstellte, dass man sich das vorstellte Es hat Himmel und Erde erschüttert und nicht nur Menschen, sondern auch Götter zum Konflikt aufgerufen. Das Epos handelte immer von einem Kampf, der zugleich menschlich und göttlich war, um eine große gemeinsame Sache zu etablieren. Diese Ursache ist in der „ Æneid " die Gründung Roms; im „Jerusalem befreit" ist es die Wiederherstellung des Heiligen Grabes ; in der „Faerie Queene " ist es der Triumph der Tugenden über die Laster; in den „ Lusiaden " ist es die Entdeckung und Eroberung

Indiens; in der „Göttlichen Komödie" geht es um die Erlösung der menschlichen Seele. Welche Nationen, welche Rassen, welche Götter auch immer sich der Gründung Roms oder der Befreiung Jerusalems widersetzen, sie müssen besiegt werden, denn in jedem Fall ist die epische Sache gerecht und zum Sieg vorherbestimmt.

Aus diesem Grund sind die Charaktere in den großen Epen vor allem wegen der Rolle, die sie dabei spielen, den Sieg der großen und sozialen Sache, die Gegenstand der Geschichte ist, voranzutreiben oder zu verzögern, einprägsam. Ihre Tugenden und ihre Fehler sind gemeinschaftlich und repräsentativ: Sie werden nicht als Individuen beurteilt, abgesehen von dem Konflikt, in dem sie eine Rolle spielen, und infolgedessen sind ihre individuellen Eigenschaften selten interessant . Gerade bei der Darstellung der intimeren und persönlicheren Phasen des menschlichen Charakters erweist sich die epische Literatur im Vergleich zum modernen Roman als ineffizient. Der epische Autor zeigt wenig Verständnis für jeden Einzelnen, der gegen die Sache kämpft, die etabliert werden soll. Dass Æneas sich mit Dido herumschlägt und sie anschließend verlässt, interessiert Vergil aus Gründen der individuellen Persönlichkeit kaum. Was ihn hauptsächlich interessiert, ist die Tatsache, dass die Gründung Roms verzögert wird, solange Æneas bei der karthagischen Königin verweilt , und dass, wenn … Als Æneas sie zuletzt verlässt, tut er dies, um die epische Sache voranzutreiben. Daher betrachtet Virgil die Desertion von Dido als einen Akt heroischer Tugend seitens des Mannes, der davonsegelt, um eine Nation zu gründen. Ein moderner Romanschriftsteller hingegen (und das ist der wichtigste Punkt, der in diesem Zusammenhang berücksichtigt werden muss) würde die ganze Angelegenheit persönlicher auffassen. Die endgültige Gründung Roms würde ihn im Augenblick weitaus weniger interessieren als das Elend der verlassenen Frau; und anstatt Æneas als Vorbild heldenhafter Tugend zu betrachten , würde er ihn persönlich für niedrig halten. Daraus sehen wir, dass die romanhafte Haltung gegenüber Charakteren viel inniger ist als die epische Haltung. Der Zorn des Achilleus ist für Homer nicht so sehr bedeutsam, weil er eine Zurschaustellung der individuellen Persönlichkeit darstellt, sondern weil er ein Faktor ist, der den Sieg der Griechen gefährdet. Die meisten Helden Homers werden als individuelle Charaktertypen betrachtet und sind bloße Jungen. Es ist die Sache, für die sie kämpfen, die ihnen Würde verleiht: Das umkämpfte Griechenland muss die Schönheit zurückgewinnen, die ihm eine geringere Rasse genommen hat. Sogar Helen selbst ist lediglich eine Idee, für die man kämpfen muss; Sie ist als Frau menschlich nicht interessant. Nur in seltenen Passagen, etwa in der Szene des Abschieds zwischen Andromache und Hector, offenbaren die antiken Epen die innige Haltung gegenüber Charakteren, an die wir uns im modernen Roman gewöhnt haben.

Da sich die epischen Autoren schon immer für gemeinschaftliche Konflikte und nicht für die individuelle Persönlichkeit interessierten, haben sie das Element der Liebe – die intimste und persönlichste aller Emotionen – selten genutzt. Es gibt keine Liebe bei Homer und kaum Liebe bei Vergil und Milton. Tasso verwendet freilich ein Liebesmotiv als Grundlage für jeden der drei Hauptstränge seiner Geschichte; Aber dadurch verliert sein Epos, obwohl es an Modernität und Charme gewinnt, etwas von der gemeinschaftlichen Unermesslichkeit – der unpersönlichen Würde – der „Ilias" und der „ Æneis ". Andererseits haben Romanautoren, die sich hauptsächlich für die Offenbarung intimer Phasen der individuellen Persönlichkeit interessierten, das Element der Liebe als Leitmotiv ihrer Geschichten aufgegriffen. Und darin liegt einer der inhaltlichen Hauptunterschiede zwischen epischer und romanhafter Fiktion.

Bestimmte große Romane stehen im Grenzbereich zwischen Epos und Roman. „Don Quijote" ist zum Beispiel ein solches Werk. Es ist insofern episch, als es den gesamten Beitrag Spaniens zum Fortschritt der Menschheit zusammenfasst und zum Ausdruck bringt. Es ist eine Wiederaufnahme der Nation, die es hervorgebracht hat: Alle Phasen des spanischen Lebens und Charakters, seiner Ideale und seines Temperaments sind darin verkörpert. Aber auf der anderen Seite ist es romanhaft, weil es den Schwerpunkt auf die individuelle Persönlichkeit legt – die Intimität, mit der es das Interesse weniger auf eine Nation als vielmehr auf einen Menschen richtet.

Das Epos im antiken Sinne ist heute tot. Die Möglichkeit der Kommunikation zwischen den Nationen hat uns alle zu Weltbürgern gemacht; und ein verstärktes Gefühl für die Relativität nationaler und religiöser Ideale hat uns gegenüber anderen Systemen als unserem eigenen katholisch gemacht. Folglich haben wir den Glauben an einen gemeinschaftlichen Konflikt verloren, der so absolut gerecht und notwendig ist, dass er nicht nur menschliche, sondern auch göttliche Mächte zum Kampf aufruft. Außerdem sind wir seit der Französischen Revolution dazu gewachsen, das Eine über die Vielen zu stellen und zu glauben, dass die Gesellschaft von Rechts wegen für das Wohl des Einzelnen existiert und nicht, dass das Individuum für das Wohl der Gesellschaft da ist. Daher ist der Roman, der sich mit der individuellen Persönlichkeit an und für sich beschäftigt, besser auf das moderne Leben abgestimmt als das Epos, das den Einzelnen hauptsächlich im Zusammenhang mit einer gemeinschaftlichen Sache darstellt, die er vorantreiben oder verlangsamen möchte.

Der epische Ton bleibt jedoch in bestimmten bedeutsamen modernen Romanen erhalten. „Onkel Toms Hütte" zum Beispiel ist nicht nur als Roman wichtig, sondern vielmehr als Epos über die große Sache der Abschaffung der Sklaverei. Vielen Werken von Erckmann-Chatrian liegt die epische Absicht zugrunde, die Sache des weltweiten Friedens durch die

Darstellung der Schrecken des Krieges voranzutreiben. Balzac hatte die wiederauflebende Phase der epischen Komposition im Sinn, als er seine „Menschliche Komödie" plante (wobei er seinen Titel offensichtlich an Dantes Gedicht anlehnte) und begann, alle Phasen des menschlichen Lebens in einer einzigen monumentalen Erzählreihe zusammenzufassen . So hatte auch der verstorbene Frank Norris eine epische Idee in seiner Fantasie, als er eine Romantrilogie plante (die er leider verstarb, bevor er sie fertigstellte), um zu zeigen, was die große Weizenindustrie für die moderne Welt bedeutet.

Im weiteren und sozialen Sinne ist das Epos unbestreitbar eine größere Art von Fiktion als der Roman, weil es das Leben im Großen stärker aufgreift und die Menschheit mit einem umfassenderen Blickwinkel betrachtet; Aber im tieferen und persönlichen Sinne ist der Roman der größere, weil er eine intimere Untersuchung individueller Emotionen ermöglicht. Und wie wir gesehen haben, ist es möglich, dass moderne Belletristik gleichzeitig episch und romanhaft in Inhalt und Stimmung sein sollte – episch, indem sie alle Aspekte einer bestimmten Lebensphase aufgreift und einen sozialen Kampf darstellt, und romanhaft in der Besetzung Betonung persönlicher Charakterdetails und der Darstellung intimer Emotionen. Wahrscheinlich ist es keinem anderen Autor besser gelungen als Emile Zola, die epischen und romanhaften Stimmungen der Fiktion zu verbinden; und die Romane der Rougon-Macquart- Reihe sind in ihrer Bedeutung zugleich gemeinschaftlich und persönlich.

II. Die dramatische Stimmung. — Es ist etwas einfacher, eine inhaltliche und methodische Unterscheidung zwischen romanischer und dramatischer Fiktion zu treffen, da letztere unter besonderen Bedingungen produziert wird, die dem Autor bestimmte Einschränkungen auferlegen. Ein Drama ist im Wesentlichen eine Geschichte, die von Schauspielern auf einer Bühne einem Publikum präsentiert werden soll. Der Dramatiker arbeitet daher stets unter dem Einfluss von drei Einflüssen, denen der Romancier nicht ausgesetzt ist: nämlich dem Temperament der Schauspieler, von denen seine Stücke aufgeführt werden sollen, und den physischen Bedingungen des Theaters, in dem sie aufgeführt werden produziert werden sollen, und die psychologische Natur des Publikums, vor dem sie präsentiert werden sollen. Die kombinierte Kraft dieser drei äußeren Einflüsse auf den Dramatiker erklärt alle wesentlichen Unterschiede zwischen dem Drama und dem Roman.

1. Einfluss des Schauspielers. — Erstens ist der Dramatiker aufgrund des Einflusses seiner Schauspieler gezwungen, Charaktere durch Handlungen zu zeichnen und fast alle anderen Mittel der Charakterisierung aus seinem Werk zu eliminieren. Er muss daher aus dem Leben solche Momente auswählen, die eher aktiv als passiv sind. Seine Charaktere müssen ständig etwas tun; Sie dürfen nicht für sorgfältige Betrachtung innehalten. Folglich verfügt der

Romanautor über ein breiteres Themenspektrum als der Dramatiker, weil er das Leben gelassener betrachten und sich bei Bedarf mit Gedanken und Gefühlen befassen kann, die sich nicht in die Tat umsetzen lassen. Durch die Darstellung objektiver Ereignisse, bei denen das Handlungselement im Vordergrund steht, wirkt das Drama unmittelbarer und lebendiger; Der Roman kann jedoch subjektive Ereignisse darstellen, die weit über die Darstellungsmöglichkeiten von Schauspielern im Theater hinausgehen. Da er darüber hinaus nicht verpflichtet ist, an Schauspieler zu denken, verfügt der Romanautor über eine größere Freiheit bei der Charaktergestaltung als der Dramatiker. Die großen Charaktere des Dramas wurden von Dramatikern entworfen, die das Theater ihres Ortes und ihrer Zeit bereits beherrschten und daher ihre Rollen so gestaltet haben, dass sie zu den einzelnen Schauspielern passen, die sie für die Aufführung bereit gefunden haben. Folglich haben sie ihren Charakteren die physischen und in gewissem Maße sogar die mentalen Eigenschaften bestimmter tatsächlicher Schauspieler verliehen. M. Rostands Cyrano de Bergerac ist nicht nur Cyrano, sondern auch Constant Coquelin; Sardous La Tosca ist nicht nur La Tosca, sondern auch Mme. Sarah Bernhardt; Molières Célimène ist nicht nur Célimène , sondern auch Mlle. Molière; Shakespeares Hamlet ist nicht nur Hamlet, sondern auch Richard Burbage. Wenn der Dramatiker so mit einem Blick auf die Realität arbeitet, ist es sehr wahrscheinlich, dass er zur Unwahrheit verleitet wird. In der letzten Szene von „ Hamlet" sagt die Königin über den Prinzen: „Er ist fett und hat kaum Atem." Diese Zeile wurde natürlich durch die Tatsache verursacht, dass Richard Burbage in der Saison 1602 korpulent war. Aber die ewige Wahrheit ist, dass Prinz Hamlet ein schlanker Mann ist; und Shakespeare war hier gezwungen, die Wahrheit zu leugnen, um die Tatsache zu behaupten. Andererseits wird der Dramatiker bei seinem großen Ziel, Charaktere zu erschaffen, zweifellos dadurch unterstützt, dass er sich bestimmte tatsächliche Personen vor Augen hält, die ausgewählt wurden, um sie darzustellen; und was der Romanautor an Umfang und Freiheit der Charakterisierung gewinnt, wird er wahrscheinlich an Konkretheit der Darstellung verlieren.

2. Einfluss des Theaters. — Zweitens werden Form und Struktur des Dramas in jedem Zeitalter dem Dramatiker durch die Größe und Form sowie die physischen Ausstattungen des Theaters, für das er schreibt, vorgegeben. Theaterstücke müssen auf eine Weise gebaut werden, um zum Theater des Dionysos zu passen, auf eine andere Weise, um zum Globus am Ufer zu passen, und auf eine andere Weise, um auf die moderne, elektrisch beleuchtete Bühne hinter einem Proszenium mit Bilderrahmen zu passen. Der Dramatiker ist bei der Konstruktion seiner Geschichte durch eine Vielzahl physischer Einschränkungen eingeschränkt, die er besonders studieren muss, um sie zu zwingen, zur Darstellung seiner Wahrheit beizutragen, anstatt sie zu beeinträchtigen. Auch in dieser Hinsicht arbeitet der Romancier mit größerer Freiheit. Selten ist seine Arbeit rein körperlichen Einschränkungen von außen ausgesetzt. Gewiss, manchmal haben bestimmte willkürliche Bedingungen des Verlagsgewerbes Einfluss auf die Struktur des Romans ausgeübt. In England war es zu Beginn des 19. Jahrhunderts einfacher, einen dreibändigen Roman zu verkaufen als eine Erzählung von geringerem Umfang; und viele Erzählungen der damaligen Zeit mussten über ihre natürliche und wahrheitsgetreue Länge hinaus herausgeschnitten werden, um den Anforderungen des Publikums und der Verleger gerecht zu werden. Aber ein solcher Fall ist in der Geschichte des Romans eine Ausnahme. Im Allgemeinen kann der Romanautor so bauen, wie er möchte. Er kann eine lange oder kurze Geschichte erzählen, die an wenigen Orten oder an vielen passiert; und ist nicht, wie der moderne Dramatiker, örtlich auf nicht mehr als vier oder fünf verschiedene Schauplätze und zeitlich auf den zweistündigen Verkehr auf der Bühne beschränkt. Der Roman eignet sich daher weitaus besser als das Drama als Medium zur Darstellung des allmählichen Charakterwachstums – der Entwicklung der Persönlichkeit unter Einflüssen, die sich über lange Zeiträume erstrecken und an vielen verschiedenen Orten ausgeübt werden.

3. Einfluss des Publikums. — Drittens wird der eigentliche Inhalt des Dramas dadurch bestimmt, dass ein Stück so konzipiert sein muss, dass es eine Vielzahl und nicht einen Einzelnen interessiert. Der Romanautor schreibt für einen Leser, der allein in seiner Bibliothek sitzt: Ob nun zehn solcher Leser oder hunderttausend letztendlich ein Buch lesen, der Autor spricht zu jedem von ihnen unabhängig von allen anderen. Aber der Dramatiker muss seine Geschichte so planen, dass sie gleichzeitig eine Vielzahl heterogener Beobachter interessiert. Das Drama muss daher an Popularität gewinnen; Aber der Roman mag subtiler sein, indem er sich an den Einzelnen statt an die Vielen wendet. Da sich der Romanautor nur an eine einzelne Person oder an eine unbegrenzte Folge von einzelnen Personen wendet, kann er die Art von Leser wählen, für die er schreiben möchte; aber der Dramatiker muss den Vielen gefallen und ist daher der Gnade der Menge ausgeliefert. Er schreibt weniger frei als der Romancier, da er sich seine Zuhörer nicht aussuchen kann. Seine Themen, seine Gedanken und seine Emotionen werden durch die Grenzen der öffentlichen Wertschätzung eingeschränkt.

Diese wichtige Bedingung ist ausschlaggebend für die Bestimmung des richtigen Inhalts einer dramatischen Fiktion. Denn in der Praxis hat sich herausgestellt, dass das Einzige, was eine Menge am wahrscheinlichsten interessiert, der Kampf zwischen Charakter und Charakter ist. Empirisch gesehen stellte der verstorbene Ferdinand Brunetière in seinem Vorwort zu *„Annalen des Théâtre et de la Musique "aus dem Jahr 1893 fest, dass es in dem Drama immer um* einen Kampf zwischen menschlichen Willenskräften ging ; und seine mit dem Schlagwort „Kein Kampf, kein Drama" formulierte Aussage ist inzwischen zum Gemeinplatz der Theaterkritik geworden. Der Grund dafür liegt einfach darin, dass Charaktere vor allem in jenen Gefühlskrisen, die sie zum Ringen bringen, für ein Publikum interessant sind. Ein einzelner Mensch mag, wie der Leser eines Romans, intellektuell an jenen sanften Einflüssen interessiert sein, unter denen sich eine Figur so sanft entfaltet wie eine wehende Rose; Aber für die versammelte Menge ist eine Figur nur in Momenten des Streits ansprechend. Daher muss das Drama, um ein Publikum zu interessieren, seine Charaktere in einem Willenskampf darstellen – sei es nur leichtfertig, wie im Fall von Benedikt und Beatrice, oder sanft, wie im Fall von Viola und Orsino, oder schrecklich , mit Macbeth, oder erbärmlich, mit Lear. Das Drama ähnelt daher dem Epos, da es einen Kampf darstellen muss; aber es ähnelt eher dem Roman, da es sich um den menschlichen Charakter in seinen individuellen und nicht in seinen gemeinschaftlichen Aspekten handelt. Allerdings ist das Drama hinsichtlich der Darstellung der Charaktere eingeschränkter als der Roman; Denn obwohl es dem Romancier freisteht, wann immer er will, den Kampf individueller menschlicher Willen darzustellen, ist es ihm nicht, wie dem Dramatiker, verboten, etwas anderes darzustellen. Durch die Darstellung dieser besonderen Provinz ist das Drama unbestreitbar lebendiger und eindringlicher; aber viele bedeutsame Phasen der menschlichen Erfahrung sind nicht umstritten, sondern kontemplativ; und diese kann der Roman ruhig enthüllen, ohne auf den Klang und die Wut des Dramas zurückzugreifen.

Da der Geist der Menge eher emotional als intellektuell ist, ist der Dramatiker für seine wirkungsvollsten Momente gezwungen, Handlungen mit Emotionen als Motiv darzustellen. Aber der Romanautor kann bei der Motivierung von Handlungen rücksichtsvoller und intellektueller vorgehen, da er sich an den individuellen Geist richtet. In ihren psychologischen Prozessen ist die Masse alltäglicher und traditioneller als das Individuum. Daher ist das Drama als Mittel zur Vermittlung ungewohnter und fortgeschrittener Vorstellungen vom Leben weniger brauchbar als der Roman. Die Menge hat keine Spekulation in ihren Augen: Sie ist ungeduldig gegenüber ursprünglichen Gedanken und gegenüber allen anderen als ererbten Gefühlen: Sie zeigt wenig Sympathie für das Ursprüngliche, das Hinterfragende, das Neue. Wenn also ein Autor Vorstellungen von Religion, Politik oder Sozialrecht vertritt, die seiner Zeit voraus sind, tut er besser daran, sie in einem Roman als in einem Drama zu verkörpern; weil Ersteres an den individuellen Geist appelliert, der mehr Geduld für intellektuelle Überlegungen hat.

Darüber hinaus muss der Romancier nicht, wie der Dramatiker, dem unmittelbaren Bedürfnis nach populärer Anziehungskraft nachkommen. Da der dramatische Autor seine Geschichte für eine heterogene Menschenmenge plant, muss er in ein und demselben Kunstwerk Elemente integrieren, die alle Klassen der Menschheit interessieren. Da es dem Romanautor jedoch freisteht, seine Zuhörer nach Belieben auszuwählen, kann er, wenn er möchte , nur für die am besten entwickelten Köpfe schreiben. Es ist ein Element von Shakespeares Größe, dass seine bedeutendsten Stücke wie „Hamlet" und „Othello" sowohl für Menschen, die weder lesen noch schreiben können, als auch für gebildete Menschen von Interesse sind. Aber es ist ein Beweis für Merediths Größe , dass seine Romane für den General Kaviar sind. Mr. Kiplings „They" ist die größere Geschichte, weil sie sich davor wehrt, von denen verstanden zu werden, für die sie eigentlich nicht gedacht ist. Indem der Roman die subtileren und heikleren Phasen menschlicher Erfahrung zeigt, geht er weit über das Drama hinaus. Das Drama ist in seiner tiefsten Form ergreifender; aber der Roman ist in seiner höchsten Form exquisiter.

Dramatisierte Romane. — Der richtige Stoff für das Drama ist, wie wir gesehen haben, ein Kampf zwischen individuellen menschlichen Willensvorstellungen, der eher durch Emotionen als durch den Intellekt motiviert ist und sich in Form objektiver Handlungen ausdrückt. Bei der Darstellung eines solchen Materials steht das Drama im Vordergrund. Aber der Roman ist umfassender; Denn neben der (wenn auch weniger nachdrücklichen) Darstellung dieses besonderen Aspekts des menschlichen Lebens kann es viele andere und kaum weniger wichtige Phasen individueller Erfahrung verkörpern. In letzter Zeit wird versucht, die Grenze zwischen Roman und Drama zu überwinden: Viele Geschichten, die zunächst im romanhaften Stil erzählt wurden, wurden anschließend rekonstruiert und für die Aufführung im Theater neu erzählt. Dieser Versuch war manchmal erfolgreich, aber häufiger scheiterte er. Dennoch sollte es sehr einfach sein, einen Roman, der möglicherweise dramatisiert wird, von einem Roman zu unterscheiden, der dies möglicherweise nicht tut. Bestimmte Szenen in der Romanliteratur, wie das Duell in „Der Meister von Ballantrae ", sind sowohl inhaltlich als auch stimmungsmäßig im Wesentlichen dramatisch. Solche Szenen können mit sehr geringem Aufwand an die Verwendungszwecke des Theaters angepasst werden. Bestimmte Romane wie „Jane Eyre", in denen ein nachdrücklicher Kampf zwischen individuellen menschlichen Willensvorstellungen zum Ausdruck kommt, sind von Natur aus für eine theatralische Darstellung geeignet. Aber jeder Roman, in dem die Hauptinteressensquelle nicht das Aufeinandertreffen von Charakteren mit Charakteren ist, in dem das Element der Handlung untergeordnet ist oder in dem der Hauptanspruch auf den individuellen (statt auf den kollektiven) Geist gerichtet ist, ist nicht dazu geeignet erfolgreich dramatisiert zu werden.

III. Die romanhafte Stimmung. — Es lässt sich heute nicht mehr sagen, ob der Roman oder das Drama das wirksamere Medium ist, um die Wahrheiten des menschlichen Lebens in einer Reihe imaginärer Tatsachen zu verkörpern. Dramatische Fiktion hat die größere Tiefe und romanhafte Fiktion hat die größere Breite. Letzteres ist umfangreicher, ersteres intensiver in seiner Kunstfertigkeit. So viel kann jedoch definitiv entschieden werden. Der Roman erfordert in seiner besten Form möglicherweise eine umfassendere Weisheit des Autors. Aber das Drama ist technisch schwieriger, da der Dramatiker nicht nur alle allgemeinen Methoden der Fiktion beherrschen muss, die er notwendigerweise gemeinsam mit dem Romanautor anwendet, sondern auch in Übereinstimmung mit einer Reihe besonderer Bedingungen arbeiten muss, denen der Romanautor nicht unterworfen ist. George Meredith könnte ein größerer Autor sein als Sir Arthur Wing Pinero; aber Pinero ist notwendigerweise strenger in seiner Beherrschung der Struktur.

REZENSIONSFRAGEN

1. Definieren Sie die drei Stimmungen der Fiktion: episch, dramatisch und romanhaft.

2. Welche Vor- und Nachteile hat die epische Stimmung?

3. Erklären Sie die drei Einflüsse, unter denen der Dramatiker seine Arbeit immer ausführen muss – den des Schauspielers, den des Theaters und den des Publikums.

4. Welche Art von Roman kann erfolgreich dramatisiert werden?

VORGESCHLAGENE LITERATUR

Studieren Sie vergleichend die Figur des Æneas in Vergils Epos, die Figur des Macbeth in Shakespeares Drama und die Figur des Sentimental Tommy in den Romanen von Sir James Barrie.

Studenten, die sich speziell mit den Materialien und Methoden des Theaters befassen möchten, finden eine ausführliche Diskussion dieser Themen in drei Büchern von Clayton Hamilton mit den Titeln „The Theory of the Theatre", „Studies in Stagecraft" und „Problems of". der Dramatiker."

KAPITEL X

Der Roman, die Novelle und die Kurzgeschichte

Roman, Kurzgeschichte und Kurzgeschichte – Der Roman und die Kurzgeschichte – Die Kurzgeschichte als eigenständiger Typus – Das Diktum von Poe – Die Formel von Brander Matthews – Definition der Kurzgeschichte – Erklärung dazu Definition: 1. „Einzelner narrativer Effekt"; 2. „Größte Ökonomie der Mittel"; und 3. „Höchste Betonung" – Kurze Geschichten, die keine Kurzgeschichten sind – Kurzgeschichten, die keine Kurzgeschichten sind – Anmerkungen von Bliss Perry – Der Romanautor und Autor von Kurzgeschichten – Die künstlerischere Kurzgeschichte Als der Roman – die Kurzgeschichte, die fast zwangsläufig romantisch ist.

Roman, Novelle und Kurzgeschichte . — Wenn wir unsere Aufmerksamkeit vom Epos und vom Drama abwenden und sie auf die allgemeine Art von Belletristik beschränken, die im letzten Kapitel grob als romanhaft bezeichnet wurde, werden wir feststellen, dass es uns möglich sein wird, sowohl auf der Grundlage des Materials als auch der Methode einigermaßen scharf zu unterscheiden: zwischen drei verschiedenen Formen – dem Roman, der Novelle und der Kurzgeschichte. Die Franzosen, die in der Verwendung bezeichnender Begriffe präziser sind als wir, sind es gewohnt, ihre Romanliteratur in das zu unterteilen, was sie Roman , Nouvelle *und* Conte *nennen* . „Roman" und „novelette" sind ebenso brauchbare Begriffe wie *roman* und *nouvelle* ; Da „novelette" tatsächlich die Verkleinerungsform von „novel" ist, drücken sie die Beziehung zwischen den beiden von ihnen bezeichneten Formen sogar noch klarer aus als ihre französischen Entsprechungen. Es ist jedoch sehr bedauerlich, dass es im Englischen kein eigenständiges Wort gibt, das dem Wort „ *conte"* entspricht . Edgar Allan Poe verwendete das Wort „Geschichte" mit ähnlicher Bedeutung; aber dieser Begriff ist so unbestimmt und vage, dass er von späteren Kritikern verworfen wurde . Heutzutage ist es üblich, das Wort „Kurzgeschichte" zu verwenden, dessen Schreibweise Professor Brander Matthews mit einem Bindestrich vorgeschlagen hat, um darauf hinzuweisen, dass es eine besondere und technische Bedeutung hat.

Die Franzosen verwenden den Begriff *römisch* für umfangreiche Werke wie „Notre Dame de Paris" und „ Eugénie ". Grandet "; und sie verwenden den Begriff *Nouvelle* für Werke von kürzerem Umfang, aber ähnlicher Methode, wie die „ Colomba " und die „Carmen" von Prosper Mérimée . Im Englischen können wir Werke wie „Kenilworth", „The Newcomes ", „The

Last of the Mohicans", "The Rise of Silas Lapham" als Romane einstufen; und wir können Werke wie "Daisy Miller", "The Treasure of Franchard " und "The Light That Failed" als Romane einstufen. Der Unterschied besteht lediglich darin, dass die Novelette (oder *Nouvelle*) ein Werk von geringerem Umfang ist und eine kleinere Leinwand einnimmt als der Roman (oder *Roman*). Die Unterscheidung ist quantitativ, aber nicht qualitativ. Die Novelle behandelt weniger Charaktere und Ereignisse als der Roman; es beschränkt sich normalerweise auf eine strengere Ökonomie von Zeit und Ort; Es präsentiert eine weniger umfassende Sicht auf das Leben, mit (meistens) einer intensiveren Kunst. Aber diese Unterschiede sind nicht eindeutig genug, um die Betrachtung als eine vom Roman verschiedene Spezies zu rechtfertigen. Abgesehen von den Beschränkungen, die durch die Kürze des Kompasses auferlegt werden, wendet der Romanautor dieselben Methoden an wie der Romanautor; und darüber hinaus legt er ähnliche Materialien vor.

Der Roman und die Novelle. — Der Roman tendiert in den letzten Jahren immer mehr zur Verkürzung zur Novelette. Ein strengeres Kunstverständnis hat dazu geführt, dass abschweifende und diskursive Passagen ausgeschlossen wurden; und die Eile und Besorgnis der zeitgenössischen Leser hat der gemächlichen und weitschweifigen Gewohnheit der Autoren früherer Zeit entgegengewirkt. Die Lektion des Ausschneidens und Verdichtens wurde von Schriftstellern mit so unterschiedlichem Ton wie Mérimée , Turgénieff und Stevenson gelehrt. „Der dreibändige Roman ist ausgestorben", sagte Herr Kipling in dem Motto, das dem Gedicht „Der Dreidecker" vorangestellt war, in dem er mit einer Mischung aus Satire und Gefühl sein Requiem sang. Von der Struktur her war es fast immer eine schlampige Form; und daher gibt es wenig Grund zum Bedauern, dass die Novelle dazu bestimmt zu sein scheint, sie zu ersetzen. Denn die Novelle erfüllt den gleichen Zweck wie der Roman, allerdings mit einer notwendigerweise stärkeren Betonung der Kunst und einer wesentlich geringeren Belastung für die Zeit und Aufmerksamkeit des Lesers.

Die Kurzgeschichte ein besonderer Typ. — Aber der *Conte* oder die Kurzgeschichte unterscheidet sich vom Roman und der Novelette nicht nur quantitativ, sondern auch qualitativ, nicht nur in der Länge, sondern auch in der Art. In *Inhalten* wie „Die Halskette" von de Maupassant und „Die letzte Klasse" von Daudet, in Kurzgeschichten wie „Ligeia", „Der ehrgeizige Gast", „Markheim" und „Ohne den Nutzen des Klerus" ist das Ziel Die Rolle des Autors unterscheidet sich deutlich von der des Autors von Romanen und Novellen. Sowohl im Material als auch in der Methode und im Umfang repräsentieren diese Geschichten einen deutlich anderen Typus.

Die Kurzgeschichte sowie der Roman und die Novelle gab es schon immer. Das Gleichnis vom „verlorenen Sohn" im fünfzehnten Kapitel des Lukasevangeliums ist in Material und Methode ebenso sicherlich eine

Kurzgeschichte, wie die Bücher „Ruth" und „Esther" ihrer Form nach Novellen sind. Doch das kritische Bewusstsein für die Kurzgeschichte als eine Form der Fiktion, die sich in Zweck und Methode vom Roman unterscheidet, reicht erst im 19. Jahrhundert zurück. Es war Edgar Allan Poe, der die Kurzgeschichte als erste Form der literarischen Kunst definierte und verwirklichte. In der wissenschaftlichen und gründlichen Einleitung zu seiner Sammlung „American Short Stories" [3] weist Professor Charles Sears Baldwin darauf hin, dass Poe Erzählungen mehr als alle seine Vorgänger in der Kunst der Belletristik als Struktur empfand. Er war es, der aus der Erzählung zunächst alles verwarf, was in erzählerischer Hinsicht überflüssig war, und den Erzählverlauf direkter gestaltete. Die wesentlichen Merkmale seiner Struktur waren (um Professor Baldwins Worte zu verwenden) Harmonisierung, Vereinfachung und Abstufung. Er befreite seine Geschichten von jeder noch so kleinen Unstimmigkeit. Was er durch sein Beispiel lehrte, war die Reduktion auf einen geraden, vorgegebenen Kurs; und er machte den nachfolgenden Schriftstellern klar, dass es notwendig sei, durch strikte Einheitlichkeit der Form nach Einheitlichkeit im Eindruck zu streben.

Das Diktum von Poe. — Poe war sowohl Kritiker als auch Geschichtenerzähler; und was er durch sein Beispiel lehrte, legte er auch durch Gebote dar. In seiner inzwischen berühmten Rezension von Hawthornes „Tales", die ursprünglich im *Graham's Magazine* im Mai 1842 veröffentlicht wurde, skizzierte er seine Theorie der Art folgendermaßen:—

„Der gewöhnliche Roman ist aufgrund seiner Länge aus bereits im Wesentlichen dargelegten Gründen anstößig. Da es nicht am Stück gelesen werden kann, entzieht es sich natürlich der immensen Kraft, die sich aus der *Totalität ergibt* . Weltliche Interessen, die während der Lesepausen eingreifen, verändern, annullieren oder konterkarieren mehr oder weniger die Eindrücke des Buches. Aber ein einfaches Aufhören des Lesens würde allein schon ausreichen, um die wahre Einheit zu zerstören. In der kurzen Erzählung wird der Autor jedoch in die Lage versetzt, seine Absicht in vollem Umfang zu verwirklichen, wie auch immer sie sein mag. Während der Lektüre unterliegt die Seele des Lesers der Kontrolle des Autors. Es gibt keine äußeren oder extrinsischen Einflüsse – die durch Müdigkeit oder Unterbrechung entstehen.

„Ein geschickter Literaturkünstler hat eine Geschichte erfunden. Wenn er weise ist, hat er seine Gedanken nicht so gestaltet, dass sie seinen Vorfällen Rechnung tragen; Nachdem er sich aber mit bewusster Sorgfalt eine bestimmte einzigartige oder einzelne *Wirkung* ausgedacht hat, die hervorgerufen werden soll, erfindet er dann solche Vorfälle – und kombiniert dann solche Ereignisse , die ihm am besten dabei helfen können, diese vorgefasste Wirkung festzustellen. Wenn sein allererster Satz nicht darauf abzielt , diese Wirkung hervorzurufen, dann hat er mit seinem ersten Schritt versagt. In der gesamten Komposition sollte kein Wort geschrieben werden, dessen direkte oder indirekte Tendenz nicht auf den einen vorher festgelegten Zweck gerichtet ist. Und auf diese Weise, mit solcher Sorgfalt und Geschicklichkeit wird am Ende ein Bild gemalt, das bei demjenigen, der es mit ähnlicher Kunst betrachtet, ein Gefühl völliger Zufriedenheit hinterlässt. Die Idee der Geschichte wurde makellos, weil ungestört dargestellt; und dieses Ziel ist für den Roman unerreichbar. Unangemessene Kürze ist hier ebenso verwerflich wie im Gedicht; aber eine übermäßige Länge ist noch mehr zu vermeiden."

Die Formel von Brander Matthews. — Von Anfang an war die Währung von Poes Kurzgeschichten international; und sein konkretes Beispiel im Streben nach Totalität des Eindrucks übte einen unmittelbaren Einfluss nicht nur in Amerika, sondern noch mehr in Frankreich aus. Aber seine abstrakte Theorie, die (aus offensichtlichen Gründen) nicht so weithin bekannt wurde, fand erst viel später im Jahrhundert Eingang in die allgemeine kritische Denkweise. Es blieb Professor Brander Matthews in seinem bekannten Aufsatz über „Die Philosophie der Kurzgeschichte", der ursprünglich im Oktober 1885 im *Lippincott's Magazine abgedruckt wurde* , [4] um explizit darzulegen, was in der bereits zitierten Passage von Poes Kritik implizit enthalten war, und um der Theorie, dass sich die Kurzgeschichte wesentlich vom Roman unterscheidet – und nicht nur in der Länge – eine allgemeine Aktualität zu verleihen. Im zweiten Abschnitt seines Aufsatzes erklärte Professor Matthews:—

„Eine echte Kurzgeschichte ist etwas anderes und mehr als nur eine kurze Geschichte. Eine echte Kurzgeschichte unterscheidet sich vom Roman vor allem durch ihre wesentliche Einheitlichkeit des Eindrucks. In einer viel genaueren und präziseren Verwendung des Wortes hat eine Kurzgeschichte eine Einheit, wie sie ein Roman nicht haben kann. Oftmals, das sei nebenbei bemerkt, erfüllt die Kurzgeschichte die drei falschen Einheiten des französischen klassischen Dramas: Sie zeigt eine Handlung, an einem Ort, an einem Tag. Eine Kurzgeschichte handelt von einer einzelnen Figur, einem einzelnen Ereignis, einer einzelnen Emotion oder einer Reihe von Emotionen, die durch eine einzelne Situation hervorgerufen werden. Poes Paradoxon, dass ein Gedicht die Länge von hundert Zeilen nicht wesentlich überschreiten kann, andernfalls würde es aufhören, ein Gedicht zu sein und in eine Reihe von Gedichten aufzubrechen, könnte als Hinweis auf den genauen Unterschied zwischen einer Kurzgeschichte und einem Roman dienen. Die Kurzgeschichte ist der einzige Effekt, vollständig und in sich geschlossen, während der Roman notwendigerweise in eine Reihe von Episoden unterteilt ist. Somit hat die Kurzgeschichte, was der Roman nicht haben kann, die Wirkung der „Totalität", wie Poe es nannte, die Einheit des Eindrucks.

„Tatsächlich ist die Kurzgeschichte nicht nur kein Kapitel aus einem Roman oder ein Vorfall oder eine Episode aus einer längeren Erzählung, sondern im besten Fall beeindruckt sie den Leser mit der Überzeugung, dass sie sonst verdorben wäre vergrößert wurden oder in ein aufwändigeres Werk integriert wurden ...

„Tatsächlich kann man sagen, dass es noch nie jemandem als Autor von Kurzgeschichten gelungen ist, der nicht über Einfallsreichtum, Originalität und Komprimierung verfügt; und dass die meisten von denen, denen dieser Weg gelungen ist, auch einen Hauch von Fantasie hatten."

Definition der Kurzgeschichte . — Auf der Grundlage dieser Theorien hat der Autor vor einigen Jahren versucht, in einem einzigen Satz eine Definition der Kurzgeschichte zu formulieren. Also: *Das Ziel einer Kurzgeschichte ist es, mit größtmöglicher Mittelökonomie eine einzige Erzählwirkung zu erzielen, die mit größtmöglicher Betonung vereinbar ist.* [5]

Erläuterung dieser Definition: 1. „Einzelner narrativer Effekt ". — Aufgrund seiner Prägnanz bedarf dieser Satz einer kleinen Erklärung. Ein narrativer Effekt umfasst notwendigerweise die drei Elemente Handlung, Charaktere und Schauplatz. Durch die Absicht, eine erzählerische Wirkung zu erzielen, unterscheidet sich die Kurzgeschichte daher von der Skizze, die sich möglicherweise nur mit einem dieser Elemente befasst, ohne die beiden anderen einzubeziehen. Die Skizze befasst sich meist mit Charakteren oder Schauplätzen ohne Handlungselement; Aber in der Kurzgeschichte muss etwas passieren. In dieser Hinsicht steht die Kurzgeschichte eher im Zusammenhang mit dem Roman als mit der Skizze. Aber obwohl im Roman zwei oder alle drei Erzählelemente so eng miteinander verbunden sein können, dass sich keines davon deutlich von den anderen abhebt, ist es in der Kurzgeschichte fast immer üblich, einen deutlichen Schwerpunkt zu setzen auf eines der Elemente, zur Subversion der anderen beiden. Kurzgeschichten können daher in drei Klassen eingeteilt werden, je nachdem die Wirkung, die sie hervorrufen sollen, in erster Linie eine Wirkung der Handlung, des Charakters oder des Schauplatzes ist. „The Masque of the Red Death" erzeugt einen Setting-Effekt, „The Tell-Tale Heart" einen Charakter-Effekt und „The Cask of Amontillado" einen Action-Effekt. Aus Gründen der Ökonomie obliegt es dem Autor, zu Beginn anzugeben, welche der drei Arten von Erzähleffekten die Geschichte hervorrufen soll. Die Art und Weise, wie Poe dies in den drei gerade erwähnten Geschichten erreichte, lässt sich sofort erkennen, wenn man sich jeweils den ersten Absatz ansieht. Nachdem der Autor einer Kurzgeschichte seine Wirkung ausgewählt hat, sollte er seine Aufmerksamkeit darauf konzentrieren, diese und nur diese zu erzeugen. Er sollte genau in dem Moment aufhören, in dem sein vorher festgelegtes Ziel erreicht ist; und während des Fortgangs seiner Komposition sollte er sich niemals abwenden, um eine geringere Wirkung zu erzielen, die nicht unbedingt seinem einzigen Erzählzweck innewohnt . Stevenson betonte diesen Schwerpunkt in einem Abschnitt eines persönlichen Briefes an Sir Sidney Colvin:—

„Ein weiteres Ende damit machen? Ach ja, aber so schreibe ich nicht; die ganze Geschichte ist impliziert; Ich nutze niemals einen Effekt, wenn ich ihn verhindern kann, es sei denn, er bereitet die folgenden Effekte vor; Das ist es, woraus eine Geschichte besteht. Ein anderes Ende zu machen bedeutet, den Anfang völlig falsch zu machen. Der *Schluss* einer langen Geschichte ist nichts, er ist lediglich ein „vollständiger Abschluss", den Sie nach Belieben angehen und durchführen können — es handelt sich um eine Coda, nicht um ein wesentliches Element im Rhythmus; aber der Hauptteil und das Ende einer Kurzgeschichte sind Knochen aus Knochen und Blut aus dem Blut des Anfangs."

2. „Größte Ökonomie der Mittel"; und 3. „Höchste Betonung ". — Der Ausdruck „einziger narrativer Effekt" mit all seinen Implikationen sollte jetzt klar sein. Der Ausdruck „mit größtmöglicher Sparsamkeit der Mittel" impliziert, dass der Autor einer Kurzgeschichte seine Geschichte mit der geringstmöglichen Anzahl an Charakteren und Ereignissen erzählen und sie in einem möglichst engen Orts- und Zeitbereich wiedergeben sollte. Wenn er mit zwei Charakteren auskommt, sollte er nicht drei verwenden. Wenn ein einziges Ereignis für seine Wirkung ausreicht, sollte er sich darauf beschränken. Wenn seine Geschichte zu einem Zeitpunkt an einem Ort stattfinden kann, darf er sie nicht auf mehrere Zeiten und Orte verteilen. Aber indem er stets nach größtmöglicher Prägnanz strebt, darf er das ebenso wichtige Bedürfnis nicht außer Acht lassen, seine Wirkung „mit äußerster Nachdruck" zu erzielen. Wenn er durch die Verletzung der größtmöglichen Sparsamkeit deutlich an Gewicht gewinnen kann, sollte er dies tun; denn, wie Poe feststellte, ist unangemessene Kürze ebenso anstößig wie unangemessene Länge. So gewinnt das Gleichnis vom „verlorenen Sohn", das mit nur zwei Charakteren — dem Vater und dem verlorenen Sohn — erzählt werden könnte, durch die Einführung eines dritten — des guten Sohnes — ausreichend an Gewicht, um diesen Verstoß gegen die Sparsamkeit zu rechtfertigen . Das größte strukturelle Problem des Autors von Kurzgeschichten besteht darin, genau das richtige Gleichgewicht zwischen dem Bemühen um Mittelsparsamkeit — was zu Prägnanz führt — und dem Bemühen um größtmögliche Betonung — was zu Umfang der Behandlung tendiert — zu finden.

Kurze Geschichten, die keine Kurzgeschichten sind . — Es besteht kein Zweifel daran, dass die so streng definierte Kurzgeschichte als eigenständige Form der Fiktion existiert, – eine bestimmte literarische Spezies, die ihren eigenen Gesetzen gehorcht. Hin und wieder trat es vor dem 19. Jahrhundert unbewusst in Erscheinung. Seit Poe ist es sich seiner selbst bewusst und wurde von späteren Meistern wie Guy de Maupassant bewusst zur Perfektion weiterentwickelt. Aber man muss offen zugeben, dass es schon immer Kurzgeschichten gegeben hat und immer noch gibt, die völlig außerhalb des Rahmens dieser starren und eher engen Definition liegen. Professor Baldwin kam nach einer sorgfältigen Untersuchung der hundert Geschichten in Boccaccios „Decameron" zu dem Schluss, dass nur zwei davon Kurzgeschichten im modernen kritischen Sinne waren [6] und dass nur drei andere der Gesamtheit der Eindrücke nahekamen, die vom Bewusstsein abhängt Einheit der Form. Wenn wir zufällig hundert Kurzgeschichten aus den besten zeitgenössischen Zeitschriften auswählen würden, würden wir natürlich feststellen, dass ein größerer Teil davon die Definition erfüllen würde; aber es ist fast sicher, dass es sich bei den meisten davon immer noch um Geschichten handelt, die zufällig kurz sind, und nicht um echte Kurzgeschichten im modernen kritischen Sinne. Doch diese kurzen Fiktionen, die keine Kurzgeschichten sind und für die wir keinen Namen haben, sind dennoch inhaltlich wertvoll und bieten manchmal eine umfassendere Sicht auf das Leben, als sie in den starren Grenzen einer technischen Kurzgeschichte erfasst werden könnte . Hawthornes Erzählungen stehen in der Literaturgeschichte höher als die von Poe, weil sie einen tieferen Einblick in das Leben offenbaren, auch wenn der große Neuengland-Träumer oft gegen das Prinzip der Ökonomie der Mittel verstößt und weniger konsequent konstruiert als der mathematisch denkende Poe. Washington Irvings Kurzgeschichten wie „Rip Van Winkle" und „The Legend of Sleepy Hollow", die keine Kurzgeschichten im technischen Sinne des Wortes sind, sind als Darstellungen der Menschheit weitaus wertvoller als viele strukturelle Meisterwerke von Guy de Maupassant. „Ich für meinen Teil", schrieb Irving an einen seiner Freunde, „betrachte eine Geschichte lediglich als einen Rahmen, auf den man die Materialien spannen kann; es ist das Spiel von Gedanken, Gefühlen und Sprache, das Einflechten von Charakteren, leicht und doch ausdrucksstark umrissen; die vertraute und getreue Darstellung von Szenen des gemeinsamen Lebens; und die halb verborgene Ader des Humors, die sich oft durch das Ganze zieht – das gehört zu meinen Zielen und denen ich mich in dem Maße beglückwünsche, wie ich denke, dass es mir gelingt." Es gibt viel, was für diese mäandrierende und gemächliche Methode spricht; und Autoren, die zu sehr auf eine rein technische Errungenschaft bedacht sind, könnten die geniale Breite der Lebensanschauung verlieren, die Männer wie Irving so charmant zur Schau gestellt haben. Lassen Sie uns daher zugeben, dass die Geschichte, die nur kurz ist, ebenso kultivierungswürdig ist wie die technische Kurzgeschichte.

Kurzgeschichten, die nicht kurz sind. — Aber wenn es viele Kurzgeschichten gibt, die keine Kurzgeschichten sind, so gibt es auch gewisse Kurzgeschichten, die keine Kurzgeschichten sind. „The Turn of the Screw" von Henry James ist im technischen Sinne eine Kurzgeschichte, obwohl sie zwischen zwei und dreihundert Seiten umfasst. Sicherlich ist es kein Roman. Ziel ist es, einen erzählerischen Effekt zu erzeugen, und zwar nur einen; und es ist schwer vorstellbar, wie die volle Wucht seines geballten Mysteriums und Schreckens mit größerer Sparsamkeit der Mittel hätte geschaffen werden können. Es ist eine lange Kurzgeschichte. Stevensons „Dr. Jekyll und Mr. Hyde", das als Kurzgeschichte konzipiert und größtenteils umgesetzt wird, ist länger als „Der Strand von Falesá " desselben Autors, das als Novelle konzipiert und umgesetzt wird. Edward Everett Hales berühmte Kurzgeschichte „Der Mann ohne Land" ist lang genug, um in einem kleinen Band gedruckt zu werden. Es ist daher zu bedenken, dass die beiden verschiedenen Arten von Kurzgeschichten nicht durch die relative Länge, sondern durch die Strukturmethode voneinander zu unterscheiden sind. Der Kritiker kann technische Gesetze strengerer Art formulieren; Aber es darf nicht vergessen werden, dass diese Gesetze nicht für jene anderen wertvollen Erzählungen gelten (und es gibt überhaupt keinen Grund, warum sie das tun sollten), die zwar kurz sind, aber außerhalb der Definition der Kurzgeschichte stehen.

von Bliss Perry . — Unter Berücksichtigung dieser Einschränkung des Themas können wir mit einer weiteren Untersuchung des strengen Kurzgeschichtentyps fortfahren. In einem bewundernswerten Aufsatz über „The Short Story" [7] hatte Professor Bliss Perry ausführlich deren Anforderungen und Einschränkungen erörtert. Professor Perry räumt ein, dass Autoren von Kurzgeschichten in der Regel einen deutlich überwiegenden Schwerpunkt auf eines der drei Elemente der Erzählung legen, anstatt die anderen beiden zu untergraben, und weist darauf hin, dass in der Kurzgeschichte die Charaktere „die Charaktere" sind muss einzigartig und originell genug sein, um sofort ins Auge zu fallen." Dem Autor steht nicht genügend Zeit zur Verfügung, um die volle menschliche Bedeutung des Alltäglichen zu offenbaren. „Wenn sein Thema die Charakterentwicklung ist, dann muss diese Entwicklung durch beeindruckende Erfahrungen beschleunigt werden." Daher muss diese Klasse von Kurzgeschichten im Vergleich zum Roman ungewöhnlichere und unerwartetere Charaktere hervorbringen. Aber in der Kurzgeschichte mit Action kann die Handlung andererseits für sich allein ausreichen und die Charaktere können bloße Laienfiguren sein. Die Heldin von „Die Dame oder der Tiger" zum Beispiel ist einfach *eine* Frau – nicht irgendeine bestimmte Frau; und der Held von

„Die Grube und das Pendel" ist einfach *ein* Mann – nicht irgendein bestimmter Mann. Die Situation selbst reicht aus, um das Interesse des Lesers für die kurze Zeit der Geschichte aufrechtzuerhalten. Obwohl also in der Kurzgeschichte mit Charakteren der Hauptdarsteller wahrscheinlich auffallend individualisiert ist, kann sich die Kurzgeschichte mit Handlungen mit völlig farblosen Charakteren begnügen, denen es an jeglichen persönlichen Merkmalen mangelt. Professor Perry fügt hinzu, dass in der Klasse der Kurzgeschichten, in der der Schwerpunkt auf dem Setting liegt, „sowohl Charaktere als auch Handlung fast bedeutungslos sein können"; und er fährt fort: „Wenn der Autor uns einen neuen Winkel der Welt entdecken oder die vertraute Szene nach unserem Herzenswunsch skizzieren oder eine der großen menschlichen Beschäftigungen wie Krieg, Handel oder Industrie beleuchten kann, wird er hat es allein auf diese Weise in seiner Macht, uns die vollste Zufriedenheit zu verschaffen."

Aus der Tatsache, dass die Kurzgeschichte die Fähigkeiten des Lesers nicht lange aufrechterhält, leitet Professor Perry bestimmte Möglichkeiten ab, die Kurzgeschichtenschreibern geboten, den Romanautoren jedoch verwehrt bleiben – Möglichkeiten, nämlich „zu unschuldiger Didaktik, zum Posieren". Probleme, ohne sie zu beantworten, für die Aufstellung willkürlicher Prämissen, für das Weglassen unschöner Details und umgekehrt, dafür, dass man aus dem Schrecklichen Schönheit macht, und schließlich für poetische Symbolik." Er geht zu einer Betrachtung der Anforderungen über, die die Kurzgeschichte an den Autor stellt, und behauptet, dass sie im besten Fall „eine visuelle Vorstellungskraft auf hohem Niveau erfordert: die Fähigkeit, den Gegenstand zu sehen; zu seiner wesentlichen Natur vordringen; das eine charakteristische Merkmal auszuwählen, durch das es repräsentiert werden kann." Darüber hinaus erfordert es die Beherrschung des Stils, „der verbalen Magie, die für uns nachbildet , was die Fantasie gesehen hat." Aber andererseits „erfordert das Schreiben einer Kurzgeschichte keine anhaltende Vorstellungskraft"; „Auch die Kurzgeschichte verlangt von ihrem Autor keine unbedingte Vernunft, Breite und Toleranz gegenüber Ansichten." Da er sich nur mit flüchtigen Phasen der Existenz befasst – „nicht mit Ganzen, sondern mit Fragmenten" –, muss der Autor der Kurzgeschichte „nicht konsequent sein; er muss die Dinge nicht durchdenken." Trotz der technischen Schwierigkeiten, mit denen der Autor von Kurzgeschichten zu kämpfen hat, ist seine Arbeit daher aus menschlichen Gründen einfacher als die des Romanautors, der vernünftig und konsequent sein und in der Lage sein muss, eine längere Anstrengung durchzuhalten interpretierende Vorstellungskraft.

Der Romanautor und der Autor von Kurzgeschichten . — Diese Punkte wurden von Professor Perry so umfassend behandelt und so bewundernswert illustriert, dass sie an dieser Stelle keiner weiteren

Diskussion bedürfen. Aber vielleicht lässt sich noch etwas zu der unterschiedlichen Ausrüstung hinzufügen , die Romanautoren und Kurzgeschichtenautoren benötigen. Matthew Arnold sprach in einem bekannten Sonett von Sophokles als einem Mann, „der das Leben fest und als Ganzes sah"; und wenn wir den Romancier und den Verfasser von Kurzgeschichten nach ihrer Einstellung zum Leben beurteilen, können wir sagen, dass sie diesen Vers unter sich aufteilen. Balzac, George Eliot und Meredith betrachten das Leben im Großen; Sie versuchen, „es als Ganzes zu sehen" und das Chaos seiner komplizierten Beziehungen zu reproduzieren: Aber Poe, de Maupassant und Mr. Kipling zielen eher darauf ab, einen begrenzten Lebensabschnitt „beständig zu sehen" und ihre Gedanken auf einen einzigen Punkt zu konzentrieren Erfahrung zu machen und diesen Punkt dann kurz und prägnant darzustellen. Daraus folgt, dass der Romanautor eine weitaus umfassendere Lebenserfahrung benötigt als der Autor von Kurzgeschichten. Die großen Romanautoren waren allesamt Männer im reifen Alter und mit angesammelter Weisheit. Aber wenn ein Autor einen kleinen Aspekt des Lebens genau kennt, kann er eine großartige Kurzgeschichte schreiben, auch wenn diese eine Sache das Einzige ist, was er weiß. Edgar Allan Poe wusste nichts vom Leben, wie es tatsächlich gelebt wird, von echter Menschlichkeit des Charakters, von moralischer Verantwortung im menschlichen Verkehr; und doch war er voll ausgestattet, um die bis heute vollkommensten Beispiele der Kurzgeschichte in unserer Sprache zu produzieren. Es ist daher nicht verwunderlich, dass die großen Romane der Welt zwar größtenteils von Männern über vierzig Jahren geschrieben wurden, die großen Kurzgeschichten jedoch von Männern in den Zwanzigern und Dreißigern. Herr Kipling schrieb bereits mit siebzehn Jahren zwei oder drei Kurzgeschichten, die fast schon großartig sind. Stetigkeit des Sehens ist eine Geistesqualität, die sich deutlich von der Fähigkeit unterscheidet, die Dinge als Ganzes zu sehen. „Plain Tales from the Hills" sind in vielerlei Hinsicht die besseren Geschichten, weil sie das Werk eines zwanzigjährigen Jungen sind: Was auch immer Mr. Kipling in diesem sehr frühen Alter sah, er stellte sich das beständig vor und drückte es mit der glorreichen triumphalen Kraft der Jugend aus. Aber wenn er sich gleichzeitig an einem Roman versucht hätte, hätte die Welt zweifellos herausgefunden, wie jung er war. Er wäre nicht in der Lage gewesen, einen klaren Querschnitt durch die Unendlichkeit des menschlichen Lebens zu schneiden, es als Ganzes zu sehen und die erschreckende Komplexität seiner Wechselbeziehungen darzustellen. Andererseits haben sich die meisten reifen Männer, die klug genug waren, Letzteres zu tun, als unfähig erwiesen, ihren Geist dauerhaft auf einen einzigen Erfahrungspunkt zu konzentrieren . Ganzheitlichkeit und Beständigkeit der Vision – nur wenige Menschen haben beides wie Sophokles besessen. Derselbe Autor war daher fast nie in der Lage, großartige Kurzgeschichten und großartige Romane zu schreiben.

Scott schrieb nur eine Kurzgeschichte : „Wandering Willie's Tale" in „ Redgauntlet "; Dickens hat auch nur eines geschrieben, das es verdient, als Meisterwerk der Kunst angesehen zu werden: „A Child's Dream of a Star"; und Thackeray, Cooper, George Eliot und Meredith haben überhaupt keine geschrieben. Andererseits hätte Poe unmöglich einen Roman schreiben können; Guy de Maupassant zeigt sich in seinen umfangreicheren Werken weniger meisterhaft; und Herr Kipling muss noch beweisen, dass der Roman in seiner Macht steht. Hawthorne ist das bemerkenswerteste Beispiel für den Mann, der als Autor von Kurzgeschichten begann und in reiferen Jahren eine Meisterschaft im Roman entwickelte.

Die Kurzgeschichte ist künstlerischer als der Roman. — Anders als die Kurzgeschichte zielt der Roman darauf ab, eine Reihe von Effekten hervorzurufen – eine kumulative Kombination der Elemente der Erzählung – und kennt keine Beschränkung auf die Sparsamkeit der Mittel. Daraus folgt, dass der Roman als literarische Form weitaus weniger Aufmerksamkeit auf kleinste Details der Kunst erfordert als die Kurzgeschichte. Große Romane können von Autoren geschrieben werden, die so nachlässig wie Scott, so faul wie Thackeray oder so schwerfällig wie George Eliot sind; Denn wenn uns ein Romanautor eine neue und wahre Kritik am Leben gibt, verzeihen wir ihm, wenn er in den schöneren Punkten der Struktur und des Stils versagt. Aber ohne diese schöneren Punkte ist die Kurzgeschichte unmöglich. Die Ökonomie der Mittel, die sie erfordert, kann nur durch eine strenge Einschränkung der Struktur erhalten werden; und die nötige Betonung kann nur durch Perfektion des Stils erzeugt werden. Die großen Meister der Kurzgeschichte, wie Poe und Hawthorne, Daudet und de Maupassant, waren alle sorgfältige Künstler: Sie waren nicht wie Thackeray schlampig in der Struktur; Sie waren nicht wie Scott unabhängig vom Stil. Der künstlerische Instinkt zeigt sich fast immer schon in sehr jungen Jahren. Wenn ein Mann dazu bestimmt ist, Künstler zu werden, zeigt er normalerweise eine überraschende Frühreife im Ausdruck, und das in einer Zeit, in der er noch sehr wenig auszudrücken hat. Dies ist ein weiterer Grund, warum die Kurzgeschichte im Gegensatz zum Roman eher der Jugend als dem Alter zuzuordnen ist. Obwohl ein junger Schriftsteller gezwungen sein kann, anzuerkennen, dass er seinen Älteren in der Reife seiner Botschaft unterlegen ist, übertrifft er sie nicht selten in der Feinheit der technischen Vollendung.

Die Kurzgeschichte fast zwangsläufig romantisch. — Ein weiterer Punkt, der noch berücksichtigt werden muss, bevor wir diese allgemeine Diskussion aufgeben, um unsere Aufmerksamkeit insbesondere einer technischen Untersuchung der Struktur der Kurzgeschichte zu widmen, ist, dass der Roman zwar entweder realistisch oder romantisch sein kann Nach allgemeiner Methode ist die Kurzgeschichte fast zwangsläufig dazu verpflichtet, romantisch zu sein. In dem kurzen Raum, der ihm zur Verfügung steht, ist es für den Verfasser von Kurzgeschichten praktisch unmöglich, aus bestimmten eingebildeten Tatsachen, die der Realität nachgeahmt wurden, eine allgemeine Wahrheit abzuleiten: Es ist weitaus einfacher, die eingebildeten Details der Geschichte aus einer zentralen These abzuleiten fest im Gedächtnis des Autors verankert und dem Leser gleich zu Beginn nahegelegt. Es ist ein schnellerer Prozess, von der Wahrheit zu Fakten zu denken, als von Fakten zur Wahrheit zu denken. Daudet und de Maupassant, die in ihren Romanen realistisch arbeiteten, wirkten in ihren *Texten romantisch* ; und die großen Kurzgeschichten unserer eigenen Sprache wurden fast alle von romantischen Autoren wie Poe, Hawthorne, Stevenson und Mr. Kipling geschrieben.

[3]

Ein Beitrag zu „The Wampum Library"; Longmans, Green & Co., 1904.

[4]

Dieses Papier, das später in *Pen and Ink* , 1888, aufgenommen wurde, wurde seitdem in einem kleinen Band veröffentlicht: Longmans, Green & Co., 1901.

[5]

Diese Definition wurde zuerst im *Bookman* für Februar 1904 und später im *Reader* für Februar 1906 abgedruckt. Anschließend wurde sie in fast jedem Buch wiederholt, das sich mit diesem besonderen Aspekt der Belletristik befasst.

[6]

Die zweite Geschichte vom zweiten Tag und die sechste Geschichte vom neunten Tag. Siehe „Amerikanische Kurzgeschichten", S. 28.

[7]

Zuerst im *The Atlantic Monthly* für August 1902 veröffentlicht und seitdem als Kapitel XII enthalten. in „A Study of Prose Fiction": Houghton, Mifflin & Co., 1904.

REZENSIONSFRAGEN

1. Unterscheiden Sie zwischen Roman, Novelle und Kurzgeschichte.

2. Definieren Sie die Kurzgeschichte.

3. Erklären Sie die Beiträge von Edgar Allan Poe und Brander Matthews zum Bewusstsein der Kurzgeschichte als einer besonderen Kunstform.

4. Welche Vor- und Nachteile hat die Kurzgeschichte im Vergleich zum Roman?

5. Ist Realismus in der Kurzgeschichte möglich? Wenn nicht, warum nicht?

- 151 -

VORGESCHLAGENE LITERATUR

EDGAR ALLAN POE : Rezension von Hawthornes „Tales".

BRANDER MATTHEWS : „Die Philosophie der Kurzgeschichte."

BLISS PERRY : „Eine Studie über Prosaliteratur " – Kapitel XII, über „Die Kurzgeschichte".

CHARLES SEARS BALDWIN : Einführung in „American Short Stories".

HENRY SEIDEL CANBY : „Die Kurzgeschichte auf Englisch."

CHARLES RAYMOND BARRETT : „Kurzgeschichten schreiben."

BRANDER MATTHEWS : Einführung in „Die Kurzgeschichte: Beispiele, die ihre Entwicklung veranschaulichen."

KAPITEL XI

DER AUFBAU DER KURZGESCHICHTE

Nur eine beste Möglichkeit, eine Kurzgeschichte zu konstruieren — Probleme beim Aufbau von Kurzgeschichten—Die Ausgangsposition—Die Endposition—Poes Analyse von „The Raven"— Analyse von „Ligeia"— Analyse von „The „Verlorener Sohn" – Stil, der für die Kurzgeschichte unerlässlich ist.

Nur eine beste Möglichkeit, eine Kurzgeschichte zu verfassen . — Da das Ziel einer Kurzgeschichte darin besteht, mit größtmöglicher Mittelökonomie einen einzigen Erzähleffekt zu erzeugen, der mit größter Betonung vereinbar ist, folgt daraus, dass bei jedem einzelnen Erzähleffekt – mit anderen Worten bei jedem Thema – z eine Kurzgeschichte – es kann nur einen besten Weg geben, die Geschichte darauf aufzubauen. Ein Roman kann auf viele Arten aufgebaut sein; und die Wahl der Methode hängt mehr vom Temperament und Geschmack des Autors ab als von der inhärenten logischen Notwendigkeit. Aber in einer Kurzgeschichte ist das Problem des Autors in erster Linie struktureller Natur; und Struktur ist eine Frage des Intellekts und nicht eine Frage des Temperaments und Geschmacks. Nun unterscheidet sich der Intellekt vom Geschmack dadurch, dass er eine absolute und allgemeine und keine individuelle und persönliche Geistesqualität ist. Über den Geschmack lässt sich nicht streiten, wie das lateinische Sprichwort zu Recht sagt ; Aber intellektuelle Fragen können logisch bestritten werden, bis eine endgültige Entscheidung getroffen wird. Obwohl die Planung eines Romans daher dem einzelnen Autor überlassen bleiben muss, kann die Struktur einer Kurzgeschichte als eine unpersönliche und absolute Angelegenheit betrachtet werden, wie die Ausarbeitung eines geometrischen Vorschlags.

Probleme der Kurzgeschichtenkonstruktion . — Das anfängliche Problem des Autors von Kurzgeschichten besteht darin, mit intellektuellen Mitteln herauszufinden, wie er die Geschichte, die er zu erzählen hat, am besten konstruieren kann. und um dieses Problem zu lösen, muss er viele Fragen aufgreifen und entscheiden. Zuallererst muss er die Notwendigkeit der Mittelsparsamkeit wahren, indem er darüber nachdenkt, wie viele oder vielmehr *wie wenige* Charaktere für die Erzählung notwendig sind, mit wie wenigen unterschiedlichen Ereignissen er zurechtkommt und wie eng der Zeit- und Zeitrahmen ist Ort, an dem er sein Material verdichten kann. Als nächstes muss er alle verfügbaren Gesichtspunkte berücksichtigen, von denen aus er die gegebene Geschichte erzählen möchte, und muss entscheiden, welcher davon seinen Zweck am besten erfüllt. Als nächstes muss er sich bei der Entscheidung über die Mittel zur Beschreibung von Charakteren, zur Darstellung von Handlungen und zur Verwendung von Schauplätzen stets von dem Bestreben leiten lassen, ein gerechtes Gleichgewicht zwischen (auf der einen Seite) größtmöglicher Ökonomie der Mittel und (auf der anderen Seite) zu finden. allerhöchste Betonung. Und schließlich muss er sich, um diesem letzteren Bedürfnis gerecht zu werden, bei der schrittweisen Planung der Erzählung vom Prinzip der Betonung in allen Phasen leiten lassen.

Die Ausgangsposition. — Die natürliche Betonung der Anfangs- und Endposition ist in der Kurzgeschichte von größter Bedeutung. Der Beginn einer perfekt konstruierten Geschichte erfüllt zwei Zwecke, einen intellektuellen und einen emotionalen. Intellektuell zeigt es dem Leser klar an, ob in der folgenden Erzählung das Element der Handlung, des Charakters oder des Schauplatzes vorherrschen soll — mit anderen Worten, welche der drei Arten der Erzählwirkung die Geschichte hat beabsichtigt zu produzieren. Emotional trifft es den Grundton und gibt den Ton der gesamten Geschichte vor. Edgar Allan Poe plante in seinen größten Erzählungen seine Eröffnungen unfehlbar, um diese Zwecke zu erfüllen. Er begann eine Handlungsgeschichte mit einer Beschreibung; eine Charaktergeschichte mit einer Bemerkung des Hauptdarstellers oder über ihn; und eine Handlungsgeschichte mit einem Satz voller potenzieller Zwischenfälle. Darüber hinaus vermittelte er bereits in seinem ersten Satz ein subtiles Gespür für den emotionalen Ton der gesamten Erzählung.

Als Hawthorne seine Kurzgeschichten eröffnete, zeigte er, dass er seinem großen Zeitgenossen weit unterlegen war. Nur unbewusst fiel ihm gelegentlich der unvermeidliche erste Satz ein. Oft verschwendete er am Anfang Zeit, indem er eine unnötige Einleitung schrieb; und häufig begab er sich auf die falsche Fährte, indem er zu Beginn einer Handlungsgeschichte eine Figur vorschlug oder zu Beginn einer Figurengeschichte eine Handlung vorschlug. Die Erzählung „The Gentle Boy" zum Beispiel, die als eine der ersten auf sein Genie aufmerksam machte, beginnt unnötigerweise mit einem historischen Essay von drei Seiten; Und erst wenn die Erzählung auf dem richtigen Weg ist, kann der Leser spüren, worum es geht.

Herr Rudyard Kipling verwendete in seinen früheren Geschichten eine Eröffnungsmethode, die einer sorgfältigen kritischen Betrachtung würdig ist. In „Plain Tales from the Hills" und den mehreren Bänden, die in den nächsten Jahren folgten, war es seine Gewohnheit, mit einem erläuternden Essay zu beginnen, der den Raum eines oder zweier Absätze ausfüllte, in dem er das Thema der von ihm verfassten Geschichte darlegte wollte es gerade erzählen. „Darum geht es in der Geschichte", würde er lapidar sagen: „Jetzt hören Sie sich die Geschichte selbst an." Diese Methode ist im Hinblick auf die Wirtschaftlichkeit äußerst vorteilhaft. Es vermittelt dem Leser von Anfang an einen intellektuellen Überblick über das Thema; und da er von Anfang an weiß, welche Wirkung erzielt werden soll, kann er der Erzählung, die sie erzeugt, mit größerer Aufmerksamkeitsökonomie folgen. Aber andererseits ist die Methode insofern unkünstlerisch, als sie explizit darstellt, was mit größerer Subtilität implizit vermittelt werden könnte, und die Stimmung der Erzählung durch aufdringliche Darlegungen untergräbt. In seinen späteren Geschichten hat Herr Kipling dieses bequeme, aber zu offensichtliche Mittel größtenteils verworfen und sein Thema implizit durch den erzählerischen Tenor und den emotionalen Ton seiner ersten Sätze offenbart. Dass die letztere Eröffnungsmethode die künstlerischere ist, wird man sofort aus der Gegenüberstellung von Beispielen erkennen. Dies ist der Anfang von „Thrown Away", einer frühen Geschichte:—

„Einen Jungen unter dem, was Eltern als ‚geschütztes Lebenssystem' bezeichnen, zu erziehen, ist, wenn der Junge in die Welt hinausgehen und für sich selbst sorgen muss, nicht klug. Wenn er nicht einer unter Tausenden ist , muss er mit Sicherheit viele unnötige Schwierigkeiten durchmachen; und kann möglicherweise einfach aus Unwissenheit über die richtigen Proportionen der Dinge in extremes Leid geraten.

„Lassen Sie einen Welpen die Seife im Badezimmer fressen oder einen frisch geschwärzten Stiefel kauen. Er kaut und kichert, bis er nach und nach herausfindet, dass ihn die Schwarzfärbung und Old Brown Windsor sehr krank gemacht haben; Daher argumentiert er, dass Seife und Stiefel nicht gesund seien. Jeder alte Hund im Haus wird ihm bald zeigen, wie unklug es ist, großen Hunden in die Ohren zu beißen. Als junges Tier erinnert er sich und geht mit sechs Monaten ins Ausland, ein wohlerzogenes kleines Biest mit zügellosem Appetit. Wenn er von Stiefeln, Seife und großen Hunden ferngehalten worden wäre, bis er ausgewachsen und mit entwickelten Zähnen zur Dreifaltigkeit gekommen wäre, bedenken Sie, wie furchtbar krank und geprügelt er sein würde! Wenden Sie diese Vorstellung auf das „behütete Leben" an und sehen Sie, wie es funktioniert. Es klingt nicht schön, aber es ist das bessere von zwei Übeln.

„Es gab einmal einen Jungen, der nach der Theorie des ‚behüteten Lebens' erzogen worden war; und die Theorie hat ihn getötet ..."

Und so weiter. An diesem Punkt, nach der erläuternden Einleitung, beginnt die eigentliche Erzählung. Betrachten wir nun den Beginn einer späteren Geschichte mit dem Titel „Ohne den Nutzen des Klerus". Dies ist der erste Satz: — „Aber wenn es ein Mädchen wäre?" Beachten Sie, wie viel in dieser kleinen Frage mit sechs Wörtern bereits gesagt und angedeutet wurde. Sicherlich ist der Anfang dieser Geschichte mit der besseren Kunst geführt.

Die Eröffnung des Exposés wurde von O. Henry von Mr. Kipling übernommen und von diesem Autor als eine Mode etabliert, die noch immer von Mitwirkenden amerikanischer Zeitschriften fortgeführt wird. Aber ein populärer Ausweg ist nicht unbedingt als dauerhafter Beitrag zu den Methoden der Fiktion zu betrachten; und Mr. Kipling ist in seinen späteren Geschichten ein besserer Künstler als Miss Edna Ferber oder jeder andere der vielen Nachahmer von O. Henry.

Die Endposition. — Aber in der Struktur der Kurzgeschichte ist die Betonung der Endposition ein noch wichtigerer Punkt. In dieser Hinsicht zeigt Poe erneut seine Kunstfertigkeit, indem er genau in dem Moment innehält, in dem er sein vorab festgelegtes Ziel vollständig erreicht hat. Seine Schlussfolgerungen sind bis heute unübertroffen in dem Sinne, dass sie absolute Endgültigkeit vermitteln. Hawthorne war weitaus weniger entschlossen, die Enden seiner Geschichten zu meistern. Seine persönliche Vorliebe dafür, seine Erzählung mit einer Moral zu zieren, führte dazu, dass er häufig eine Passage mit homiletischen Kommentaren anfügte, die nicht aus Knochen und Blut der Erzählung selbst bestand. Im Kapitel über die Betonung haben wir bereits auf Guy de Maupassants Methode der periodischen Struktur aufmerksam gemacht, mit der die Lösung der Geschichte bis zu den Schlusssätzen zurückgehalten wird. Dieses überaus wirksame Hilfsmittel ist jedoch nur in der Art von Geschichte anwendbar, in der das Element der Überraschung in der Natur des Themas liegt. In keinem anderen Einzelmerkmal der Konstruktion lässt sich die Arbeit des unerfahrenen Autors so deutlich erkennen wie im letzten Abschnitt seiner Geschichte. Mr. Kiplings „ Lispeth “ (das erste von „Plain Tales from the Hills“), das in sehr jungen Jahren geschrieben wurde, begann perfekt [das erste Wort ist „She“] und ging gut voran; Doch als er sich seinem Schluss näherte, wusste der junge Autor nicht, wo er aufhören sollte. Seine Geschichte endete wirklich mit den Worten: „Und sie kam nie zurück“; denn zu diesem Zeitpunkt war sein vorher festgelegter Entwurf vollständig umgesetzt worden. Aber anstatt damit zu schließen, fügte er vier unnötige Absätze hinzu, in denen es um das spätere Leben seiner Heldin ging — allesamt, um seine eigene vertraute Formulierung zu verwenden, „eine andere Geschichte“. Poe und de Maupassant hätten diesen Fehler nicht gemacht; und Mr. Kipling würde es auch nicht tun, nachdem er die künstlerischen Methoden beherrscht hatte. In einer der berühmtesten Geschichten von O. Henry mit dem Titel „Das Geschenk der Könige“ beging der Autor den technischen Fehler, einen überflüssigen Absatz hinzuzufügen, nachdem sein logisches Muster fertiggestellt war.

Poes Analyse von „Der Rabe “. — In seiner sehr interessanten Arbeit über „Die Philosophie der Komposition“ skizzierte Edgar Allan Poe Schritt für Schritt die intellektuellen Prozesse, mit denen er die Struktur von „Der Rabe“

entwickelte und aus einem vorgefassten Effekt ein fertiges Gedicht formte. Es ist sehr zu bedauern, dass er keinen ähnlichen Aufsatz geschrieben hat, in dem er die aufeinanderfolgenden Phasen der Entstehung einer seiner Kurzgeschichten detailliert darlegt. Mit seinem außerordentlich klaren und analytischen Verstand gestaltete er seine Handlungsstränge mit mathematischer Präzision. Er hat so rigoros gearbeitet, dass wir in seinen besten Geschichten das Gefühl haben, die Entfernung eines Satzes käme einer Amputation gleich. Es gelang ihm durchaus, seiner Erzählung bei größter Sparsamkeit der Mittel den größtmöglichen Nachdruck zu verleihen.

Analyse von „Ligeia ". — Wenn wir durch und durch lernen, wie eine einzelne perfekte Geschichte aufgebaut ist, werden wir weit dazu gekommen sein, die Technik des Geschichtenerstellens als Ganzes zu verstehen. Lassen Sie uns daher eine von Poes Kurzgeschichten analysieren – und dabei im Wesentlichen der Methode folgen, die er selbst in seiner Analyse von „Der Rabe" verfolgte – , um die aufeinanderfolgenden Schritte zu lernen, aus denen jede ausgezeichnete Kurzgeschichte entwickelt werden kann sein Thema. Wählen wir „Ligeia" als Thema dieser Studie, weil es sehr bekannt ist und weil Poe selbst es für die größte seiner Geschichten hielt . Sehen wir uns an, wie Poe, ausgehend vom Thema der Geschichte, Schritt für Schritt die Struktur seines fertigen Stoffes entwickelte; und wie angesichts seines vorab festgelegten Plans der Fortschritt seines Plans in jedem Schritt unvermeidlich war. [8]

Das Thema „Ligeia" wurde offensichtlich durch jene Zeilen von Joseph Glanvill angedeutet , die als Motto für die Geschichte zitiert und im Verlauf der Erzählung dreimal wiederholt werden:—

„Und darin liegt der Wille, der nicht stirbt . Wer kennt die Geheimnisse des Willens und seiner Kraft? Denn Gott ist nur ein großer Wille, der aufgrund seiner Absicht alle Dinge durchdringt. Der Mensch übergibt sich weder den Engeln noch völlig dem Tod, außer durch die Schwäche seines schwachen Willens."

Poe erkannte mit dem englischen Moralisten, dass der menschliche Wille stark ist und viele der Übel besiegen kann, die das Fleisch mit sich bringt. Wenn es noch stärker wäre, könnte es mächtigere Dinge tun; und wenn es *sehr viel* stärker wäre, wäre es sogar denkbar, dass es den Tod, seinen letzten und schlimmsten Feind, besiegen könnte. Nun war es für die Zwecke der Fiktion legitim, sich eine Figur vorzustellen, die über einen Willen verfügte, der stark genug war, den Tod zu besiegen; und durch die Darstellung dieser moralischen Eroberung könnte sicherlich eine bemerkenswerte erzählerische Wirkung erzielt werden. Dies wurde dann zum Zweck der Geschichte: eine Figur mit einem übermenschlichen Willen darzustellen und zu zeigen, wie diese Person durch bloße Willenskraft den Tod besiegte.

Nachdem er sich für sein Thema entschieden hatte, musste der Autor der Geschichte zunächst darüber nachdenken, wie viele oder vielmehr *wie wenige* Charaktere für die Erzählung erforderlich waren. Zumindest einer war offensichtlich unerlässlich – der Mensch mit dem übermenschlichen Willen. Aus ästhetischen Gründen machte Poe diese Figur zu einer Frau und nannte sie Ligeia; aber es ist offensichtlich, dass die Geschichte *strukturell* dieselbe gewesen wäre, wenn er die Figur zu einem Mann gemacht hätte. Die daraus resultierende Erzählung wäre in Stimmung und Ton anders gewesen; aber es wäre in der Struktur nicht anders gewesen. Angesichts dieser zentralen Figur war es vielleicht zunächst nicht klar, dass für die Geschichte eine weitere Person benötigt wurde. Aber in allen Geschichten, in denen es um ein außergewöhnliches Wesen geht, ist es notwendig, einen gewöhnlichen Charakter einzuführen, der als Maßstab dient, an dem die ungewöhnlichen Fähigkeiten der zentralen Figur gemessen werden können. Darüber hinaus ist es in Geschichten, in denen es um Wunder geht, notwendig, dass neben der Person, die in erster Linie davon betroffen ist, mindestens ein Augenzeuge für die außergewöhnlichen Umstände vorhanden ist. Daher war in der Geschichte unbedingt eine andere Figur erforderlich. Darüber hinaus musste diese zweite Person aus den beiden bereits erwähnten Gründen eng mit der Heldin verbunden sein. Die innigste Beziehung, die man sich vorstellen kann, war die zwischen Mann und Frau; er muss daher der Ehemann von Ligeia sein. Außer diesen beiden Menschen – einer Frau mit übermenschlichem Willen und ihrem Ehemann, einem Mann mit gewöhnlichen Kräften – war kein anderer Charakter notwendig; und deshalb führte Poe (und *konnte* nach den Gesetzen der Kurzgeschichte auch nicht) einen anderen ein. Die Lady von Tremaine ist, wie wir später sehen werden, technisch gesehen keine Figur.

Nun konnte der Grundriss der Geschichte skizziert werden. Ligeia und ihr Mann müssen dem Leser vorgestellt werden; und dann muss Ligeia in der Gegenwart ihres Mannes den Tod durch die Kraft ihres Willens besiegen. Aber um dies zu tun, muss sie zuerst sterben. Wenn sie lediglich ihren Willen einsetzen würde, um die Angriffe des Todes abzuwehren, wäre der Leser nicht davon überzeugt, dass ihre Genesung auf andere als gewöhnliche Weise erreicht wurde. Sie muss daher sterben und anschließend durch eine kraftvolle Willensanstrengung wieder auferstehen. Der Leser muss völlig davon überzeugt sein, dass sie wirklich gestorben ist ; und deshalb muss sie vor ihrer Auferstehung für einige Zeit ins Grab gelegt werden. Die Geschichte gliederte sich also in zwei Teile: Der erste, in dem Ligeia lebte, endete mit ihrem Tod; und der zweite, in dem sie tot war, endete mit ihrer Auferstehung.

Nachdem Poe damit zum Grundriss seiner Handlung gelangt war, musste er sich als Nächstes für den Standpunkt entscheiden, aus dem die Geschichte erzählt werden sollte. Unter den gegebenen Bedingungen schien auf den ersten Blick jeder von drei unterschiedlichen Gesichtspunkten verfügbar zu sein: der der Hauptfigur, der der Nebenfigur und der einer äußeren, allwissenden Persönlichkeit. Aber nur ein wenig Überlegung war nötig, um zu zeigen, dass nur einer dieser drei erfolgreich eingesetzt werden konnte. Offensichtlich konnte die Geschichte nicht von Ligeia erzählt werden: Denn es wäre unangenehm, eine außergewöhnliche Frau über ihre eigenen ungewöhnlichen Qualitäten sprechen zu lassen; und außerdem konnte sie kaum eine Geschichte erzählen, deren Hauptthema ihr Aufenthalt unter den Toten war, ohne dass von ihr erwartet wurde, dass sie die Geheimnisse ihres Gefängnisses preisgab. Es war ebenfalls unmöglich, die Geschichte aus der Sicht einer äußeren, allwissenden Persönlichkeit zu erzählen. Damit der letzte und wundersame Vorfall überzeugend wirkte, musste er nicht unpersönlich, sondern persönlich erzählt werden, nicht von außen, sondern von einem Augenzeugen. Daher muss die Geschichte natürlich vom Ehemann von Ligeia erzählt werden.

Zu diesem Zeitpunkt war die Hauptskizze fertiggestellt. Dann wurde es für Poe notwendig, die beiden Teile der Geschichte im Detail zu planen. Im ersten Teil waren keine Maßnahmen erforderlich und der Einstellung musste nur sehr wenig Aufmerksamkeit geschenkt werden. Es war wichtig, dass der gesamte Schwerpunkt des Autors auf dem Charakterelement lag; Der einzige Zweck dieser ersten Aufteilung der Geschichte muss darin bestehen, dem Leser einen äußerst nachdrücklichen Eindruck von der außergewöhnlichen Persönlichkeit Ligeias zu vermitteln. Sobald der Leser von der Kraft ihres Charakters ausreichend beeindruckt sein konnte, muss sie sterben; und der erste Teil der Geschichte wäre fertig. Aber an diesem Punkt war Poe gezwungen, zwischen der direkten und der indirekten Charakterbeschreibung zu wählen. Sollte Ligeia direkt von ihrem Ehemann dargestellt werden oder indirekt durch ihre eigene Rede? Mit anderen Worten: Sollte diese erste Hälfte der Geschichte eine Beschreibung oder ein Gespräch sein? Die Sache war leicht zu entscheiden. Die Gesprächsmethode war nicht verfügbar; denn ein Dialog zwischen Ligeia und ihrem Mann würde die Aufmerksamkeit des Lesers von einem zum anderen schweifen lassen, während es für den Zweck der Geschichte notwendig war, die gesamte Aufmerksamkeit auf Ligeia zu richten. Sie muss daher direkt von ihrem Ehemann dargestellt werden. Nachdem Poe zu dem Schluss gekommen war, dass er die gesamte erste Hälfte seiner Geschichte dieser Beschreibung widmen müsse, setzte er alle seine Kräfte ein, um sie angemessen und nachdrücklich zu formulieren. Die Beschreibung muss natürlich weitgehend subjektiv und suggestiv sein und von einem Gefühl von etwas Unergründlichem an der beschriebenen Person durchdrungen sein. Damit (um auf die Sprache von Poes eigenem kritischen Diktum zurückzukommen) „sein allererster Satz" „diese Wirkung hervorrufen könnte", schrieb der

Autor: „Ich kann mich im Grunde nicht daran erinnern, wie, wann oder auch nur wo genau Ich lernte zum ersten Mal Lady Ligeia kennen"; und die Geschichte begann.

Schwieriger war es, den zweiten Teil der Erzählung zu bewältigen, der sich mit der Zeit zwischen Ligeias Tod und ihrer Auferstehung befassen sollte. Der Schwerpunkt der Geschichte lag nun nicht mehr auf dem Charakterelement. Darüber hinaus spielte das Handlungselement im zweiten Teil der Erzählung eine untergeordnete Rolle, wie bereits im ersten. Alles, was geschehen musste, war die Auferstehung von Ligeia; und dies musste der Leser aufgrund des eigentlichen Themas der Geschichte vorhersehen. Das Hauptinteresse im zweiten Teil muss daher darin liegen, festzustellen, wo, wann und wie diese Auferstehung vollzogen wurde. Für die krönende Veranstaltung muss ein würdiger Rahmen gefunden werden. Poe konnte keine Zeit verlieren, den Ort für seinen Höhepunkt vorzubereiten; und deshalb war er gezwungen, sobald er Ligeia ins Grab gelegt hatte, mit einer ausführlichen Beschreibung der Bühnenbilder seiner letzten Szene zu beginnen. Der Ort muss wild und seltsam und arabesk sein. Es muss würdig sein, einen auferstandenen Sterblichen zu empfangen, der noch einmal die flüchtigen Blicke auf den Mond erblickt. Der Ort wurde gefunden, die Zeit – Mitternacht – wurde festgelegt: Aber die Frage blieb: *Wie* sollte Ligeia wieder auferstehen?

Und hier entstand eine fast unüberwindliche Schwierigkeit. Ligeia war begraben worden (*muss* begraben worden sein, wie wir gesehen haben), und ihr Körper war den Würmern preisgegeben worden. Doch jetzt muss sie wiederbelebt werden. Und es würde nicht ausreichen, sie einfach körperlich in die fantastische Wohnung gehen zu lassen, in der ihr Mann voller Träume darauf wartete, sie zu empfangen; Denn der Punkt, der betont werden musste, war nicht so sehr die bloße Tatsache, dass sie wieder am Leben war, sondern vielmehr die Tatsache, dass sie durch die Anstrengung ihres eigenen außergewöhnlichen Willens den Weg zurück ins Leben gefunden hatte. Dem Leser muss nicht nur *das Ergebnis* ihres Triumphs über den Tod gezeigt werden, sondern auch *der Prozess des Kampfes* , durch den sie durch bloßen Willen ihre Seele zurück in das körperliche Leben zwang. Wäre nur ihr Körper vorhanden, so dass dem Leser die allmähliche Besessenheit ihrer Seele gezeigt werden könnte, wäre alles leicht zu bewerkstelligen; aber aufgrund der Umstände der Geschichte *konnte ihr Körper nicht* anwesend sein: und die Schwierigkeit des Problems war extrem.

Aber hier fand Poe eine Lösung für das Problem. Würde es nicht auch eine andere Leiche tun? Sicherlich könnte Ligeia jeder abgelegten weiblichen Gestalt ihr Leben einhauchen. Deshalb muss ihr Mann natürlich wieder heiraten, nur damit seine zweite Frau stirbt. Die Lady Rowena Trevanion von Tremaine ist daher, wie ich bereits angedeutet habe, keine wirkliche Figur, sondern nur eine notwendige Ergänzung zur Schlussszene, ein unverzichtbares Stück Bühnenstück. Um auf diese Tatsache hinzuweisen, musste Poe sorgfältig darauf verzichten, sie im Detail zu beschreiben, und auf jede erdenkliche Weise versuchen, die Aufmerksamkeit des Lesers davon abzuhalten, lange auf ihr zu verweilen. Obwohl er beim Schreiben des ersten Teils der Geschichte mehrere Seiten der Beschreibung der Heldin widmete, lehnte er Lady Rowena im zweiten Teil mit nur zwei beschreibenden Beinamen ab: „blondhaarig und blau-" „mit Augen", um sie kurz von der dunkeläugigen und schwarzhaarigen Ligeia zu unterscheiden.

Mit Hilfe dieses praktischen Körpers war es für Poe einfach, seine letzte Szene zu entwickeln. Der intensive Kampf von Ligeias Seele, den Weg zurück in die Welt zu finden, konnte mit fesselnder Spannung aufgearbeitet werden: Und als schließlich der Höhepunkt erreicht war und der Ehemann erkannte, dass seine verlorene Liebe lebendig vor ihm stand, war der Zweck der Geschichte Wenn es vollbracht wäre, hätte Ligeias Testament seine Arbeit getan, und es gäbe nichts mehr zu erzählen. Poe schrieb: „Das sind die vollen, schwarzen und wilden Augen – meiner verlorenen Liebe – der Dame – der *Lady Ligeia* ": und die Geschichte war zu Ende.

Denn es muss absolut klar sein, dass sich diese besondere Geschichte nicht mit dem beschäftigt, was auch immer nach diesem Moment der völligen Erkenntnis geschehen sein mag, und dass dies auch nicht der Fall sein kann. Ob Ligeia im nächsten Moment erneut unwiderruflich stirbt, oder ob sie ein gewöhnliches Leben führt und dann letztlich für immer stirbt, oder ob sie durch den Triumph ihres Willens ewig am Leben bleibt, sind Fragen, die den Rahmen der Geschichte völlig sprengen und haben nichts mit dem einzigen narrativen Effekt zu tun, den Poe von Anfang an erzielen wollte. An keinem anderen Punkt zeigt er seine Meisterschaft deutlicher als bei der Wahl des perfekten Zeitpunkts, an dem er seine Geschichte beenden möchte.

Es wäre natürlich müßig zu behaupten, dass Poe alle erzählerischen Probleme, mit denen er konfrontiert war, beseitigte, indem er diese Geschichte genau in der von mir angegebenen Reihenfolge konstruierte. Leider hat er die Entstehung keiner seiner Geschichten in gedruckter Form erklärt, und wir können uns den Prozess seiner Pläne nur anhand seiner sorgfältigen Analyse der Entwicklung von „The Raven" vorstellen. Aber ich denke, es wurde deutlich gezeigt, dass die Struktur von „Ligeia" an allen Punkten unweigerlich durch ihr Thema bestimmt wird und dass kein Detail der Struktur geändert werden könnte, ohne die Wirkung der Geschichte zu beeinträchtigen; und ich bin zuversichtlich, dass jeder Autor, der Geschichten erfinden möchte, die in ihrer Form so perfekt sind wie die von Poe, einen ähnlichen intellektuellen Prozess wie den beschriebenen durchlaufen muss.

Analyse von „Der verlorene Sohn ". — Dem Studierenden der Kurzgeschichtenstruktur wird daher empfohlen, mehrere andere Meisterwerke dieser Form einem Prozess der intellektuellen Analyse zu unterziehen, der dem ähnelt, den wir gerade verfolgt haben. Dadurch wird er von der *Unvermeidlichkeit* jedes strukturellen Mittels beeindruckt, das in den besten Beispielen dieser Art zum Einsatz kommt. Zur weiteren Veranschaulichung dieser Unvermeidlichkeit der Struktur werfen wir einen kurzen Blick auf das Gleichnis vom „verlorenen Sohn" (Lukas 15, beginnend mit dem elften Vers), das, obwohl es vor vielen Jahrhunderten niedergeschrieben wurde, das Gleichnis erfüllt modernes kritisches Konzept der Kurzgeschichte, in dem sie mit größter Sparsamkeit der Mittel einen einzigen Erzähleffekt erzeugt, der mit größter Betonung vereinbar ist. Für die Zwecke dieser Studie lassen wir die religiösen Implikationen des Gleichnisses beiseite und betrachten es als ein gewöhnliches fiktionales Werk. Die Geschichte sollte eher „Der vergebende Vater" als „ Der verlorene Sohn" heißen; denn der einzige erzählerische Effekt, der erzielt werden muss, ist das Ausmaß der Vergebung eines Vaters gegenüber seinen irrenden Kindern. Für die Geschichte werden offensichtlich zwei Charaktere benötigt : erstens ein Vater, der verzeiht, und zweitens ein Kind, dem vergeben wird. Ob dieses Kind ein Sohn oder eine Tochter war , hatte natürlich keinen Einfluss auf die bloße Struktur der Geschichte. In der Erzählung, wie wir sie kennen, ist das irrende Kind ein Sohn. Im Streben nach größtmöglicher Sparsamkeit der Mittel könnte die Geschichte nur mit diesen beiden Charakteren erzählt werden, da die Wirkung, die erzielt werden soll, auf der persönlichen Beziehung zwischen ihnen beruht – einer Beziehung, die niemanden sonst einbezieht. Aber väterliche Nachsicht gegenüber einem *Einzelkind* scheint eher ein Merkmal menschlicher Schwäche als ein Zeichen patriarchaler Stärke zu sein; und die Vergebung des Vaters wird sehr verstärkt, wenn er außer dem verlorenen Sohn noch andere Kinder hat, die weniger anfällig für Fehler sind. Daher ist es mit größter Betonung notwendig, einen dritten Charakter hinzuzufügen – einen weiteren Sohn, der sich nicht auf den Weg des Übertreters verführen lässt. Die Geschichte muss unbedingt von einer äußeren, allwissenden Persönlichkeit erzählt werden: Sie muss aus einer distanzierten und gottähnlichen Perspektive gesehen und erzählt werden . Der Vater konnte es nicht erzählen, denn das Thema der Geschichte ist die Schönheit seines eigenen Charakters; und keiner der beiden Söhne ist in der Lage, die Geschichte als Ganzes zu betrachten und vorurteilsfrei zu erzählen. Die Geschichte beginnt perfekt mit dem sehr einfachen Satz: „Ein gewisser Mann hatte zwei Söhne." Der Leser weiß bereits, dass ihm eine charakterliche Geschichte (statt einer Handlung oder eines Schauplatzes) über drei Personen erzählt werden soll, von denen der wichtigste der bestimmte Mann ist, der zuerst erwähnt wurde. Überlegen Sie nebenbei, wie fehlerhaft eine solche Eröffnung gewesen wäre, zum Beispiel: „Vor nicht allzu langer Zeit in einer Stadt in Judäa". als Hauptelement der Geschichte . Ganz richtigerweise ist der erste der beiden Söhne, der besonders hervorgehoben wird, der wichtigere von beiden, der verlorene Sohn: „Und der jüngere von ihnen sagte zu seinem Vater: ‚Vater, gib mir den Anteil an Gütern, der mir zufällt. ‘ "" Somit wird dem Leser in nur zwei Sätzen die gesamte Grundlage der Geschichte vermittelt. Die schnelle und einfache Erzählung, die folgt, ist meisterhaft in absoluter Prägnanz. Der jüngere Sohn begibt sich auf eine Reise in ein fernes Land, verschwendet sein Vermögen in einem ausschweifenden Leben, gerät in Not, leidet und bereut und kehrt zurück, um seinen Vater um Vergebung zu bitten. Wundervoll, wunderschön liebt und bemitleidet ihn sein Vater und vergibt ihm: „Dafür war mein Sohn gestorben und lebt wieder; er war verloren und wird gefunden." An diesem Punkt wäre die Geschichte zu Ende, wenn sie mit nur zwei statt drei Charakteren erzählt würde. Aber die Betonung verlangt , dass der ältere Sohn jetzt einen völlig vernünftigen Einwand gegen die Aufnahme des verlorenen Sohnes erhebt; denn die große Liebe, die den Charakter des Vaters ausmacht, wird viel heller zum Vorschein kommen, wenn er den Einwand überstimmt. Er tut dies mit den gleichen Worten, die er im ersten Moment der Emotion verwendet hatte: „Denn dieser, dein Bruder, war gestorben und ist wieder lebendig; und war verloren und wird wiedergefunden." Diese schönen Worte, die nun sowohl die Betonung der Iteration als auch die Betonung der Endposition erhalten, fassen den gesamten vorgefertigten Entwurf zusammen und vervollständigen ihn.

Diese Geschichte, die nur fünfhundert Wörter umfasst, ist ein kleines Meisterwerk der Struktur. Es verkörpert ein Erzählthema von tiefgreifender menschlicher Bedeutung; es zeigt drei Charaktere, die so klar und vollständig gezeichnet sind, dass der Leser sie besser kennt als manchen Helden eines langen Romans; und es zeigt eine absolute Balance zwischen Sparsamkeit und Betonung in seiner prägnanten, aber berührenden Abfolge von Ereignissen. Darüber hinaus ist es auch in der englischen Version der King-James-Übersetzer ein kleines stilistisches Meisterwerk. Die Worte sind einfach, heimelig und direkt . Die meisten von ihnen sind sächsischen Ursprungs und die Mehrzahl ist einsilbig. Weniger als ein halbes Dutzend Wörter in der gesamten Erzählung enthalten mehr als zwei Silben. Und doch sind sie so fein zusammengefügt, dass sie in Rhythmen mit emotionaler Wirkung übergehen. Wie sehr die Geschichte von dieser Beherrschung der Prosa profitiert, lässt sich sofort spüren, wenn man parallele Passagen aus der französischen Standardbibel mit der King-James-Version vergleicht. Der englische einsilbige Refrain mit seiner berührenden Ausgewogenheit des Rhythmus verliert in der französischen Übersetzung fast seine gesamte ästhetische Wirkung: „ *Car mon Kinder , die sprachen , starben , aber es war Wiederbelebung ; Ich habe es nicht geschafft, aber es ist retrouvé* . Und dieser sehr bewegende Satz über den älteren Sohn: „Und er wurde zornig und wollte nicht hineingehen; da kam sein Vater heraus und flehte ihn an", wird in der französischen Bibel zu „ *Mais il se mit.* " *de colère , et ne voulut point enter ; et son père étant So , das Priait d'entrer* . „Es bedarf keiner besonderen. Feinfühligkeit, um zu bemerken, dass der erste Text großartig geschrieben ist, der zweite jedoch nicht.

Für die Kurzgeschichte wesentlicher Stil . — Und das führt uns zu der allgemeinen Überlegung, dass selbst eine perfekt konstruierte Geschichte ihre größte Wirkung verfehlen wird, wenn sie nicht an allen Punkten angemessen geschrieben ist. Nachdem Poe mit seinem Intellekt Schritt für Schritt die Struktur von „Ligeia" dargelegt hatte, musste er sich einem weiteren Problem stellen – dem Problem, die Geschichte mit der aufregenden und fesselnden Harmonie dieser tiefen, musikalischen Sprache zu schreiben, die ihn verfolgt uns wie das Echo eines Traums. Es ist eine Sache, eine Geschichte aufzubauen; es ist etwas ganz anderes, es zu schreiben: und in Poes Fall ist es offensichtlich, dass zwischen seiner Vollendung der ersten und der Unternehmung der zweiten Anstrengung eine beträchtliche Zeitspanne verstrichen sein muss. Er baute seine Geschichten intellektuell und kaltblütig auf; er schrieb sie emotional, in ästhetischer Überhöhung: und die beiden Stimmungen sind so unterschiedlich und schließen sich gegenseitig aus, dass sie aufeinanderfolgend statt nebeneinander existieren müssen . Manche Autoren bauen besser als sie schreiben; andere schreiben besser als sie bauen. Selten, sehr selten, verfügt ein Mann wie Poe über die gleiche Beherrschung von Struktur und Stil. Doch obwohl die Einheit der Form allein durch die Struktur erreicht werden kann, hängt die Einheit der Stimmung hauptsächlich vom Stil ab. Die Tonhöhe der Sprache sollte durchgehend auf die emotionale Bedeutung des zu erzielenden Erzähleffekts abgestimmt sein. Jeder Satz, der aus der Harmonie geraten ist, wird die Einheit der Stimmung stören und stören, die für eine große Kurzgeschichte ebenso notwendig ist wie für ein großes lyrisches Gedicht. Hawthorne bewies, obwohl seine Struktur häufig fehlerhaft war, die Größe seiner Kunst, indem er durch schiere Beherrschung des Stils eine absolute Einheit der Stimmung in jeder Geschichte, die er unternahm, aufrechterhielt. Herr Kipling hat dies nicht immer getan, weil er die Sprache häufig eher mit Manieren als mit Stil verwendet hat; Aber in seinen besten Geschichten, wie „The Brushwood Boy" und „They", gibt es im gesamten Text eine einheitliche Tonalität, die sie auf die Ebene höchster Kunst stellt.

[8]

Die folgende Analyse von „Ligeia" wurde erstmals im Februar 1906 im *Reader abgedruckt* . Sie wird hier mit einigen Detailüberarbeitungen wieder aufgenommen.

REZENSIONSFRAGEN

1. Was sind die wichtigsten Punkte, die beim Verfassen einer Kurzgeschichte
   berücksichtigt werden müssen?
2. Erklären Sie die technische Bedeutung des letzten Absatzes und des ersten
   Absatzes einer Kurzgeschichte.
3. Analysieren Sie eine großartige Kurzgeschichte gemäß der in den
   vorherigen Analysen von „Ligeia" und „Der verlorene Sohn"
   dargestellten Methode.

VORGESCHLAGENE LITERATUR

EDGAR ALLAN POE : „Der Untergang des Hauses Usher."

NATHANIEL HAWTHORNE : „Die weiße alte Jungfer."

BRET HARTE : „Tennessees Partner."

ROBERT LOUIS STEVENSON : „Markheim."

RUDYARD KIPLING : „Ohne Unterstützung des Klerus."

KENNETH GRAHAME : „Die Römerstraße."

FJ STIMSON : „Mrs. Knollys."

GUY DE MAUPASSANT : „Die Halskette."

ALPHONSE DAUDET : „Die letzte Klasse."

HC BUNNER : „Ein schwesterlicher Plan."

O. HENRY : „Ein kommunaler Bericht."

KAPITEL XII

DER FAKTOR STIL

Struktur und Stil – Stil eine Frage des Gefühls – Stil eine absolute Qualität –
Der doppelte Reiz der Sprache – Konkrete Beispiele – Lautmalerische
Wörter – Einprägsame Wörter – Die Strukturierung von Silben – Stevenson
über Stil – Das Muster des Rhythmus – – Das Muster der Literatur – – Stil
ist eine schöne Kunst – – Stil ist ein wichtiges Hilfsmittel für die Fiktion – –
Die Häresie des Zufälligen – – Stil ist eine intuitive Qualität – – Methoden
und Materialien – – Inhalt und Form – – Die Verschmelzung von Beide
Elemente – Die Persönlichkeit des Autors – Zusammenfassung.

Struktur und Stil. — Das Element des Stils, das gerade in Bezug auf die
Kurzgeschichte angesprochen wurde, muss nun in seiner weiteren
Dimension als Faktor der Fiktion im Allgemeinen betrachtet werden. Bisher
haben wir uns bei der Untersuchung der Methoden der Fiktion größtenteils
auf die Untersuchung struktureller Hilfsmittel beschränkt. Der Grund dafür
ist, dass Struktur, da sie lediglich eine Frage des Intellekts ist, klar analysiert
und eindeutig dargelegt werden kann. Wie jedes andere intellektuelle Fach –
beispielsweise Geometrie – kann Struktur gelehrt werden. Aber Stil ist,
obwohl er in der Fiktion ein kaum weniger wichtiger Faktor ist, nicht nur
eine Frage des Intellekts. Eine klare Analyse und eindeutige Darlegung ist
nicht so leicht zulässig; und obwohl es wahr ist, dass es in gewissem Sinne
erlernt werden kann, ist es auch wahr, dass es nicht gelehrt werden kann.

Stil ist eine Frage des Gefühls. — Das Wort „Stil" kommt jedem Kritiker
auf die Zunge; aber es wurde noch nie zufriedenstellend definiert. Gewiss, es
wurden berühmte Redensarten darüber erfunden; aber die meisten davon,
wie die aus Buffons oberflächlicher Bemerkung in seinem Diskurs über die
Aufnahme in die Akademie abgeleitete Version – „ *Le style est de l'homme.* "
même "—sind hochtrabende Eingeständnisse der Unmöglichkeit einer
Definition. Diese Tatsache bestärkt uns in unserer Meinung, dass Stil eher
eine Frage des Gefühls als des Intellekts ist. Wenn wir daher jeden Versuch
einer Definition vermeiden, was unklug ist, können wir unsere Vorstellungen
über den Stil dennoch klären, wenn wir das Thema umkreisen.

Stil von absoluter Qualität. — Um den Kreis einzugrenzen, lassen Sie uns
zunächst zugeben, dass die bekannte Phrase „schlechter Stil" ein
Widerspruch in sich ist. Grundsätzlich gibt es keinen guten oder schlechten
Stil. Entweder wird eine literarische Äußerung mit Stil gemacht, oder sie wird
ohne Stil gemacht. Diese anfängliche Unterscheidung ist absolut, nicht
relativ. Es muss jedoch zugegeben werden, dass von zwei mit Stil gemachten

Äußerungen die eine mehr von dieser Qualität durchdrungen sein kann als die andere; Aber selbst bei dieser sekundären Unterscheidung geht es eher um mehr und weniger als um besser und schlechter. Stil ist also eine Eigenschaft, die man mehr oder weniger besitzt oder auch überhaupt nicht besitzt. Unter dieser Voraussetzung können wir den philosophischen Aspekt des Themas mit klarerem Verstand untersuchen.

Der doppelte Reiz der Sprache. — Sprache übt auf den Geist des Lesers oder Zuhörers einen doppelten Reiz aus. Erstens vermittelt es seinem Intellekt durch den Inhalt der verwendeten Wörter eine bestimmte Bedeutung; und zweitens übermittelt es seinem Empfinden durch seinen Klang eine unbestimmte Suggestion. Bewusst erhält er aus der Bezeichnung der Wörter eine Bedeutung; unbewusst erhält er durch ihre Konnotation eine Anregung. Nun hat eine Äußerung die Qualität eines Stils, wenn diese beiden Sprachappelle – der Denotativ und der Konnotativ, das Bestimmte und das Unbestimmte, das Intellektuelle und das Sinnliche – so aufeinander abgestimmt sind, dass sie beim Leser oder Zuhörer eine Wirkung hervorrufen Das ist nicht dual, sondern unauflöslich eins. Und einer Äußerung fehlt die Qualität des Stils, wenn sie dem Intellekt zwar durch den Inhalt der Worte eine Bedeutung vermittelt, diese Bedeutungsübermittlung jedoch nicht durch eine entsprechende und harmonische Ansprache der Sinne durch ihren Klang verstärkt. Im letzteren Fall übt die Sprache auf den Empfänger eine Wirkung aus, die nicht einfach, sondern doppelt und geschieden ist.

Konkrete Beispiele. — Der Sachverhalt kann durch die Prüfung konkreter Beispiele klarer werden. Stillos ist beispielsweise der folgende Satz: „Das Quadrat auf der Hypothenuse eines rechtwinkligen Dreiecks ist gleich der Summe der Quadrate auf den anderen beiden Seiten": denn obwohl es durch seinen Inhalt dem Intellekt vermittelt wird Obwohl es eine völlig klare und absolut eindeutige Bedeutung hat, übermittelt es den Sinnen durch seinen Klang keine verwandte Suggestion. Aber andererseits sind die folgenden Zeilen aus Tennysons „Die Prinzessin" reich an Stil, weil die Appelle an den Intellekt und das Ohr so koordiniert sind, dass sie eine einzige gleichzeitige Wirkung hervorrufen :—

„Unzählige Bäche strömen durch den Rasen,
das Stöhnen der Tauben in uralten Ulmen und das Murmeln unzähliger
Bienen."

In diesen Zeilen wird dem Leser durch die bloße Melodie der „m", „r" und „l" genauso viel vermittelt wie durch den Inhalt oder die Bedeutung der Wörter. Beispielsweise soll das Wort „unzählig", das für den Intellekt lediglich „nicht zählbar" bedeutet, den Sinnen das Murmeln von Bienen nahelegen. Dieses eine Wort erfüllt also eine doppelte Funktion und trägt einerseits durch seinen Inhalt und andererseits durch seinen Klang zum Ausdruck der allgemeinen Idee bei.

Lautmalerische Wörter. — Diese Koordinierung der beiden Appelle ist der Ursprung und das Wesen der Qualität des Stils. Doch nun muss die Frage berücksichtigt werden : *Wie* kann diese Koordinierung erfolgen? Das erste Detail, auf das wir achten müssen, ist die Wortwahl. Tennysons Aufgabe war, so wie wir sie gerade betrachtet haben, vergleichsweise einfach. Er schrieb über bestimmte Geräusche; und es war für ihn nicht besonders schwierig, diese Laute mit den Worten nachzuahmen, die er wählte, um sie zu bezeichnen. Sein Kunstgriff war der naheliegendste, den Rhetoriker Onomatopoeia nennen . In jeder Sprache imitieren Wörter, die Laute bezeichnen, diese fast immer auch. Solche Wörter, wie zum Beispiel „flüstern", „donnern", „rasseln", sind an sich stilistisch. Für sich genommen und unabhängig von jeglichem Kontext verkörpern sie die verwandte Anziehungskraft von Bedeutung und Klang, die das Geheimnis des Stils ausmacht. Bisher ist die Sache äußerst einfach. Es gibt aber auch viele Wörter, die andere Dinge als Geräusche bezeichnen und dem Ohr dennoch auf subtile Weise eine sinnliche Andeutung ihres Inhalts vermitteln. Solche Wörter sind zum Beispiel „Schlamm", „niemals mehr" und „zitternd". Jedes Kind könnte Ihnen sagen, dass Wörter wie diese „genau so klingen, wie sie bedeuten"; und doch wäre es für den kritischen Intellekt unmöglich, genau zu erklären, worin die Übereinstimmung zwischen Klang und Sinn in einem Wort wie „Schlamm" besteht. Die Fitness ist aber offensichtlich vorhanden. Wenn wir aus mehreren Sprachen Wörter auswählen, deren Bezeichnung identisch ist, werden wir wahrscheinlich feststellen, dass sie aufgrund ihres unterschiedlichen Klangs unterschiedliche Phasen der Idee, die sie enthalten, konnotieren. Beispielsweise hat das englische Wort „Death" einen spirituellen Klang; wohingegen das deutsche „ *der Tod* " schrecklich und düster klingt und das französische „ *la mort* " furchteinflößend und bizarr klingt. Inhaltlich sind diese drei Wörter nicht zu unterscheiden; aber im Stil unterscheiden sie sich sehr stark. Ihre Bedeutungsvielfalt liegt offensichtlich in ihrem Klang; Und doch scheint der Unterschied , auch wenn er sofort zu hören ist, für den Intellekt unerklärlich .

Denkwürdige Worte. — Doch die weitaus meisten stilistischen Wörter verdanken ihre Konnotation nicht so sehr allein ihrem Klang, sondern vielmehr ihrer Fähigkeit, Erinnerungen hervorzurufen. Sie wecken den psychologischen Prozess der Assoziation. Das sind die Worte, die jedem Menschen am Herzen liegen – Worte wie „Zuhause", „Trauer", „Mutter", „Jugend" und „Freunde". Wann immer ein solches Wort verwendet wird, vermittelt es dem Leser oder Zuhörer nicht nur die spezifische Bedeutung, die durch den momentanen Kontext beabsichtigt ist, sondern auch eine untergeordnete und unbewusste Erinnerung an viele Phasen seiner persönlichen Erfahrung. Alle unbestreitbar magischen Wörter besitzen diese assoziative oder *einprägsame* Qualität. Um eines auf jeden Fall zu sagen: Sie rufen eine übereinstimmende Harmonie aus Unterbewusstsein und schattenhafter Suggestion hervor. Indem sie eine Botschaft in der Gegenwart ausdrücken, erinnern sie sich an die Schönheit der Vergangenheit. So verhält es sich mit den Worten dieser beiden bezaubernden Zeilen von Keats:—

„ Bezauberte magische Flügel, die sich zum Schaum
  gefährlicher Meere öffnen, in verlassenen Feenländern."

Sie sagen viel mehr als sie sagen. Sie vermitteln dem Leser eine Bedeutung und erinnern ihn an viele, viele andere.

Die Strukturierung von Silben. — Aber die Wahl suggestiver und einprägsamer Worte ist nur der erste Schritt zur Beherrschung des Stils. Die perfekte Verbindung von Bedeutung und Klang hängt weniger von den Worten selbst als vielmehr von der Art und Weise ab, wie sie angeordnet sind. Die Stilkunst geht wie jede andere Kunst von einer anfänglichen Auswahl der Materialien und ihrer anschließenden Anordnung nach einem Muster aus. Stilistisch ist das Muster von größter Bedeutung; und deshalb müssen wir, um die Hexerei des Schreibens zu verstehen, als nächstes die Strukturierung von Wörtern technisch betrachten .

Stevenson über Stil. —Diese Phase des Themas wurde von Robert Louis Stevenson in seinem Essay „On Some Technical Elements of Style in Literature" klar dargelegt und geschickt illustriert. [9] Dieser Aufsatz ist meines Wissens die einzige existierende Abhandlung über die Technik des Stils, die für den angehenden Künstler von praktischem Wert ist. Daher sollte es von jedem, der sich mit dem Mysterium des Schreibens befasst, viele Male gelesen und gründlich gemeistert werden. Da es nun leicht zugänglich ist, wird es hier nicht notwendig sein, mehr zu tun, als seine Hauptpunkte zusammenzufassen und sie auf eine etwas andere Art und Weise darzustellen, damit sie besser in den gegenwärtigen Kontext passen.

Das Muster des Rhythmus. — Jeder normale Satz, es sei denn, er ist sehr kurz, enthält einen Knoten oder ein Problem. Bis zu einem gewissen Punkt wird der Gedanke zunehmend komplizierter; Danach ist es gelöst. Nun verlangt die Stilkunst, dass diese natürliche Implikation und Explikation des Gedankens von einer entsprechenden Implikation und Explikation der Bewegung des Satzes begleitet wird. Sofern die Störung im Rhythmus nicht mit der Störung im Gedanken übereinstimmt, werden die beiden Reize des Satzes (an den Intellekt und an das Ohr) gegeneinander antreten, anstatt sich zu einer gemeinsamen Wirkung zu verbinden. Daher besteht die erste Notwendigkeit beim Weben eines Wortnetzes darin, eine Übereinstimmung zwischen der intellektuellen Entwicklung des Gedankens und der sinnlichen

Entwicklung des Klangs herzustellen. Der Reiz des Rhythmus auf das menschliche Ohr ist grundlegend und elementar; und die Wirkung des Stils hängt mehr von der Beherrschung der rhythmischen Phrase als von jedem anderen individuellen Detail ab. Bei Versen besteht das technische Problem in zweierlei Hinsicht: erstens, dem Ohr des Lesers ein rhythmisches Muster von Standardregelmäßigkeit vorzuschlagen; und dann so geschickt und so häufig wie möglich von der vorgeschlagenen Regelmäßigkeit abzuweichen, ohne dass der Leser jemals das grundlegende Muster auch nur für einen Moment vergisst. In der Prosa arbeitet der Autor mit größerer Freiheit; und sein Problem ist daher gleichzeitig einfacher und schwieriger. Anstatt mit einem Standardmuster zu beginnen, muss er ein Rhythmusnetz erfinden, das zu dem Sinn passt, den er vermitteln möchte; und dann muss er, ohne jemals das Ohr des Lesers dadurch zu enttäuschen, dass er einen erwarteten Rhythmusabfall unnötig vorenthält, jede Ahnung von Monotonie durch kontinuierliche und geschmackvolle Variationen zerstören.

Das Muster der Literatur. — Aber Sprache bietet dem Ohr von Natur aus nicht nur ein Rhythmusmuster, sondern auch ein Buchstabenmuster. Die Beherrschung der Literatur ist daher ein notwendiges Stilelement. Effekte, die unbestreitbar stark in der Suggestion sind, können durch die Wiederholung bestimmter Buchstaben erzielt werden, die eine Zeit lang geschickt zurückgehalten werden – da Aufdringlichkeit immer vermieden werden muss – und dennoch in einer harmonischen Wiederkehr triumphieren. Die großen Sätze der Literatur, die in unseren Ohren widerhallen, weil ihr Klang mit ihrer Bedeutung verbunden ist, werden bei näherer Betrachtung ein komplexes Muster geschmackvoll ausgewählter Buchstaben enthalten. So verhält es sich mit dem folgenden Satz von Sir Thomas Browne, bei dem es schwierig ist zu entscheiden, ob der Rhythmus oder die Schrift den größeren Anteil an seiner Klangsymmetrie beiträgt : „Aber die Ungerechtigkeit des Vergessens zerstreut blind ihre Mohnblume und behandelt sie.“ das Andenken der Menschen ohne Unterschied zum Verdienst der Ewigkeit.“ So verhält es sich wiederum mit diesem Satz aus Ruskins „Sieben Lampen der Architektur“: „Sie sind nur die Reste und Monotonien der Kunst; Seiner viel glücklicheren, viel höheren Erhebung verdanken wir diese schönen Fronten aus buntem Mosaik, aufgeladen mit wilden Fantasien und dunklen Scharen von Bildern, dicker und seltsamer, als jemals zuvor die Tiefen eines Mittsommertraums erfüllt; diese gewölbten Tore mit Gittern aus dichten Blättern; diese Fensterlabyrinthe aus verdrehtem Maßwerk und Sternenlicht; diese nebligen Massen zahlreicher Zinnen und Diademtürme; vielleicht die einzigen Zeugen, die uns noch vom Glauben und der Furcht der Nationen übrig bleiben.“ So ist es auch mit diesen Sätzen aus De Quinceys „The English Mail-Coach “:— „Das Meer, die Atmosphäre, das Licht trugen jeweils eine Orchesterrolle in dieser universellen Flaute. Mondlicht und das erste zaghafte Zittern der

Morgendämmerung vermischten sich inzwischen; und die Mischungen wurden durch einen leichten silbernen Nebel, der regungslos und verträumt war und die Wälder und Felder bedeckte, aber mit einem Schleier gleichmäßiger Transparenz, in einen noch exquisiteren Zustand der Einheit gebracht."

Gestalten Sie eine schöne Kunst. —Eine detailliertere Untersuchung des Stils in dieser Richtung würde uns zu Überlegungen führen, die für den Zweck dieses Bandes zu sehr technisch sind. Der Stil gehört in seiner höchsten Entwicklung nur zur höchsten literarischen Kunst; und es muss zugegeben werden, dass Literatur nicht immer und vielleicht sogar am häufigsten eine schöne Kunst ist. Von den vier rhetorischen Stimmungen oder Methoden des Diskurses eignet sich die Darstellung am wenigsten für die Qualität des Stils. Erklärungen werden von Intellekt zu Intellekt kommuniziert. Bei der Darstellung müssen Wörter hauptsächlich im Hinblick auf eine eindeutige Bedeutung ausgewählt werden. Der Expository-Autor muss auf jeden Fall klar sein; er muss darauf abzielen, präzise zu sein, statt suggestiv zu sein. Stil ist als Ergänzung zur Argumentation wesentlich wichtiger; Denn um wirklich zu überzeugen, muss ein Schriftsteller nicht nur den Intellekt des Lesers überzeugen, sondern auch seine Gefühle wecken und besiegen. Aber gerade in der Erzählung und Beschreibung trägt die Qualität des Stils am meisten zur maximalen Wirkung bei. Um im Kopf des Lesers ein Bild hervorzurufen oder seinem Bewusstsein ein Gefühl von Bewegung zu vermitteln, ist es ratsam (ich bin versucht zu sagen, notwendig), mit dem Klang der Sätze zu spielen, die so formuliert sind, dass sie einen Inhalt vermitteln zu seinem Intellekt.

Stil ist ein wichtiges Hilfsmittel für die Fiktion. — Da die Erzählung die natürliche Stimmung der Fiktion ist und die Beschreibung häufiger eingeführt wird als Argumente oder Darlegungen, muss der Autor von Fiktion immer mit dem Stilfaktor rechnen. Es ist wahr, dass Geschichten ohne Stil geschrieben werden können; Es ist sogar wahr, dass vielen der größten Geschichten diese undefinierbare Eigenschaft fehlte; aber es ist daher nicht logisch zu argumentieren, dass der Stilfaktor vernachlässigt werden könnte. Wie sehr sie zur Erreichung des Ziels der Fiktion beitragen kann, erkennt man instinktiv, wenn man sich jede wunderbar geschriebene Passage anschaut. Betrachten wir zum Beispiel die folgenden Absätze aus „Markheim". Nachdem Markheim den Händler getötet hat und nach oben gegangen ist, um die Habseligkeiten des Ermordeten zu durchsuchen, herrscht zwischen ihm und seinem Alarm eine Zeit der Stille.—

„Aus dem Augenwinkel sah er die Tür – und warf von Zeit zu Zeit sogar einen direkten Blick darauf, wie ein belagerter Kommandant, der erfreut ist, sich von der guten Lage seiner Verteidigungsanlagen zu überzeugen. Aber in Wahrheit hatte er Frieden. Der Regen, der auf die Straße fiel, klang natürlich und angenehm. Plötzlich wurden auf der anderen Seite die Noten eines Klaviers von der Musik einer Hymne geweckt, und die Stimmen vieler Kinder erfüllten die Luft und die Worte. Wie stattlich, wie angenehm war die Melodie! Wie frisch die jugendlichen Stimmen! Markheim lauschte lächelnd, während er die Schlüssel aussortierte; und sein Geist war voller verantwortbarer Ideen und Bilder; kirchgängende Kinder und das Läuten der hohen Orgel; Kinder unterwegs, Badegäste am Bachufer, Wanderer auf dem Dornbusch, Drachenflieger am windigen und wolkenverhangenen Himmel; und dann, bei einer anderen Kadenz des Hymnus, wieder zurück zur Kirche und der Schläfrigkeit der Sommersonntage und der hohen, vornehmen Stimme des Pfarrers (an die er ein wenig lächelte, als er sich daran erinnerte) und den bemalten jakobinischen Gräbern und der schwachen Beschriftung von die Zehn Gebote im Altarraum.

„Und als er so saß, beschäftigt und abwesend zugleich, sprang er erschrocken auf. Ein Eisblitz, ein Feuerblitz, ein platzender Blutschwall fuhr über ihn hinweg, und dann stand er wie gebannt und erregt da. Eine Stufe stieg langsam und stetig die Treppe hinauf, und plötzlich wurde eine Hand auf den Knauf gelegt, und das Schloss klickte, und die Tür öffnete sich."

Jeder, der Ohren zum Zuhören hat, wird sofort erkennen, wie sehr die Wirkung dieser Passage durch den meisterhaften Einsatz aller Stilphasen, die wir bisher besprochen haben, verstärkt wird. Wenn Stevenson geschrieben hätte: „Bald begann ein Klavier, eine Hymne zu spielen", hätte er dem Ohr ein Klirren ähnlich dem Hämmern suggeriert, anstatt zu schreiben: „Derzeit wurden die Noten eines Klaviers von der Musik einer Hymne geweckt." von Blechpfannen, statt der gemessenen Melodie, die er im Sinn hatte. Und es sei besonders darauf hingewiesen, dass sich der zum Vergleich vorgeschlagene Ausdruck *allein in seinem geistigen Inhalt* kaum vom Original unterscheidet. Wie gering ist der Unterschied in der Bezeichnung, wie groß ist der Unterschied in der Suggestion! Der kurze Satz „Drachenflieger am windigen und wolkenverhangenen Himmel" scheint uns körperlich in die Luft zu blasen: — — hier ist die Beherrschung des Rhythmus. „Die Schläfrigkeit der Sommersonntage" ist flüsternd und gemurmelt mit s, m und n:— hier (offensichtlicher) ist die Beherrschung des Lesens und Schreibens. Beachten Sie im zweiten Absatz, wie der Rhythmus plötzlich schneller wird, als Markheim erschrocken aufsteht; Und denken Sie im letzten Satz an die monotone und gemessene Langsamkeit der Bewegung, bedrohlich durch Pausen.

Die Häresie des Zufälligen. — Hin und wieder tritt ein Kritiker mit der Aussage hervor, dass der Stil in der Fiktion keine absichtliche und bewusste Eroberung sei, dass der Klang von Sätzen zufällig sei und daher nicht dazu zusammengestellt werden dürfe, zum Sinn beizutragen, und dass die Beschäftigung mit Details von Rhythmus und Alphabetisierung sind ein

Beweis für einen finsteren und engstirnigen Geist. Auf eine solche Aussage bedarf es keiner Antwort außer dem guten Rat, einige Passagen, die denen aus „Markheim" ähneln, die wir gerade untersucht haben, noch einmal laut und sorgfältig zu lesen. Ganz offensichtlich wusste Stevenson intuitiv, worum es ging, als er seine rhythmischen Muster und seine gebildeten Orchesterharmonien plante.

Stil eine intuitive Qualität. — Ich sage „intuitiv", weil Stil, wie ich eingangs zugegeben habe, für den Autor eher eine Frage des Gefühls als des Intellekts ist. Aber Dinge können sowohl mit Sensibilität als auch mit Intelligenz geplant werden. Der stilbegabte Schriftsteller hört ein rhythmisches Muster, in das er Wörter einwebt, die seinen Gedanken bezeichnen könnten; und während er sich bemüht, eindeutig und klar zu sein, trägt er in seinem Geist ein subtiles Gespür für die harmonische Begleitung von Konsonanten und die melodische Beredsamkeit von Vokalen.

Auf welche Weise ein Schriftsteller die Beherrschung des Stils erlangen kann, ist eine Frage, die der Intellekt nicht beantworten kann. Sensibilitätsfragen sind eine persönliche Angelegenheit und jeder muss sie für sich selbst lösen. Der Autor von „Markheim", wie er uns in seinem Aufsatz über „A College Magazine" erzählt, brachte sich das Schreiben selbst bei, indem er vor vielen Meistern den eifrigen Affen spielte; und diese Methode kann Aspiranten mit einem nachahmenden Ohr empfohlen werden. Aber es kann keine allgemeine Regel geben; Denn obwohl im Prozess der reinen Vernunft alle rechtgesinnten Menschen gleich denken, unterscheidet sich jeder Mensch im Prozess der Emotionen von jedem anderen.

Aus diesem Grund ist Stil nicht nur (wie wir eingangs behauptet haben) eine absolute Qualität, die eine literarische Äußerung besitzt oder nicht, sondern in jedem Fall auch eine persönliche Qualität des Autors, der sie erlangt. In dieser Hinsicht hatte Buffon Recht, als er feststellte, dass Stil eine Phase des Menschen selbst ist. Jede Arbeit, die allein durch den Intellekt vollbracht wird, gehört dem Menschen im Allgemeinen und nicht einem einzelnen Menschen im Besonderen; aber jede Arbeit, die mit den Sinnen vollbracht wird, beinhaltet jene tieferen Eigenschaften, durch die sich jeder Mensch von jedem anderen unterscheidet. Indem wir die Struktur des Werkes eines Autors studieren, können wir seinen Intellekt einschätzen; indem wir den Stil studieren, können wir die subtilere Einheit einschätzen, die der Mann selbst ist.

Methoden und Materialien. — Am Ende unserer Untersuchung der Materialien und Methoden der Belletristik ist es ratsam, dass wir uns allgemein mit der Beziehung zwischen Form und Inhalt befassen — mit dem jeweiligen Wert von Methoden und Materialien. Im Wesentlichen gibt es zwei Gruppen wertvoller Belletristik: diejenigen, die hauptsächlich aufgrund ihres Inhalts großartig sind, und diejenigen, die hauptsächlich aufgrund ihrer Form großartig sind. Es wäre natürlich unklug, den einzelnen und inhärenten Wert eines Materials oder einer Methode zu überschätzen. Es lässt sich jedoch ein gewisser Vergleich zwischen den Vorzügen der einen und der anderen Gruppe anstellen.

Inhalt und Form. — Zunächst muss darauf hingewiesen werden, dass die Attraktivität eines Romans für den allgemeinen Leser weitaus mehr von seinem Inhalt als von seiner Form abhängt. Der durchschnittliche Leser weiß wenig und kümmert sich weniger um die technischen Methoden der Kunst. Er fordert vor allem interessante Themen. Er sucht, wie es im Volksmund heißt, „eine gute Geschichte"; er möchte interessante Dinge über interessante Menschen erfahren; und die Frage, ob ihm diese Dinge auf interessante Weise erzählt werden oder nicht, beschäftigt ihn nicht besonders. Die Sache und nicht die Art und Weise ist das Element, das ihn am meisten verführt.

Es gibt viele Gründe, die den Kritiker dazu verleiten, die Meinung des allgemeinen Lesers vorbehaltlos zu akzeptieren. Beispielsweise waren viele der bedeutendsten Belletristikwerke rein künstlerisch ineffizient. Der „Don Quijote" von Cervantes ist zweifellos einer der großartigsten Romane der gesamten Literatur, da er eine so große Welt enthält. Dennoch ist es sowohl in der Struktur als auch im Stil sehr fehlerhaft. Der Autor scheint es im Laufe der Zeit nach und nach aufgebaut zu haben; und er änderte seinen Plan während des Bauprozesses so oft, dass das resultierende Gebäude, wie die Kathedrale von St. Peter, architektonisch inkohärent war. Er zeigte so wenig Rücksicht auf die Einheit, dass er nicht zögerte, seinen Roman für ein halbes Hundert Seiten anzuhalten, während er dem Leser die völlig belanglose Novelle „Der seltsame Impertinent" vorlegte, die er zufällig untätig in seinem Schreibtisch liegen fand. Wie wenig er ein Meister des reinen Stils war, wird sofort deutlich, wenn man seine Stücke mit denen Calderons vergleicht. Doch diese technischen Überlegungen schmälern den Wert seines Meisterwerks nicht. Ganz Spanien wird dort zusammengefasst und zum Ausdruck gebracht, alle Schmerzen, die der Idealist in jedem Zeitalter ertragen muss, all das Mitleid und der Ruhm falsch angewandter Sehnsüchte.

Scott hat keinen Stil und Thackeray hat keine Struktur; Aber diese technischen Mängel gehen über ihre Botschaft hinaus. Scott lehrt uns den Ruhm und die Großartigkeit, gesund, jung, abenteuerlustig und glücklich zu sein; und Thackeray lehrt uns mit Tränen in den Augen, die das höhnische Lächeln auf seinen Lippen vermenschlichen, dass das, was wir Gesellschaft nennen, mit einem großen S, nichts als eine Eitelkeit von Eitelkeiten ist. Wenn wir uns vom Roman zur Kurzgeschichte wenden, werden wir feststellen, dass bestimmte Themen an sich so interessant sind, dass die daraus resultierende Geschichte selbst dann an Wirkung gewinnen würde, wenn sie schlecht erzählt würde. Es ist vielleicht unfair, die Geschichte von Herrn FJ Stimson mit dem Titel „Mrs. Knollys", weil seine Geschichte sowohl korrekt aufgebaut als auch wunderschön geschrieben ist; Aber allein vom Thema her ist diese Geschichte so wirkungsvoll , dass sie eine weniger gekonnte Behandlung hätte vertragen können. Die Geschichte läuft wie folgt ab: [10] —Ein Mädchen und ihr Mann, beide noch sehr jung, verbringen ihre Flitterwochen in den Alpen. Beim Überqueren eines Gletschers stürzt der Ehemann in eine Gletscherspalte. Sein Körper kann nicht sofort geborgen werden; Aber Frau Knollys erfährt von einem deutschen Wissenschaftler, der die Bewegung des Eises untersucht, dass der Körper in 45 Jahren bis zum Ende des Gletschers getragen wird. Danach betrachtet sie ihren Mann als abwesend, aber nicht verloren, und lebt ihr Leben in ständiger imaginierter Gemeinschaft mit ihm. Am Ende der vorgegebenen Zeit kehrt sie zurück und findet seine Leiche. Sie ist dann eine Frau in den Sechzigern; aber ihr Mann ist dem Aussehen nach immer noch ein Junge von einundzwanzig Jahren. Sie hat davon geträumt, dass er neben ihr alt wird: Sie findet ihn durch ein halbes Jahrhundert voller Veränderungen von ihr getrennt.— Selbst in einer knappen und wirkungslosen Zusammenfassung muss das Interesse an dieser erzählerischen Wirkung offensichtlich sein. Die Geschichte musste kaum so gut erzählt werden, wie Mr. Stimson sie erzählte.

Wir müssen also zugeben, dass sowohl aus der Sicht des Autors als auch des allgemeinen Lesers das Material oft als wichtiger angesehen wird als die Methode. Der Kritiker ist jedoch nicht berechtigt, zu behaupten, dass Stil und Struktur ungestraft vernachlässigt werden könnten. Unter sonst gleichen Bedingungen sind die Bücher, die am längsten überlebt haben, diejenigen, die mit bewundernswerter Kunst ausgeführt wurden. Der Rückgang des Ruhms von Fenimore Cooper ist ein typisches Beispiel. Allein inhaltlich sind seine Bücher heute wichtiger als zum Zeitpunkt ihrer Erstveröffentlichung; denn die Lebensbedingungen im Urwald müssen für eine Welt, die sie in ihrer unmittelbaren Erfahrung schnell vergisst, notwendigerweise von besonderem Interesse sein. Aber Cooper hat sehr nachlässig und sehr schlecht geschrieben; und während wir zu einem feineren Verständnis der Kunst der Fiktion voranschreiten, werden wir durch seine absurden handwerklichen Ungleichheiten immer mehr von der Betrachtung seiner Botschaft abgelenkt.

Romane wie die „Leatherstocking Tales" dürften Lesern mit einem unentwickelten Sinn für Kunst am meisten Freude bereiten (ich hätte fast gesagt, sie werden am meisten geschätzt). Dies wäre ein sehr seltsames Eingeständnis am Ende einer Studie über die Kunst der Belletristik, gäbe es da nicht eine andere Gruppe von Geschichten, deren Bedeutung noch mehr in der Methode als im Material liegt. Eine kleinere Sache, die perfekt gemacht wird, ist oft bedeutsamer als eine größere Sache, die schlecht gemacht wird.

Jane Austen wird wahrscheinlich länger leben als George Eliot, weil sie ihre Botschaft, auch wenn sie weniger bedeutsam war, mit einer feineren und entschiedeneren Kunst vermittelte. Jane Austens Themen scheinen auf den ersten Blick von sehr geringer Bedeutung zu sein. Aus der englischen Mittelklasse wählt sie eine Gruppe von Menschen aus, die in keiner Weise bemerkenswert sind, und beschäftigt sich anschließend hauptsächlich mit der einfachen Frage, wer letztendlich wen heiraten wird. Aber indem sie sich beharrlich mit den Unwesentlichkeiten des Lebens beschäftigt, gelingt es ihr, den Leser an die unermesslichen Wesensmerkmale des Lebens zu erinnern. Indem sie mit uns gekonnt über die vielen Dinge spricht, die keine Rolle spielen, schlägt sie uns umgekehrt und mit unaufdringlicher Ironie die wenigen Dinge vor, die wirklich wichtig sind. Ihre eigentliche Botschaft hängt daher unmittelbar von ihrer tadellosen Kunst ab. Hätte sie ihre Arbeit weniger gut gemacht, wäre das Ergebnis unbedeutend und ermüdend gewesen.

Poe und de Maupassant sind leuchtende Beispiele für die Klasse von Autoren, die dazu bestimmt sind, allein von ihrer Kunst zu leben. Poe sagte in seinen Kurzgeschichten nichts von Bedeutung für die Welt; und de Maupassant sagte viele Dinge, über die man lieber nicht gesprochen hätte . Aber was sie vorhatten, taten sie unbeirrt; und perfekte Verarbeitung ist in dieser Welt der schäbigen Kompromisse und der schlappen Anstrengung an sich schon eine Tugend. Lange nachdem die Menschen aufgehört haben, sich für Kampf, Mord und plötzlichen Tod, den Nervenkitzel und den Drang lebhafter Abenteuer zu interessieren, werden sie die jungenhaften Geschichten von Stevenson wegen ihrer Schnelligkeit und ihrer überschwänglichen Beredsamkeit im Stil noch einmal lesen.

Und um diese Art von Belletristik voll und ganz zu würdigen, sind einige technische Kenntnisse der Kunst erforderlich. Die Bemühungen Washington Irvings müssen bei Lesern, denen das Gespür für Stil fehlt, weitgehend verloren gehen. Er hatte sehr wenig zu sagen – nur, dass der Hudson wunderschön ist, dass die größte Traurigkeit auf Erden aus dem frühen Tod eines geliebten Menschen entsteht, dass Lachen und Tränen im tiefsten Inneren nicht zu unterscheiden sind und dass es sehr angenehm ist, dort zu sitzen vor dem Brand eines alten Herrenhauses und erinnern Sie sich nachdenklich daran; aber er sagte dies ein wenig wie ein Gentleman – mit einem Charme, einer Anmut und einer lockeren Höflichkeit im Benehmen, die seine Arbeit für immer in die Klasse dessen einordnete, was gute und treue Diener gut gemacht haben.

Es ist eine große Freude, mit Bewusstsein zuzusehen, wie gut gemachte Dinge getan werden. Daher ist es auch für den Gelegenheitsleser ratsam, sich mit den Methoden der Belletristik zu beschäftigen, um eine verfeinerte Lesefreude zu entwickeln. Es scheint, dass eine Detektivgeschichte, bei der das Interesse hauptsächlich auf der langen Verheimlichung eines Geheimnisses liegt , ihren Reiz für einen Leser verlieren würde, dem ihr Geheimnis erst einmal offenbart wurde. Aber der Leser mit einem ausgeprägten Methodenbewusstsein stellt fest, dass das Interesse immer wieder wächst, zu Poes „Murders in the Rue Morgue" zurückzukehren. Nachdem seine erste Überraschung abgeklungen ist, kann er die Geschicklichkeit der Kunst des Autors in vollen Zügen genießen. Nachdem er sich das Stück von einem Platz im Orchester aus angeschaut hat, kann es sein, dass er ein anderes und anderes Interesse weckt, indem er es von den Flügeln aus betrachtet. Um eine vertraute Wortform zu verwenden: Jane Austen ist die Romanautorin des Romanautors , Stevenson der Schriftsteller des Schriftstellers, Poe der Baumeister des Baumeisters; und um die Arbeit solcher Künstler voll zu würdigen, ist es (in Poes Worten) notwendig, „sie mit einer verwandten Kunst zu betrachten".

Die Verschmelzung beider Elemente. — Aber der Kritiker sollte sich daher nicht dazu verleiten lassen, die Methode über das Material zu stellen und die Form auf Kosten des Inhalts zu überschätzen. Das in der Fiktion anzustrebende Ideal ist eine so enge Wechselbeziehung zwischen dem Gesagten und der Art, es auszudrücken, dass keines davon getrennt vom anderen betrachtet werden kann. Wir berühren jetzt eine dritte und kleinere Gruppe von Belletristik, die die besonderen Vorzüge der beiden bereits erwähnten Gruppen vereint. Ein Roman wie „The Scarlet Letter" und eine Kurzgeschichte wie „The Brushwood Boy" gehören zu dieser dritten und außergewöhnlicheren Klasse. Was Hawthorne zu sagen hat, ist eindringlich und tiefgründig, und er sagt es mit einer gleichermaßen meisterhaften Struktur und Stilkompetenz. „The Scarlet Letter" wäre schon allein wegen seines Materials großartig, selbst wenn sein Autor ein Stümper gewesen wäre; es wäre allein wegen seiner Kunst großartig, selbst wenn er weniger menschlich mit Verständnis ausgestattet gewesen wäre. Aber es ist größer, wie wir es kennen, in seiner absoluten Verschmelzung der beiden großen Vorzüge eines wichtigen Themas und einer entsprechenden Kunst.

Die Persönlichkeit des Autors. — Aber beim Studium von „The Scarlet Letter" sind wir uns eines weiteren Elements von Interesse bewusst – eines Interesses, das von der Persönlichkeit des Autors herrührt. Die gleiche Geschichte, die von jemand anderem mit der gleichen Kunst erzählt würde, würde uns ganz anders interessieren. Und jetzt berühren wir noch eine weitere Gruppe wertvoller Belletristik. Viele Geschichten haben mehr Bestand aufgrund der Persönlichkeit der Männer, die sie geschrieben haben, als aufgrund eines inhärenten Vorzugs des Materials oder der Methode. Charles Lambs „Dream-Children; „A Revery", das, obwohl es zu den „Essays von Elia" gezählt wird, als Kurzgeschichte angesehen werden kann , ist vor allem wegen der Natur des Mannes wichtig, der es geschrieben hat –

eines Mannes, der in einem Zeitalter Vom Fieber des Erwachsenwerdens angesteckt, blieb er im Herzen ein kleines Kind und blickte mit verwunderten Augen auf die unvergessliche Welt.

Reprise. — Dies sind also die drei Vorzüge, die von Aspiranten der Belletristik gleichermaßen angestrebt werden müssen: bedeutsames Material, meisterhafte Methode und bedeutende Persönlichkeit. Bestimmte Wahrheiten des menschlichen Lebens zu entdecken, die es außerordentlich wert sind, erzählt zu werden, sie in imaginären Tatsachen mit einer Beherrschung sowohl der Struktur als auch des Stils zu verkörpern und hinter und über das Werk selbst hinaus immer eine Person zu sein, die es wert ist, angehört zu werden zu: Dies ist für den Romanautor das ultimative Ideal. Selten, sehr selten, haben sich diese drei gegensätzlichen Bedingungen bei einem einzigen Autor offenbart; Es sind daher selten wirklich großartige Belletristikwerke entstanden. Für den Kritiker wäre es schwierig, ohne weiteres einen einzigen Roman auszuwählen, der in jeder Hinsicht als Maßstab für höchste Exzellenz akzeptiert werden kann. Aber wenn man den Begriff *Fiktion* in seiner weitesten Bedeutung betrachtet, kann man davon ausgehen, dass er das größte Kunstwerk umfasst, das jemals vom Geist eines Menschen geschaffen wurde. Die „Göttliche Komödie" ist thematisch von höchster Bedeutung. Die Tatsachen seiner Kosmogonie wurden von der modernen Wissenschaft widerlegt, die Religion, deren Denkmal es ist, ist in Unglauben geraten, die Nation und die Epoche, die sie zusammenfasst, wurden vom Fortschritt der Jahrhunderte mit Füßen getreten; Aber in der zentralen und inhärenten Wahrheit, in der Darstellung des Kampfes der bedrängten menschlichen Seele, ihren Weg zu Licht und Leben zu finden, bleibt es immerwährend und neu. Es ist das Höchste in der Kunst. Mit unerschütterlicher und unerschütterlicher Anstrengung baute der Baumeister sein Jahrhundert der Gesänge in Symmetrie auf; Mit tadelloser Beredsamkeit übersetzte er alle Stimmungen, die das menschliche Herz je gekannt hat, in Lieder. Und es ist die höchste Persönlichkeit; denn in jeder Zeile fühlen wir uns in Kontakt mit dem größten individuellen Geist, der jemals den Körper eines Menschen bewohnte. Wir wissen (um den dankbarsten Übersetzer des Dichters zu zitieren)—

„ Aus welchen Qualen des Herzens und des Gehirns,
aus welchem Jubel, der die Verzweiflung mit Füßen tritt, aus welcher
Zärtlichkeit, aus welchen Tränen, aus welchem Hass auf das Unrecht, aus
welchem leidenschaftlichen Aufschrei einer schmerzerfüllten Seele
entstand dieses Gedicht der Erde und der Luft, dieses mittelalterliche
Wunder des Liedes. "

Seine Arbeit hielt ihn zwanzig Jahre lang schlank; Und oft lernte er, wie salzig sein Essen ist, wer auf dem Brot eines anderen geht, – wie steil sein Weg, wer die Treppe eines anderen hinauf- und hinuntersteigt. Aber Dante sah und siegte – er erkannte, was er tun musste, wusste, wie es zu tun war, und war seiner Arbeit würdig. Daher verdient er als einziger unter den Autoren den Beinamen, den seine Landsleute ihm geben : „ göttlich".

„Die Göttliche Komödie" ist das höchste Epos der Welt. Der ultimative Roman muss noch geschrieben werden. Es ist zweifelhaft, ob die menschliche literarische Kunst mehr als einmal zur Vollständigkeit gelangen kann. Aber während unsere Autoren daran arbeiten, Wahrheiten des menschlichen Lebens in arrangierte, imaginäre Tatsachen zu verkörpern, sollten sie sich ständig von der Verlockung des ultimativen Ideals leiten und inspirieren lassen. Die edelste Arbeit wird immer mehr von Anhängern des Glanzes geleistet. Lassen Sie uns zum Abschied den Sinn einer Bemerkung paraphrasieren, die Sir Philip Sidney vor Jahrhunderten gemacht hat – das Musterbeispiel eines Gelehrten und Gentlemans: – Es ist gut, unsere Pfeile auf den Mond zu schießen; Denn auch wenn sie ihr Ziel verfehlen, werden sie dennoch höher fliegen, als wenn wir sie in einen Busch geworfen hätten.

[9] Erstveröffentlichung im *Contemporary Review* vom April 1885; und jetzt in Band XXII der „Thistle Edition" enthalten: Charles Scribner's Sons.

[10] "Frau. Knollys" ist jetzt in „The Short Story: Specimens Illustrating Its Development" leicht zugänglich. Herausgegeben von Brander Matthews. Amerikanische Buchgesellschaft, 1908.

REZENSIONSFRAGEN

1. Was versteht man unter Stil in der Literatur?

2. Erstellen Sie drei Wortmuster : Das erste zeichnet sich durch reine Auswahl, das zweite durch Rhythmus und das dritte durch Literalität aus.

3. Schreiben Sie ein Thema mit etwa dreihundert Wörtern, das auf seine stilistische Qualität hin beurteilt werden soll.

VORGESCHLAGENE LITERATUR

ROBERT LOUIS STEVENSON : „Über einige technische Stilelemente in der Literatur."

WALTER PATER : „Essay on Style", in „Appreciations".

HERBERT SPENCER : „Philosophie des Stils."

www.ingramcontent.com/pod-product-compliance
Lightning Source LLC
LaVergne TN
LVHW042109190726
843493LV00006B/1409